Fred Zeyer (Hrsg.)
Investmentfonds-Management

Fred Zeyer (Hrsg.)

Investmentfonds-Management

Anlagestrategie · Performanceanalyse · Marketing

EDITION
BLICKBUCH
WIRTSCHAFT

Die Deutsche Bibliothek – CIP-Einheitsaufnahme

Investmentfonds-Management : Anlagestrategie – Performanceanalyse – Marketing / Fred Zeyer (Hrsg.). – Frankfurt am Main : Frankfurter Allgemeine Zeitung, Verl.-Bereich Wirtschaftsbücher, 1993
ISBN 3-929368-18-8
NE: Zeyer, Fred [Hrsg.]

Frankfurter Allgemeine Zeitung
Verlagsbereich Wirtschaftsbücher

Verantwortlich Verlagsbereich Wirtschaftsbücher: Helmut Klinge
Gestaltung: F.A.Z.-Grafik

Satz: Fromm Verlagsservice GmbH, Idstein
Druck: Druckwerkstätten Stollberg GmbH, Stollberg
Erste Auflage 1993
ISBN 3-929368-18-8

Vorwort

Die nahezu ein halbes Jahrhundert alte deutsche Investmentfondsbranche hat sich mit ihrer Marketing- und Produktpolitik sowie hohen Zuwachsraten, vor allem in den achtziger Jahren, einen beachtlichen Stellenwert innerhalb des Finanzgewerbes erobert. Der »Siegeszug« der Publikums- und Spezialfonds fordert es geradezu heraus, den Ursachen dieses Erfolgs nachzugehen.

Die Gründe für diese dynamische Entwicklung sind vielfältig. Neue Anlegerstrukturen, eine anspruchsvollere Einstellung der Deutschen zu ihrem Geld, veränderte Märkte und kritische Verbraucher bilden das Umfeld, in dem diese Form der Geldanlage besondere Stärken vorweisen kann.

Beachtenswert sind die vielen Facetten der Fondsbranche, ohne die sich beispielsweise modernes Portfoliomanagement oder hochentwickelte Performancemeßmethoden kaum etabliert hätten. Die Investmentgesellschaften haben den Begriff »Risiko« in die Betrachtungen der Anleger eingeführt. Sie sind damit Vorreiter für eine systematische und disziplinierte Geldanlage.

Kaum eine andere Branche hat sich in kürzester Zeit so umfassend auf veränderte Kundenwünsche eingestellt. Laufzeitfonds, Garantiefonds, Spezialitätenfonds, Länderfonds auf der einen Seite, Einzahl- und Auszahlpläne, fondsgebundene Lebensversicherungen, Vermögensverwaltungsmodelle auf der anderen Seite zeigen die Leistungsfähigkeit und die Professionalität der deutschen Fondsgesellschaften.

Die Autoren dieses Buches wollen dabei helfen, den zukunftsträchtigen Markt der Investmentfondsgesellschaften besser zu verstehen. Das Buch stellt ein Forum der Meinungen dar; es präsentiert in 24 Beiträgen im Sinne einer *tour d' horizon* – wenn auch ohne Anspruch auf Vollständigkeit – den Status und die Aussichten einer Branche, die das Bankgeschäft zunehmend prägen wird.

Frankfurt am Main, im September 1993 — Fred Zeyer

Inhalt

Chancen der Investmentbranche in Deutschland – eine Bestandsaufnahme

Rolf Passow

Die Investmentbranche boomt seit geraumer Zeit. 1993 zeichnet sich beim Volumen der verwalteten Mittel ein erneuter Rekord ab. Schon im letzten Jahr flossen den deutschen Publikumswertpapierfonds einschließlich der luxemburgischen Fonds deutscher Provenienz knapp 57 Milliarden DM zu; mehr als doppelt soviel als im Jahr zuvor. Das Fondsvermögen hat die 250-Milliarden-DM-Grenze überschritten. Noch vor fünf Jahren, Ende 1987, hatte es erst 66 Milliarden DM erreicht.

	Mittelaufkommen		**Fondsvermögen***	
	Publikums-fonds	**Spezial-fonds**	**Publikums-fonds**	**Spezial-fonds**
1982	+ 0,7	+ 3,8	28,8	22,4
1983	+ 2,3	+ 3,7	33,1	27,9
1984	+ 3,4	+ 4,6	38,7	33,7
1985	+ 7,5	+ 7,4	50,2	47,4
1986	+ 11,6	+ 12,3	61,0	59,7
1987	+ 11,6	+ 17,1	66,0	67,4
1988	+ 31,4	+ 15,6	104,3	86,0
1989	+ 21,1	+ 16,8	124,0	107,8
1990	+ 6,2	+ 19,0	122,7	112,2
1991	+ 23,7	+ 23,8	150,9	140,0
1992	+ 56,8	+ 23,6	215,0	165,7
April 1993	+ 30,7	+ 12,6**	253,4	185,5**

* Stand am Ende des Zeitraums.

** Januar bis März 1993 bzw. Ende März 1993.

Quellen: Bundesverband Deutscher Investmentgesellschaften und Deutsche Bundesbank. Die Angaben für Publikumswertpapierfonds umfassen deutsche und luxemburgische Fonds deutscher Provenienz; die Angaben für Spezialfonds beziehen sich nur auf deutsche Fonds, umfassen aber auch die wertmäßig unbedeutenden offenen Immobilienfonds, soweit diese als Spezialfonds geführt werden.

Tabelle 1: Mittelaufkommen und Fondsvermögen von Wertpapierfonds (in Milliarden DM)

Im Vergleich dazu ist das rasche Wachstum der Spezialfonds, die sich an Unternehmen und andere institutionelle Anleger richten, von der Öffentlichkeit weithin unbemerkt geblieben. Traditionell steht dieses Segment im Schatten der Publikumsfonds. Dabei lassen Unternehmen und andere Organisationen in über 2000 Spezialfonds mehr als 180 Milliarden DM verwalten. Insgesamt setzt sich die Aufwärtsentwicklung sowohl der Publikums- als auch der Spezialfonds fort. Heute kann festgestellt werden, daß der Investmentgedanke seine Bewährungsprobe auf dem sich so rasch wie kaum jemals zuvor wandelnden Finanzmarkt bestanden hat.

Mittlerweile ist das Investmentgeschäft in »grenzüberschreitende« – insbesondere europäische – Dimensionen hineingewachsen. Lange, vielleicht allzu lange, ist die Branche isoliert national betrachtet worden. Heute müssen aber – will man der Entwicklung gerecht werden – inländische und ausländische Aktivitäten der Kapitalanlagegesellschaften geschäftspolitisch als Einheit angesehen werden. Die Zeiten abgeschotteter Binnenmärkte sind vorbei; der relevante Markt ist jetzt die EG. Daher ist es nicht nur berechtigt, sondern auch geboten, den Status der deutschen Investmentbranche immer wieder unter internationalen Vorzeichen zu beleuchten. Längerfristig werden vor allem drei Entwicklungen die Zukunft von Wertpapierfonds bestimmen: Einerseits führt der sozio-demographische Wandel zu veränderten Ansprüchen der Anleger an die Vermögensanlage. Andererseits eröffnet die wachsende Integration der internationalen Finanzmärkte erweiterte Möglichkeiten der Geldanlage. Schließlich verschärft sich der Wettbewerb der Anbieter von Finanzdienstleistungen gerade auf dem deutschen Markt.

Erweiterung des Kreises der Anleger

Die wichtigste langfristig wirkende Grundströmung ist der Wandel des Anlegerkreises. Dies gilt sowohl für die in Publikumsfonds investierenden privaten Sparer als auch für die sich in Spezialfonds engagierenden institutionellen Anleger. Beide Kundenkreise verlangen nach verbesserten Produkten. Bislang hat der sozio-demographische Wandel der Bevölkerung in den zurückliegenden Jahrzehnten die Sparmotive und die Anlegerpräferenzen der privaten Kunden überraschend wenig beeinflußt. Unter den Anlageformen spielen seit jeher solche mit fester Verzinsung bei den Anlegern die Favoritenrolle: Annähernd die Hälfte des privaten Geldvermögens liegt in Form von Einlagen oder Sparbriefen bei Kreditinstituten und ein weiteres Viertel bei Versicherungen und Bausparkassen. Knapp ein Fünftel entfällt auf festverzinsliche Wertpapiere, einschließlich Rentenfonds. Hingegen gehören Aktien und Anteile an Aktienfonds nach wie vor zu den Stiefkindern des deutschen Anlegers; nur knapp 6 Prozent entfallen auf Dividendenwerte.

Für die Bevorzugung von Geldforderungen gegenüber Sachwerten gibt es vor allem zwei Gründe. Zum einen setzen die Sparer ein hohes Vertrauen in die Währung; ein international bewunderter Erfolg der Bundesbank. Für breite Schichten entfällt damit das Motiv, sich durch Realwerte, darunter Aktienengagements, vor Geldentwertung zu schützen. Zum anderen zeigt sich im Anlegerverhalten ein starkes Sicherheitsstreben. Selbst wenn Vermögenseinbußen aufgrund von Wirtschaftskrisen, Kriegen, Enteignungen und Währungsreformen heute in Deutschland Erfahrungen aus ferner Vergangenheit sind, geben sich zahlreiche Privatanleger dennoch bemerkenswert risikoscheu. So sind Anleihen, die ein erhöhtes Risiko mit einer überdurchschnittlichen Verzinsung abgelten, bei deutschen Privatanlegern nur schwer unterzubringen. Selbst der Markt für Wandel- und Optionsanleihen ist in Deutschland eher unterentwickelt. Dennoch sollte die Dynamik der Einstellung der Verbraucher zu Geld- und Anlageangelegenheiten nicht übersehen werden. Mehrere Gründe sprechen dafür, daß die jetzt noch stabil erscheinenden Verhaltensmuster nun in Bewegung geraten:

- Die durchschnittliche Lebenserwartung der Bevölkerung steigt signifikant.
- Die durchschnittliche Haushaltsgröße nimmt ab.
- Das Durchschnittseinkommen privater Haushalte steigt an; zugleich wächst es in höhere Steuerklassen hinein.

Diese Entwicklungslinien deuten in unterschiedliche Richtungen. Zum einen verstärkt sich der Wunsch nach finanzieller Absicherung, beispielsweise durch Vorsorgesparen. Zum anderen nimmt die Bereitschaft zu, herkömmliche Sparformen in Frage zu stellen, Alternativen zu erproben und damit auch veränderte Risiken zu akzeptieren. Schließlich werden immer breitere Bevölkerungskreise unter dem Druck der zunehmenden Abgabenlast für Steuerfragen sensibilisiert. Das klassische Spannungsfeld der Anlegerziele verschiebt sich demnach von bislang eher unpräzisen Vorstellungen in Richtung Vermögensaufbau und finanzielle Selbstbestimmung. Die Sparquote der privaten Haushalte, also die Ersparnisbildung in Prozent des verfügbaren Einkommens, wird zwar hoch bleiben; es steigt aber die Bereitschaft zum Wechsel der Anlageform. Für Investmentfonds ergibt sich daraus eine anhaltende Erweiterung des Kreises von Interessenten in dem Maße, wie verkrustete Einstellungen aufgegeben werden.

Eine Analyse des Altersaufbaus zeigt, daß ein überproportionaler Anteil von Investmentbesitzern sich in der Gruppe der 20- bis 39jährigen findet, während ältere Personen ab 60 Jahren die Investmentanlage weniger stark präferieren. Hier wäre an noch deutlicher zielgruppenorientierte Angebote – etwa im Hinblick auf die Sicherung von Einkommen und Lebensstandard – zu denken. Die ältere Generation ist wirtschaftlich bedeutend: So verfügt sie mit etwa 700 Milliarden DM über gut ein Fünftel des gesamten Geldvermögens privater Haushalte. Dieses Ergebnis wird von der Einkommensstruktur der Wertpapierbesitzer gestützt: Unter den Fondsbesitzern sind die höheren Einkommensklassen stärker vertreten als in der Gesamtheit der Bevölkerung. Rund 56 Prozent aller Fondsanleger verfügen über ein monatliches Netto-Haushaltseinkommen von 4000 DM oder mehr. Bei der berufsspezifischen Gliederung finden sich Investmentbesitzer erwartungsgemäß mit 38 Prozent überproportional häufig unter den Angestellten und Beamten sowie der Schicht der Selbständigen, Freiberufler und leitenden Angestellten, deren Anteil etwa 22 Prozent ausmacht. Dies überrascht nicht, da dieser Personenkreis informierter und damit auch in Anlage- und Finanzierungsfragen aufgeschlossener für höherwertige Geldanlageformen ist als der durchschnittliche Bankkunde.

Dem ist bei der Überprüfung der Fondspalette, der Konzeption neuer Produkte und ihrer Präsentation in der Öffentlichkeit Rechnung zu tragen. Dabei liegen – ganz offensichtlich – die Konzepte von Innovation und Sicherheit im Widerstreit: Ersteres wird von dem heranwachsenden, letzteres von dem wirtschaftlich bedeutenderen Käufersegment verlangt. Die interessanteste Zielgruppe – jüngere und mittlere Altersschichten mit gehobenem beruflichen Status – zeigen einen zunehmenden Trend zu Sicherheit und Vermögensaufbau für die Zukunft. In solchen Fällen werden regelmäßige Ertragsausschüttungen offenbar als nicht vorrangig wichtig empfunden, was – nebenbei bemerkt – die in der jüngsten Zeit beobachtete Vorliebe für thesaurierende Fonds erklärt.

Investmentanteile stehen in einem überaus intensiven Wettbewerb zu anderen Wertpapiergattungen. So hält erst ein Viertel aller Wertpapierbesitzer derzeit Investmentanteile. Dieser Prozentanteil ist in den zurückliegenden zehn Jahren zwar signifikant gestiegen, das immer noch relativ niedrige Niveau zeigt aber einen beträchtlichen Nachholbedarf an. Eine Lösung könnte darin bestehen, die Identität des Produkts innerhalb der Wertpapieranlagen schärfer als bisher zu konturieren; anders ausgedrückt: eine Marke für das Produkt zu schaffen. Bei der Vielfalt der Produkte würden markenartige Kennzeichnungen und sachgerechte Information dem Anleger Orientierungshilfe geben und zur Markttransparenz beitragen.

Während private Anleger schon seit Jahrzehnten die Möglichkeiten von Investmentfonds nutzen, hat sich ein solcher Trend bei Unternehmen und anderen Organisationen erst in den letzten Jahren auf breiter Basis durchgesetzt. Der Durchbruch kam mit der Novellierung des Gesetzes über Kapitalanlagegesellschaften (KAGG), die am 1. März 1990 in Kraft trat. Damit wurden Sonderregeln für den auf die Bedürfnisse institutioneller Anleger zugeschnittenen und nun erstmals gesetzlich definierten Spezialfonds eingeführt. Ein solcher Fonds hat höchstens zehn Anteilseigner, die keine natürlichen Personen sein dürfen; üblich ist eine geringere Anzahl. Dadurch wird eine enge Überwachung der Politik des Fondsmanagements und der erzielten Performance erreicht.

Die KAGG-Novelle von 1990 brachte für Spezialfonds zwei wichtige Änderungen. Zum einen entfiel die zuvor geltende Beschränkung der anzulegenden Gelder auf sogenanntes Sozialkapital von Organisationen und Unternehmen; jetzt kann das Vermögen nicht-natürlicher Personen uneingeschränkt einbezogen werden. Seitdem können vor allem Unternehmen Spezialfonds in einem breiten Rahmen nutzen. Zum anderen wurde – wie bei Publikumsfonds auch – der Katalog der Anlageinstrumente erweitert, womit den unterschiedlichen Zielsetzungen der Investoren besser Rechnung getragen werden kann. Über die börsennotierten Wertpapiere hinaus sind nun auch solche Titel zugelassen, die an einem anderen organisierten Markt gehandelt werden, sofern dieser dem Publikum offensteht und seine Funktionsweise Mindestkriterien genügt. Bis zu 10 Prozent des Fondsvermögens können in nicht-notierten Wertpapieren sowie Schuldscheindarlehen angelegt werden; bis zu 5 Prozent in in- und ausländischen Investmentzertifikaten. Auf Wunsch der Anteilinhaber können die Vertragsbedingungen enger gefaßt werden.

Das Gesetz in seiner jetzigen Fassung gestattet für das gesamte Fondsvermögen die Absicherung des Kursänderungsrisikos von Aktien und des Zinsänderungsrisikos von Anleihen ebenso wie die Sicherung von Währungsrisiken durch Devisenterminverkäufe. Über den Absicherungszweck hinaus sind – allerdings mit einigen Einschränkungen und Begrenzungen des Betrags – Options- und Futuresgeschäfte erlaubt worden. Zwar gilt dies für alle Investmentfonds, also auch für die Publikumsfonds; es trifft aber gerade bei Unternehmen, besonders bei den Versicherungen, auf großes Interesse. Dort ist man nicht zuletzt gegenüber Optionsgeschäften als zusätzlicher Ertragsquelle aufgeschlossen; sie entsprechen den Wünschen gerade solcher Finanzabteilungen von Unternehmen, die als »profit-center« geführt werden. Allerdings setzt der Einsatz dieser Instrumente spezielle Kenntnisse und Erfahrungen voraus, die das Unternehmen bei der Entscheidung für einen Spezialfonds mit »einkauft«.

Seit dem »Deregulierungsschritt« der KAGG-Novelle ist die Zahl der Spezialfonds um ein Drittel und das gesamte in ihnen arbeitende Vermögen um mehr als zwei Drittel gestiegen. Heute legen einerseits soziale, gemeinnützige und berufsständische Einrichtungen – Pensions- und Unterstützungskassen, kirchliche Institutionen, Stiftungen, Sozialversicherungs- und andere Versorgungsträger sowie Verbände –, andererseits aber auch Versicherungen und gewerbliche Unternehmen frei liquide Mittel über Spezialfonds an. Für den Firmenkunden stellt diese Strategie ein Verfahren des »outsourcing« dar: Aufgaben der Vermögensverwaltung werden externen Spezialisten übertragen, anstatt eigene Managementkapazitäten zu binden. Daraus ergibt sich, daß die Investoren von der Kapitalanlagegesellschaft umfassendes Kapitalmarkt-Know-how und eine disziplinierte Anlagepolitik auf der Basis von erprobten Managementmethoden verlangen. Die dafür erforderlichen Stäbe von qualifizierten Mitarbeitern und die technischen Infrastrukturen lassen sich nur mit Vermögensbeträgen in mehrfacher Milliardenhöhe wirtschaftlich einsetzen.

Verbreiterte Anlagepalette auf den Finanzmärkten

Ein weiterer wichtiger Trend für die Investmentbranche ist die beschleunigte internationale Integration der Finanzmärkte, die von dem Binnenmarktprogramm der EG ebenso zusätzliche Impulse erhält wie von der aktuellen Öffnung der überseeischen industriellen Schwellenländer. Dadurch hat sich die Richtung der Ströme von grenzüberschreitendem Anlagekapital nachhaltig verändert. Zudem sind die Integrationsfortschritte dank verbesserter Kommunikationsmittel nicht zu unterschätzen. Damit einher ging die stürmische Entwicklung innovativer Produkte im Zusammenhang mit Derivaten. Diese ermöglichen es, die Anlageschwerpunkte rasch und kostengünstig zu verändern. Damit lassen sich Sicherungsüberlegungen realisieren und auch Zusatzerträge erzielen.

Als Folge muß heute eine zeitgemäße Geldanlage die wichtigen internationalen Märkte in das Blickfeld einbeziehen, wenn ihr Ertragspotential voll ausgeschöpft werden soll. Es gilt nicht nur, die Einzelwerte richtig auszuwählen, ebenso stark fällt die Entscheidung über die Wahl der Märkte und die der Währung ins Gewicht. Zu bedenken ist, daß der Grad der Verflechtung der einzelnen Volkswirtschaften in den letzten Jahrzehnten erheblich gestiegen ist; die in dieser Zeit erzielten Wohlstandsgewinne wären ohne Verstärkung der internationalen Arbeitsteilung nicht möglich gewesen. Die Folge ist aber, daß von nationalen Entwicklungen wie dem Konjunkturverlauf oder den Zinsveränderungen wesentlich stärkere internationale Rückwirkungen ausgehen als zu Zeiten fixierter Wechselkurse und abgeschotteter Gütermärkte.

Die Öffnung der Kapitalmärkte in den achtziger Jahren ging einher mit einer Befreiung von staatlichen Eingriffen. Wesentlich stärker als zuvor wurde die Zinsbildung den Marktkräften überlassen. Dies gilt nicht nur für die Industrieländer; ebenso haben die Finanzmärkte in Lateinamerika und Südostasien einen erheblichen Bedeutungszuwachs erfahren, nicht zuletzt im Zusammenhang mit Privatisierungen staatlicher Industriebeteiligungen. In den Ländern des früheren Ostblocks gelten Börsen nicht selten als nationale Prestigeobjekte, selbst wenn die wirtschaftlichen Voraussetzungen eines funktionsfähigen Handels im Einzelfall erst noch im Aufbau begriffen sein mögen. Als Resultat hat sich der Wettbewerb um internationales Sparkapital intensiviert.

Freilich kommen heute für die Vermögensanlage unter vertretbaren Risiken in aller Regel nur die Finanzmärkte von Industrieländern mit ihren gesicherten rechtlichen Rahmenbedingungen in Frage, denn nur sie bieten genügend Breite und Tiefe für eine angemessene Diversifikation eines Portefeuilles. Die sogenannten Exoten- und Randbörsen hingegen bleiben vorerst Ausnahmen. Manche von ihnen besitzen jedoch das

Potential, um in die »erste Liga« aufzusteigen und dann mit den etablierten Börsen zu konkurrieren.

In Deutschland entfallen derzeit auf Rentenfonds vier Fünftel aller in Publikumsfonds angelegten Mittel. Darin kommt der Vorzug zum Ausdruck, den die Mehrzahl der Anleger immer noch einer festverzinslichen Anlage gegenüber Dividendenwerten einräumt, obwohl festverzinsliche Wertpapiere im Vergleich zur Aktienanlage zwar relativ geringe Risiken, freilich aber auch nur begrenzte Ertragschancen bieten. Insbesondere international anlegende Rentenfonds haben sich in den letzten Jahren zu einem bedeutenden Marktsegment entwickelt. In den zurückliegenden Phasen sinkender Kapitalmarktrenditen bestätigte sich regelmäßig das ausgeprägt zyklische Verhalten der Anleger bei Rentenfonds: In Hochzinsphasen pflegt das Mittelaufkommen auf einen Tiefpunkt zu fallen, in Niedrigzinsphasen registrieren die Fonds hingegen im allgemeinen ein überdurchschnittlich hohes Anlegerinteresse. Hier gilt es, die Sparer für anti-zyklisches Verhalten zu sensibilisieren.

Rentenfonds haben in der Vergangenheit in besonderem Maße von der Freigabe des Kapitalverkehrs durch die wichtigen EG-Länder profitiert. Das Spektrum der Anlagealternativen hat eine Breite erreicht, die für kleinere und mittlere Direktanleger zunehmend schwerer zu überblicken ist. Hauptsächlich drei Gesichtspunkte sprechen für die Fondslösung:

- Rendite: Die am Euromarkt üblichen minimalen Losgrößen liegen bei Renten im allgemeinen bei einer Million DM. Niedrigere Größenordnungen lassen sich meist nur mit Abschlägen verwerten; zu kleine Stückelungen können sich sogar als unverkäuflich erweisen. Dem privaten Anleger bleibt daher kaum eine Chance, für eine angemessene internationale Streuung seiner Anlagen zu sorgen. Zudem lassen sich derivative Instrumente, die generell niedrige Transaktionskosten aufweisen, selbst bei mittelgroßen Depots kaum effizient einsetzen. Die Fondslösung eröffnet dem Privatanleger den indirekten Zugang zu diesen Ertragschancen.
- Kurssicherung: Schwankungen der Marktzinsen sowie der Wechselkurse von Fremdwährungen lassen sich von Privaten nur ausnahmsweise zeitgerecht ausnutzen. Auch handelsgerechte Größenordnungen dürften ihnen häufig Schwierigkeiten bereiten: Nur selten dürfte es möglich sein, Positionen von unter 50000 DM per Termin zu verkaufen und damit gegen Verlustgefahren abzusichern.

– Bequemlichkeit: Die verzögerungsfreie Anlage von Zinseinnahmen sowie Einlösungs- und Verkaufserlösen vermeidet Ertragsausfälle durch »unfreiwillige Kassehaltung«. Die Mehrzahl gerade der kleineren Direktanleger wird hingegen kaum ein ausgefeiltes »Cash-management« betreiben. Ihnen erspart die Fondslösung den administrativen Aufwand bei der Überwachung eines Depots mit zahlreichen Einzeltiteln.

Gefördert wurden Rentenfonds zudem von dem großen Innovationsschub in den letzten Jahren. So haben Laufzeitfonds und geldmarktnahe Fonds, auch in kombinierten Formen, das Angebot differenziert. Damit wird den speziellen Wünschen der einzelnen Anlegerschichten besser Rechnung getragen als mit Standardfonds. Steigender Beliebtheit erfreuen sich Fondsvarianten, bei denen ein Rücknahmepreis für einen zukünftigen Zeitpunkt entweder in Aussicht gestellt oder aber fest garantiert wird. Sie mindern das Anlagerisiko für den Anteilinhaber. Vorwiegend konkurrieren sie mit Termingeld, Sparbriefen und ähnlichen Titeln, denen sie hinsichtlich Liquidität und Fungibilität überlegen sind.

Die meisten der innovativen Fonds sind »geldmarktnah«: Sie legen ihr Vermögen in relativ kurz laufenden Anleihen sowie Geldmarkttiteln an. Dadurch vermeiden sie weitgehend Kursschwankungen; mit entsprechender Sicherheit kann der Anleger disponieren. Bisher stand vor allem die Deutsche Bundesbank dieser Entwicklung eher skeptisch gegenüber. In jüngster Zeit gab es immerhin Anzeichen für eine Milderung dieser Haltung. Für die Dauerhaftigkeit des Trends zur Auflegung geldmarktnaher Fonds spricht die zunehmende Konkurrenz aus den EG-Partnerländern. So gehören derartige Fonds zum Standardrepertoire französischer Kapitalanlagegesellschaften.

Aktienfonds, von denen der Investmentgedanke ursprünglich ausging, stehen heute eher im Schatten der Rentenfonds. Derzeit vereinigen sie nur ein Fünftel aller in Publikumswertpapierfonds angelegten Spargelder auf sich. Das galt selbst Mitte der achtziger Jahre, als sich die deutsche Aktienbörse so günstig präsentierte wie kaum jemals zuvor. Aktienfonds dürften in Zukunft jedoch wieder an Bedeutung gewinnen. Gerade in den letzten Jahren haben sie sich zu einer attraktiven Alternative entwickelt, da sie insbesondere langfristig eine interessantere Rendite versprechen als festverzinsliche Anlagen. Die höhere Risikobereitschaft vor allem jüngerer Anleger, verbunden mit dem Wunsch nach überdurchschnittlichen Renditen, dürfte künftig die Aktienfonds begünstigen. Dabei werden vor allem Spezialitätenfonds dem höheren Maß an Wertpapierreife der neuen Anlegergeneration entsprechen. Sie kommen der Bereitschaft der Anleger zur Beweglichkeit entgegen, da bei Spezialitätenfonds die Daueranlage weniger im Vordergrund steht als bei Standardfonds. Statt dessen verschaffen sie dem Investor Zutritt zu attraktiven, aber auf direktem Wege verschlossenen Anlagemöglichkeiten.

Kursgewinne, die sowohl bei Standard- als auch bei Spezialitätenfonds generell einen erheblichen Ertragsbestandteil ausmachen, führen dazu, daß gegenwärtig Aktienanleger stärker als Rentenbesitzer von der Verzehnfachung der Freibeträge im Zuge der Neuregelung der Zinsbesteuerung ab Anfang 1993 profitieren. Da von den Erträgen der Aktien und Aktienfonds nur die regulären Anteile – erhaltene Dividenden und etwaige Zinsen – steuerpflichtig sind, Kursgewinne hingegen nicht, lassen sich wesentlich höhere Beträge in Dividendenwerten als in Festverzinzlichen zu steuerbefreiten Erträgen anlegen. Für den privaten Anleger hat der Gesetzgeber zudem ab Anfang 1993 eine steuersystematische Benachteiligung der Anlage in Dividendenwerten gegenüber der Anleihe annähernd beseitigt: Sofern keine Befreiungstatbestände vorliegen, unterliegen nun nicht nur Dividenden, sondern auch Zinsen der Kapitalertragsteuer. Diese kann in beiden Fällen im Einkommensteuerverfahren geltend gemacht werden. Dabei steht dem neuen 30prozentigen Abschlag auf Zinsen ein solcher bei Dividenden – wie bisher – von 25 Prozent zuzüglich des Körperschaftsteuerguthabens gegenüber. Aufgrund der Freibetragsregelungen sind jedoch rund vier Fünftel der privaten Anleger – sowohl Renten- als auch Aktienbesitzer – von der Kapitalertragsteuer befreit. Ein weiterer Grund für die zunehmende Attraktivität von Aktienfonds dürfte in der Überwindung der Irritationen um die Neuregelung der Zinsbesteuerung zu suchen sein. Damit entfällt ein Motiv, das in der jüngsten Vergangenheit erhebliche Anlagegelder in Rentenfonds gelenkt hatte.

Die steigenden Erwartungen der Anleger an die Managementleistung der Kapitalanlagegesellschaft erfordern einen theoretisch fundierten und disziplinierten Ansatz. Dabei kommt der Vorzug des Investmentfonds – die Fähigkeit, die Kursrisiken über ein breites Sortiment von Titeln zu diversifizieren – besonders zur Geltung. Damit ist das Ziel, die allgemeine Börsenentwicklung mittel- bis längerfristig zu übertreffen, zumindest in der Vergangenheit erreicht worden.

Die Entscheidungsprozesse müssen sich auf Stäbe spezialisierter Analysten stützen, die auf ausreichende Managementressourcen zurückgreifen können. Die herkömmliche fundamentale und technische Analyse von Einzelwerten steht zwar nach wie vor am Anfang einer jeden Anlageentscheidung, reicht aber zur Depotstrukturierung nicht aus. Vielmehr gilt es, im Rahmen einer aktiven Anlagestrategie zu einer überdurchschnittlich günstigen Ertrags-Risiko-Relation für das Gesamtportefeuille zu gelangen. Dazu gehört, die Einzelwerte nach allgemein nachvollziehbaren Kriterien zu bewerten und daraus disziplinierte Anlageentscheidungen abzuleiten. Dadurch läßt sich der in der Vergangenheit beobachteten »naiven« Auswahl und mangelnden Kontrolle entgegenwirken. Diese Überlegungen spielen eine um so größere Rolle, je weiter sich das Anlagespektrum internationalisiert. Im Zusammenhang damit entsteht ein zunehmender Bedarf an kompetenter Kundenberatung: Gerade wertpapier-erfahrene Investoren wollen in wachsendem Maße ihre Anlage individuellen Vorstellungen gemäß ausrichten; Standardfonds werden derartige Ansprüche nicht immer erfüllen können. Hier sind diejenigen Investmentgesellschaften im Vorteil, die dank ihrer Größe ihr Angebot breit auffächern können.

Verschärfung des Wettbewerbs der Kapitalanlagegesellschaften untereinander

Die Möglichkeit, sich in Zukunft vermehrt ausländischer Kompetenz bei der Vermögensanlage zu bedienen, wird dem Kriterium der Performance erhöhte Bedeutung verleihen. Als dritte langfristig wirkende Tendenz im Investmentgeschäft ist daher die zu erwartende spürbare Verschärfung des Wettbewerbs der Finanzdienstleister untereinander anzusehen. Stärker als bisher werden nachgewiesene Anlageergebnisse über den Erfolg entscheiden. Deutsche Fondsgesellschaften werden sich dabei in steigendem Maße an ihrer internationalen Konkurrenz messen lassen müssen.

Schon jetzt ist der Investmentmarkt ausländischen Kapitalanlagegesellschaften frei zugänglich. Allerdings haben bislang vor allem luxemburgische Fonds deutscher Provenienz Bedeutung erlangt; der Anteil »echter« ausländischer Fonds am deutschen Markt ist noch gering. Ebenso sind in umgekehrter Richtung deutsche Fonds in EG-Partnerländern erst vergleichsweise schwach vertreten. Der Hauptgrund sind die noch weithin fest eingefahrenen Vertriebsformen für Investmentfonds: Bei uns bilden Banken und Sparkassen mit ihren flächendeckenden Geschäftsstellennetzen die Hauptabsatzschiene für Investmentzertifikate.

Zwei Umstände werden in Zukunft die noch bestehenden Vertriebshindernisse ausländischer Fonds am deutschen Markt reduzieren: Zum einen zeichnen sich europaweit agierende Gruppen von Kreditinstituten ab, zum anderen lockert sich die Bindung der privaten Anleger an ihre Hausbank. So wird mit der »Europäisierung« des Kreditwesens zwangsläufig eine Öffnung der Vertriebswege der Banken für ausländische Fonds einhergehen. Unabhängig davon sind schon jetzt Verschiebungen im Anlegerverhalten erkennbar: Jüngere Personen erwerben in deutlich stärkerem Maße als höhere Altersgruppen ihre Fondsanteile über unabhängige Anlageberater und Versicherungen. Daraus ergibt sich ein beachtliches Potential an Neukunden, wenn man das Vorrücken der zwar »wertpapier-freudigeren«, aber weniger an eine Hausbank gebundenen jüngeren Generation in höhere Alters- und – vor allem – Einkommensschichten bedenkt.

Weiteren Auftrieb erhalten ausländische Fonds von dem fortbestehenden Regulierungsgefälle zwischen Deutschland und Luxemburg. Ein entscheidender Grund für den hohen Umfang deutscher Vermögensanlagen im Ausland sind die im Vergleich zu Deutschland größeren Spielräume, die dort den Kapitalanlagegesellschaften eingeräumt werden. Beispielsweise lassen sich die sogenannten Garantieprodukte – geldmarktnahe Fonds mit Zusicherungen über den künftigen Rücknahmepreis – in Deutschland nicht auflegen; ein spürbarer Nachteil, wenn man die hohe Nachfrage nach diesen Fondstypen berücksichtigt.

Der wichtigste Unterschied zwischen dem deutschen und dem luxemburgischen Recht bezieht sich auf den Umfang der zulässigen Optionsgeschäfte. Gerade als Stillhalter können die Fonds für ihre Anleger attraktive Zusatzerträge erzielen. So darf das Fondsmanagement in Deutschland nur Kaufoptionen »schreiben«, das heißt als Stillhalter auftreten, wenn sich die zugrundeliegenden Papiere im Bestand befinden. In Luxemburg kann unter bestimmten Bedingungen auf diese Deckung verzichtet werden. Ebenso darf es nur Verkaufsoptionen erwerben, wenn es die Titel schon besitzt. Letzteres ist als unnötige Einschränkung zu betrachten, denn der Inhaber einer Verkaufsoption kann selbst bestimmen, ob er diese ausübt. Daher hat er es in der Hand, sich rechtzeitig einzudecken. Zudem sind die Anlagegrenzen in Luxemburg weiter gefaßt als in Deutschland. Im Großherzogtum können bis zu 15 Prozent des Fondsvermögens in Optionen angelegt oder aber Stillhalterverpflichtungen in gleicher Höhe eingegangen werden. Dabei wird die Höhe der Prämien zugrunde gelegt. Die Kontraktwerte ihrerseits dürfen die Höhe des Fondsvermögens nicht übersteigen. In Deutschland hingegen dürfen in vergleichbaren Fällen die Kontraktwerte nur höchstens 20 Prozent des Fondsvermögens ausmachen, ohne Rücksicht auf die Summe der gezahlten Prämien.

Daneben ist in Deutschland die Absicherung des Wechselkursrisikos bei Wertpapieren nur durch Terminverkäufe zulässig, während in Luxemburg für diesen Zweck ebenso Optionen auf Devisen erworben werden können. Zur Sicherung gegen Schwankungen der Börsenkurswerte können darüber hinaus – ebenfalls im Gegensatz zu Deutschland – Optionen auf Finanzterminkontrakte eingesetzt werden. Mit ihnen läßt sich der Sicherungszweck häufig kostengünstiger erreichen als auf anderen Wegen. Schließlich ist die Wertpapierleihe in Luxemburg bis zur Höhe von 50 Prozent des Fondsvermögens zulässig, den Investmentfonds in Deutschland hingegen verboten. Andere institutionelle Marktteilnehmer, darunter die Kreditinstitute, bedienen sich dieses Instruments hierzulande mit Erfolg. Ein solches Sicherheitsdenken der deutschen Aufsicht bei Investmentfonds erscheint heute überzogen; unter jetzigen Umständen stellt es sogar eine Diskriminierung dar. Immerhin bestehen Hoffnungen auf eine Korrektur im Rahmen der geplanten nächsten KAGG-Novelle.

Im Ergebnis bleibt zu konstatieren, daß luxemburgische Fonds größere Möglichkeiten zur Erwirtschaftung von Erträgen genießen als deutsche. Daraus entstehen Verzerrungen des sich verschärfenden Leistungswettbewerbs. Solange die wirtschaftliche Einigung Europas rascher voranschreitet als die politische, wird die gegenwärtige Tendenz der »Wanderung zum günstigsten Platz« anhalten.

Insgesamt scheint der deutsche Gesetzgeber durchaus zu einer Novellierung des Gesetzes über Kapitalanlagegesellschaften (KAGG) bereit, um das Regelungsgefälle insbesondere zum luxemburgischen Recht zu mildern. Die Investmentbranche hält dabei Anpassungen in folgenden Bereichen für besonders dringlich:

- Wertpapierleihe: Investmentfonds sollten als Verleiher von Wertpapieren zugelassen werden.
- Erweiterung des Kreises der zulässigen Geldmarktpapiere: Unverzinsliche Schatzanweisungen und Schatzwechsel der Sondervermögen des Bundes und der Europäischen Gemeinschaften können derzeit – im Gegensatz zu solchen des Bundes selbst – als Geldmarktpapiere im Rahmen der zulässigen Liquiditätsanlage bis zu 49 Prozent des Fondsvermögens nicht erworben werden. Derartige Titel erbringen meist etwas höhere Renditen als die vergleichbaren Papiere des Bundes. Ihr Ausschluß ist systemwidrig; es gibt keinen Grund, Investmentfonds die Nutzung dieser Wertpapiergattung zu versagen.
- Finanzinnovationen: Optionen auf Devisen sowie Finanzterminkontrakte sollten zu Absicherungszwecken erworben werden dürfen. Damit wäre eine Lücke zur luxemburgischen Regelung geschlossen.

Die Beseitigung überholter Restriktionen würde den Wettbewerb der Finanzdienstleister untereinander beleben und einen Beitrag zur Stärkung des Finanzplatzes Deutschland leisten. Der von der Leistungsfähigkeit bestimmte Wettbewerb der Investmentfonds hängt jedoch nicht nur von der Wahl des Finanzplatzes ab. Als ebenso wichtig erscheint die Frage einer vorausschauenden innovativen Produktstrategie, die nach Möglichkeit die sich wandelnden Anlagebedürfnisse vorausschauend abdeckt. Beispielhaft sei darauf verwiesen, daß in der jüngsten Vergangenheit die Rentenhausse im Bewußtsein der Anleger zeitweilig die Tatsache verdrängt hat, daß die Aktie auf längere Sicht die besseren Erträge bringt. So haben Aktien seit 1960 nur in einer der untersuchten Dekaden, in den siebziger Jahren, schwächere Ergebnisse erzielt als Anleihen oder Festgeld. Sie holten ihr Zurückbleiben zudem in der Folge wieder auf (siehe Tabelle).

Durchschnittliche jährliche Rendite (in Prozent p. a.)			
	Aktien	**Anleihen**	**Festgeld**
1960 – 1992	+ 8,7	+ 7,1	+ 4,9
1960 – 1970	+ 7,3	+ 6,2	+ 2,8
1970 – 1980	+ 3,7	+ 7,2	+ 5,6
1980 – 1991	+ 11,9	+ 7,3	+ 5,9
Quelle: DIT			

Tabelle 2: Performance von Aktien, Renten und Festgeld

Als weitere Dimension des künftigen Wettbewerbs über die Leistungsfähigkeit kommt die Konkurrenzbeziehung zwischen der Direktanlage und der professionellen Vermögensverwaltung hinzu. Dies gilt für private und institutionelle Anleger gleichermaßen. Bloßes »Stockpicking«, selbst von einem gewissen Aufwand an Research untermauert, ist unter Ertrags-Risiko-Aspekten dem systematisch strukturierten Portfolio unterlegen. Die zunehmende Komplexität des Anlagespektrums und die steigenden Ertragserwartungen der Sparer deuten darauf hin, daß zunehmende Anteile des gesamten vorhandenen Geldvermögens einer professionellen Verwaltung anvertraut werden. Gleichzeitig werden die Unterschiede in der Managementqualität der einzelnen Kapitalanlagegesellschaften deutlicher hervortreten als bisher.

Vermögensverwaltung mit Fonds

Als besonders interessant dürfte sich in Zukunft der Bereich der Vermögensverwaltung mit Fonds erweisen. Hier stellen die Akteure eine Reihe von Portfolios für die unterschiedlichsten individuellen Bedürfnisse und Präferenzen zusammen. Dadurch läßt sich die breite Palette von Investmentprodukten in idealer Weise zur effizienten Abdeckung bestimmter »Asset-Klassen« im Sinne von »Bausteinen« einsetzen. Ihre Vorteile – bewegliche Anlage und Nutzung von Expertenwissen über die betreffende Branche oder Region – beginnen sich vor allem aus zwei Gründen durchzusetzen. Für sie spricht einerseits die Offenheit der neuen Anlegergeneration für höhere Risiken, sofern entsprechend hohe Chancen winken; andererseits aber auch die mit steigendem Geldvermögen zunehmende Zahl größerer privater Anleger, die vorrangig für Spezialitätenfonds in Frage kommen. Im Hinblick auf die erhöhten Anforderungen zur Abdeckung unterschiedlicher »Asset-Klassen« im Rahmen der Vermögensverwaltung ist es in den letzten Jahren zu einer beachtlichen Erweiterung der Fondspalette gekommen. Hierzu zählen einerseits Aktienspezialitätenfonds, andererseits aber auch Rentenfonds mit fester Laufzeit. Daneben sind in den letzten Jahren die ersten Rentenfonds entstanden, die sich auf Wandel- und Optionsanleihen oder Anleihen mit erhöhtem Emittentenrisiko konzentrieren.

Eine Vermögensverwaltung auf der Basis von Investmentfonds kommt der Strategie entgegen, sich bei Anlageentscheidungen von Einzelwerten zu lösen und auf die Auswahl von Märkten, Branchen und Währungen zu beschränken. Diese sind zuverlässiger zu beurteilen als etwa eine bestimmte Aktie. Zudem entspricht das Konzept der Vermögensverwaltung mit Fonds einem wachsenden Individualisierungsbedarf der Investoren. Auch hier drängen ausländische Investmentgesellschaften mit innovativen Konzepten auf den Markt.

Publikumswertpapierfonds – leistungsfähige, hochwertige Wertpapieranlagen

Christian Strenger

Die Anlage in Wertpapierpublikumsfonds hat neue Dimensionen erreicht. Innerhalb der letzten drei Jahre bis September 1993, hat sich das Vermögen dieser deutschen Fonds – inklusive der Luxemburger Publikumsfonds deutscher Provenienz – auf rund 285 Milliarden DM nahezu verdoppelt. Sie gehören damit zu den Gewinnern bei der Verteilung der privaten Geldanlagen. Von einer »Marktsättigung« kann noch lange keine Rede sein, da trotz des beeindruckenden Wachstums der Anteil der Publikumsfonds am privaten Geldvermögen mit rund 6 Prozent noch relativ gering ist. Der Nachholbedarf wird im internationalen Vergleich mit dem Vorreiter der Fondsidee, den USA, deutlich:

- Besitzen in Deutschland erst 4,5 Prozent der Haushalte Investmentfonds, so sind es in den USA 27 Prozent; auch in Frankreich hat die Fondsanlage eine ähnliche Verbreitung.
- Das durchschnittliche Fondsvermögen pro Kopf in den USA mit umgerechnet rund 10300 DM fast dreieinhalbmal so hoch wie in Deutschland mit rund 3000 DM (inklusive Luxemburger Fonds). Noch höher sind die Pro-Kopf-Anlagen in Frankreich mit über 12800 DM. Auch im Verhältnis zu Japan mit rund 4500 DM pro Kopf ist noch einiges nachzuholen.

Gründe für die Investmentanlage

Der Bedarf an optimalem Anlagemanagement wächst mit zunehmendem individuellen Geldvermögen. Von derzeit rund 3,6 Billionen DM privater Geldvermögen dürften nach Schätzungen bis zum Jahre 2000 etwa 1,8 Billionen DM vererbt werden. Mit dieser ertsmaligen breiten Vererbung von Geldvermögen in Deutschland seit zwei bis drei Generationen geht – bedingt durch den Generationenwechsel – ein Einstellungswandel einher. Die Wünsche der Anleger lauten verstärkt:

- Diversifizierung und Erschließung neuer oder sonst nicht zugänglicher Anlagemärkte.
- Streuung von Risiken. Angesichts steigender Schwankungsintensität der Anlagemärkte – die vergangenen diversen »crashs« sind ein beredtes Zeugnis dafür – besteht ein wachsender Bedarf der Anleger nach breiter Risikostreuung.
- Überwindung der Engpaßfaktoren »Zeit« und »Information«. Für eine zunehmend größere Zahl der Investoren – auch solchen mit Anlagevolumen im siebenstelligen Bereich – sind diese Faktoren Grund, auf den Service, die Expertise und das professionelle Management der Fondsgesellschaften zu setzen.
- Wachsender Bedarf an privater Vorsorge. Das bisherige »bequeme« deutsche Umlagesystem zur Rentenversicherung wird zunehmend unzulänglich, zumal sich das Verhältnis von Erwerbstätigen zu Rentnern im 21. Jahrhundert drastisch verschlechtern wird.

Generell gilt: Die Anleger diversifizieren ihre Investments, sie sind in zunehmendem Maße internationaler ausgerichtet. Gleichzeitig haben sie ein gesteigertes Renditebewußtsein entwickelt und setzen die Portfoliomanager unter einen verstärkten häufig kürzerfristigen Performancedruck. Andererseits sind sie damit aber keineswegs generell risikofreudiger geworden. Im Gegenteil besteht nach wie vor ein ausgeprägtes Sicherheitsbedürfnis. Diese beiden gegenläufigen Trends – Performancedruck einerseits, Absicherungsbedarf andererseits – prägen das Umfeld der Kapitalanlage zugunsten von Publikumsfonds in den neunziger Jahren.

Breites Anlagemenü durch professionelle Selektion

Dem Wunsch der Anlegerseite nach Diversifizierung, d. h. nach neuen, international ausgerichteten, »intelligenten« Fondsprodukten mit begrenztem Risiko, steht die Ausweitung der Anlagemöglichkeiten auf seiten der Fonds gegenüber. Die Ausweitung des Wertpapierangebots in den achtziger Jahren sowie das Wachstum der Termin- und Optionsmärkte schafften das notwendige Anlagearsenal. Und die europaweite Harmonisierung des Investmentrechts – mit dem KAGG vom März 1990 in deutsches Recht umgesetzt – brachte die Möglichkeiten, sie zu nutzen. Früher noch als Deutschland hatte Luxemburg bereits 1988 als erstes

Mitgliedsland die EG-Richtlinie in die Praxis umgesetzt und dabei die gegebenen Spielräume breiter genutzt als das KAGG 1990 in Deutschland. Dies hat sich als entscheidender Wettbewerbsvorsprung erwiesen, der in breitem Maß auch zu Fondsauflegungen durch ausländische, nicht zuletzt deutsche, Investmentgesellschaften führte. Dazu gehörten Währungsfonds, geldmarktnahe Fonds, zum Teil mit Wertentwicklungs- oder Ausschüttungsgarantie, Aktienfonds mit begrenzter Laufzeit und/oder Absicherung sowie Spezialitätenfonds, die qua »EG-Paß« auch ihren Weg zum deutschen Anleger fanden. Mit den neuen gesetzlichen Rahmenbedingungen begann eine Ära der Investmentinnovationen. Dieser Prozeß ist noch nicht beendet. Im Gegenteil bleiben Wünsche an das deutsche und europäische Investmentrecht, um den Wandlungen der Anlagemärkte weiterhin Rechnung zu tragen.

Im Gegensatz zu den frühen Tagen des Investmentfonds in Deutschland, als es jeweils einen Fonds für Aktien und einen für Renten gab, ist das Fondsmenü inzwischen reichhaltig. Ende September 1993 belief sich die Zahl der in Deutschland angebotenen deutschen und Luxemburger Publikumswertpapierfonds auf 608 mit einem Vermögen von rund 285 Milliarden DM. Gut zehn Jahre zuvor, 1982, betrug die Zahl der Fonds erst 122 und das angelegte Vermögen knapp 34 Milliarden DM. Gefordert sind damit Transparenz und Überschaubarkeit des steigenden Angebots.

Synchron mit der Ausweitung der Fondspalette erfolgte eine deutliche Profilierung der einzelnen Fonds und Fondskonzepte. Seit einigen Jahren sind die Investmentgesellschaften dazu übergegangen, bei jedem einzelnen Fonds das spezifische Anlageprofil bezüglich der Anlagechancen und -risiken in Verbindung mit den Anlagemärkten zu verdeutlichen.

Gemessen werden die Anlageprofile der Fonds zunehmend an den Benchmarks. Zum einen dienen sie als Performancemaßstab für das Fondsmanagement, mit dem Ziel, eine höhere Performance bei geringeren Anteilwertschwankungen zu erzielen. Zum anderen sollen sie das Fondskonzept gegenüber dem Anleger transparent machen und zwar einerseits im Hinblick auf die Auswahl der Anlagemärkte des Fonds, andererseits als Referenzmaßstab für die Beurteilung der Anlageerfolge. Dabei bedeutet Anlageerfolg nicht nur Wertzuwachs, sondern auch Begrenzung der Kursschwankungen. Der Wert der Fondsidee liegt ganz besonders darin, daß Fonds im Vergleich zur Direktanlage durch breite Streuung die Kursschwankungen herabsetzen, d. h. dem Anleger Wertzuwachs bei geringerem »Streß« bescheren.

Auf der Anlegerseite ist es erforderlich, sich über das eigene Anlageziel klarzuwerden, d. h. die eigenen Vorstellungen bezüglich

- Ertragserwartungen,
- Risikobereitschaft,
- zeitlichem Anlagehorizont sowie
- nachsteuerlichen Erwägungen

zu definieren. Zwischen diesen Eckwerten besteht eine Vielzahl von Abstufungen, die einen paßgerechten Zuschnitt auf Anlageziel und individuellen Portfeuillezuschnitt ermöglichen. Allerdings herrscht bisher der Eindruck vor, daß der deutsche Anleger relativ undifferenziert das Anlageziel Sicherheit zu hoch gewichtet und sich damit bei der langfristigen Rendite, vor allem auch unter nachsteuerlichen Gesichtspunkten, selbst unangemessen »schädigt«.

Das Ziel des breiten Fondsangebots besteht zugleich darin, die Fülle der weltweiten Anlagemärkte und -möglichkeiten in Fonds einzufangen, insbesondere auch solche Märkte wie etwa die ostasiatischen, die dem einzelnen Anleger nicht ohne weiteres oder nur mit großen Mitteln und hohem Aufwand an Expertise zugänglich sind. Dabei geht es darum, durch breite Anlagestreuung oder Absicherungen das Risiko auf Normalanlegermaß abzusenken. Fonds werden somit als Bausteine eingesetzt, um die jeweils ertragsversprechenden Märkte in das individuelle Portefeuille einzubauen.

Geldmarktnahe Fonds: liquide und rentierlich

Im Bereich der Liquiditätsanlage, d. h. der jederzeit verfügbaren schwankungsarmen rentablen Anlage, haben geldmarktnahe Fonds innerhalb kurzer Zeit einen großen Marktanteil erreicht. Die Auflegung dieser Fonds wurde 1988 mit dem DM Reserve Fonds der DWS-Gruppe initiiert. Inzwischen beträgt das Volumen dieser Fonds über 30 Milliarden DM, fast ein Sechstel der gesamten in Publikumsfonds angelegten Vermögen. Das richtige Produkt zur richtigen Zeit. Die Erfolgsgeschichte der geldmarktnahen Fonds ist nicht nur auf ihre Einführung zum richtigen Zeitpunkt zurückzuführen – nämlich die Phase inverser Zinsstruktur, in der gerade am Geldmarkt die höchsten Renditen verdient werden konnten –, sondern mehr noch auf das richtige Konzept, das den Anlegern neue Anlagemöglichkeiten z. B. auch am Geldmarkt verfügbar machte. Hinzu kommt, daß reine Geldmarktfonds, die beispielsweise in den USA und Frankreich bereits seit längerem eine große Rolle spielen, nach deutschem Recht nicht möglich sind. Das Gesetz über Kapitalanlagegesellschaften (KAGG) läßt die Anlage in Bankguthaben und Geldmarktpapieren nur bis zu 49 Prozent des Fondsvermögens zu. Geldmarktnahe Bedingungen können jedoch durch die Anlage in Wertpapieren mit kurzer Restlaufzeit, Floating Rate Notes oder auch durch Swaps sowie Options- und Termingeschäfte erzeugt werden.

Die Fonds werden überwiegend in Luxemburg aufgelegt, da die Anlagebestimmungen in Luxemburg flexibler als in Deutschland sind. So werden Geldmarktpapiere immer dann als Wertpapiere zugelassen, wenn sie in ihrem Heimatland ebenfalls als solche eingestuft werden. Auch gegenüber der Verwendung von Swaps, Optionen und Termingeschäften ist das Luxemburger Recht liberaler. Überdies ist in Luxemburg den Fondsgesellschaften gestattet, den Anlegern eine Wertentwicklungsgarantie oder Ausschüttungsgarantie anzubieten, was diesen einen direkten Vergleich mit anderen Anlageformen, insbesondere dem Termingeld, ermöglicht. Hiervon ist vor allem in der Anfangsphase Gebrauch gemacht worden. Mit der Auflegung sogenannter Bulis (Bundesbank Liquiditäts-Papiere), d. h. Geldmarktpapiere mit Wertpapierstatus, bieten sich nun auch in Deutschland bessere Bedingungen für die Auflegung von geldmarktnahen Fonds. Allerdings hat hier die Zinsabschlagsteuer seit Anfang 1993 das endgültige »Aus« für die Auflegung geldmarktnaher (thesaurierender) Fonds gebracht. Mit diesem Fondskonzept wurde erstmals ein direktes Konkurrenzprodukt zur traditionellen Festgeldanlage geboten, und zwar bei geringen Wertschwankungen mit eher höherer Rendite (Abbildung 1, Seite 30). Pluspunkt ist zudem die jederzeitige Verfügbarkeit im Gegensatz zu den Kündigungsterminen bei Festgeld. Auch in Zeiten sinkender Zinsen dürften sich die geldmarktnahen Fonds damit als wichtiger Bestandteil der angebotenen Fondspalette erweisen.

Rentenfonds: mehr Erfolg durch Streuung

Rund drei Viertel der Wertpapierfonds sind Rentenfonds, davon gut die Hälfte mit deutschem Anlageschwerpunkt. Anders als im Ausland domi-

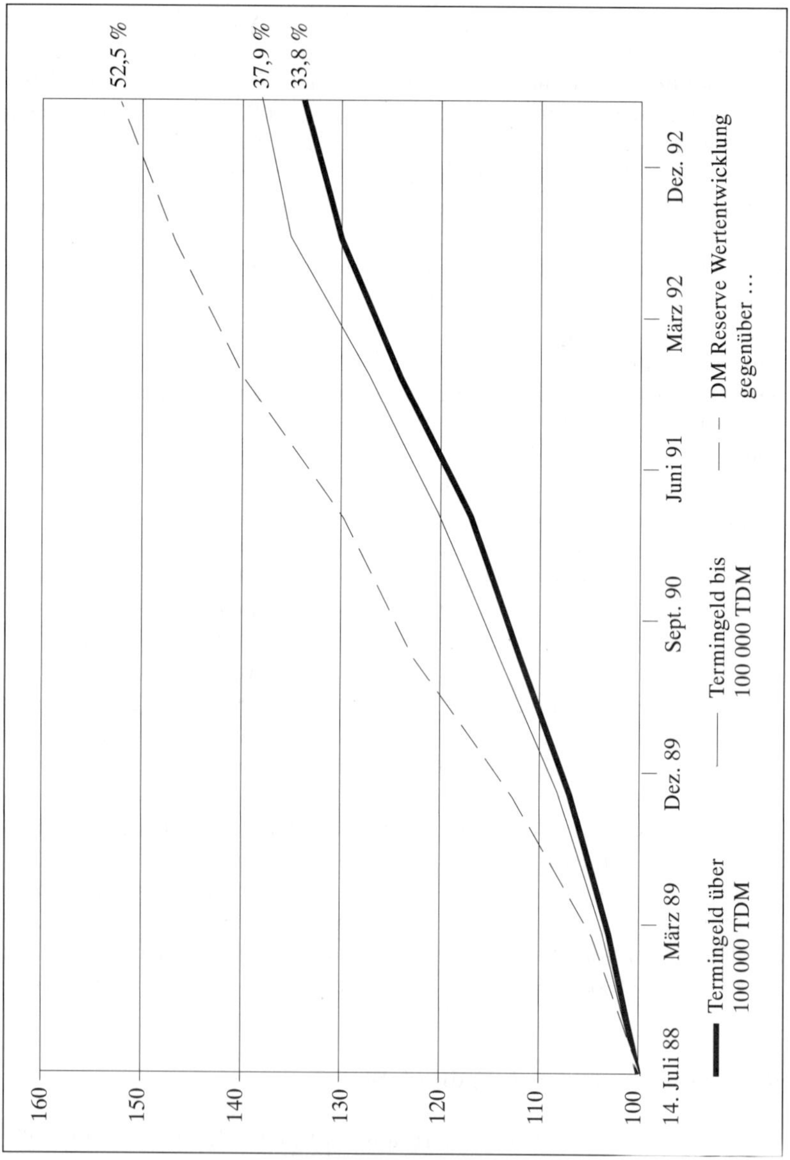

Abbildung 1: Wertentwicklung geldmarktnaher Fonds

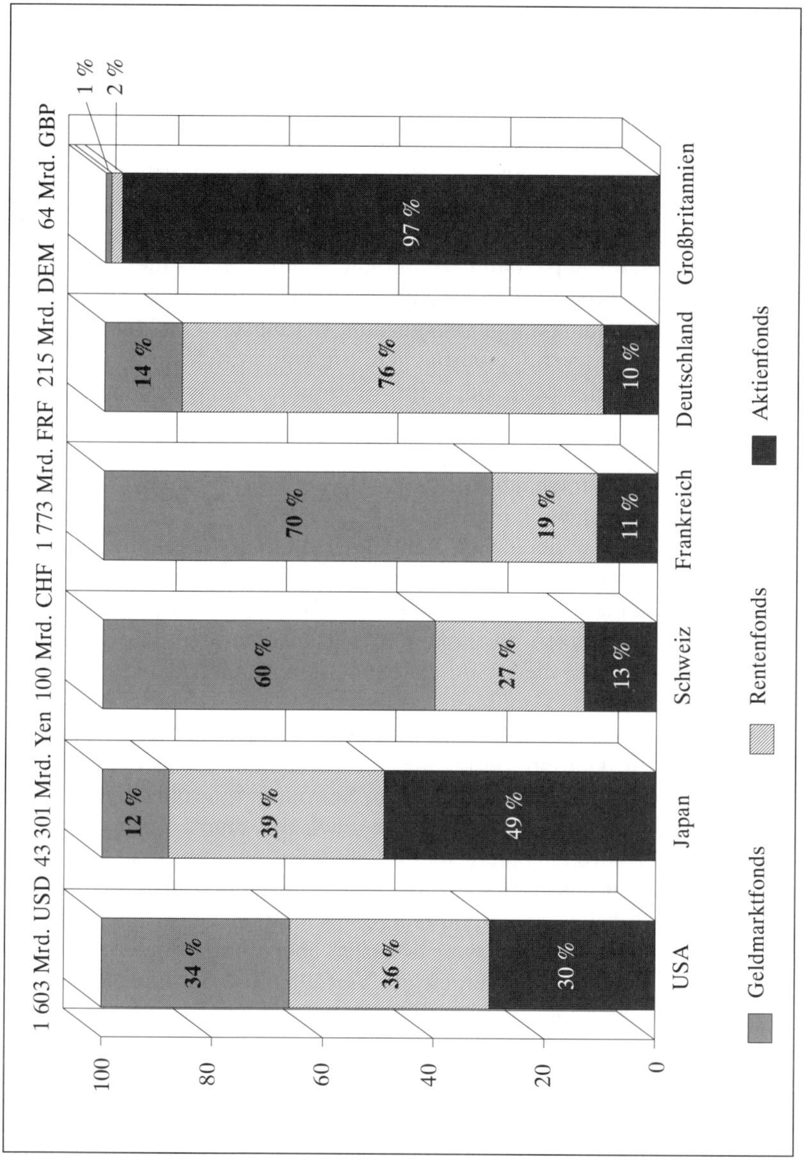

Abbildung 2: Struktur der Publikumsfondsvermögen 1992

niert in Deutschland die Rentenfondsanlage (Abbildung 2, Seite 31). Wie erklärt sich dieser Erfolg der Rentenfondsanlage in Deutschland, da doch den Anlegern die ebenfalls unproblematische Anlage in Bundesanleihen offensteht?

Fonds bieten dem Anleger mehr als nur einen »Anleiheersatz«, nämlich ein gemanagtes Anleiheportefeuille: Die Anleger profitieren von der breiten Streuung der Portefeuilles nach Emittenten und Laufzeiten. Mit der Novellierung des KAGG 1990 wurde zudem die Auflegung von Laufzeitfonds in Deutschland ermöglicht. Nach Ablauf einer im vorhinein bestimmten Frist werden die Fonds aufgelöst und das angesammelte Fondsvermögen dem Anleger ausgezahlt. In jüngster Zeit konnten diese Fonds große Absatzerfolge verbuchen. Sie eignen sich für zeitlich festgelegte Ausgabenzwecke oder für bestimmte Anlagestrategien. Die Laufzeit der Fonds bei Auflegung reichten dabei bisher von zweieinviertel Jahren bis zu fast zehn Jahren. Insgesamt bietet diese Anlage ein großes Maß an Überschaubarkeit mit aktivem Portfoliomanagement und begrenzten Wertschwankungen.

Mehr noch als am deutschen Rentenmarkt fallen die erhöhten Kursrisiken der Rentenfondsanleger bei Anlagen an den internationalen Kapitalmärkten ins Gewicht, insbesondere die Währungsrisiken. Viele Rentenfondsanleger nutzen die hohen Ertragschancen der internationalen Rentenmärkte: Rund die Hälfte der Rentenfondsanlagen sind in international investierenden Fonds. Sie ermöglichen dem Anleger, ohne große Transaktionskosten die Chancen höher verzinslicher Rentenmärkte wahrzunehmen. Der entscheidende Vorteil des Fondskonzeptes gegenüber der Direktanlage liegt dabei in der Streuung der Anlagen und damit einer Risikoverringerung. Zwar ist es auch mit einem professionellen Renten- und Währungsmanagement nicht möglich, sämtliche Kurs- und Währungsrisiken auszuschalten. Es zeigt sich jedoch, daß auf längere Sicht ein deutlich besseres Renditeergebnis möglich ist als am deutschen Rentenmarkt, und dies bei zwar höheren, aber immer noch begrenzten Kursschwankungen und jederzeitiger Verfügbarkeit der Fondsanlage.

Ein neuartiges Fondsprofil ergibt sich bei der Anlage in Rentenwerte mit nicht allererstem Rang. Die DWS-Gruppe hat entsprechende Fonds mit dem Rendite Spezial und Rendite Extra erstmals für den deutschen Markt aufgelegt. Dahinter verbirgt sich ein breit diversifiziertes Portefeuille hochrentierlicher Unternehmensanleihen, die ein etwas höheres – insbesondere konjunkturabhängiges – Risiko aufweisen. Mehr als bei jeder anderen Anlage zeigt sich hier der Bedarf an Risikostreuung – viele Direktanleger in solchen Anleihen haben das zu ihrem Leidwesen erfahren müssen –, wie er gerade der Fondsidee zugrunde liegt. Andererseits läßt sich an diesem Beispiel auch das Ziel eines klaren Fondsprofils verdeutlichen: Um nicht zwei verschiedene Risiken – das Emittentenrisiko und das Währungsrisiko – miteinander zu vermischen, sichern diese Fonds die Währungen der jeweiligen Anleihen weitgehend ab. Der Anleger erhält somit ein DM-Risiko mit der Chance, einen Renditeaufschlag gegenüber DM-Staatsanleihen zu verdienen.

Aktienfonds: steuergünstige Substanz- und Wachstumssicherung auf lange Sicht

Aktienanlagen führen in Deutschland immer noch ein Schattendasein. Die Portefeuilles der deutschen Anleger weisen eine erhebliche Rentenlastigkeit auf, und dies, obgleich Aktien- und Aktienfonds auf längere Sicht die ertragsstärkste Anlageform darstellen. Die Aktienbestände privater Haushalte inklusive Aktienfondsanteilen belaufen sich auf rund 5 Prozent der Geldvermögen. Sowohl im internationalen Vergleich wie im historischen Vergleich (in den sechziger und siebziger Jahren lagen diese Anteile immerhin über 20 bzw. 10 Prozent) sind sie damit unterdurchschnittlich. Bei den Publikumsfonds, deren Ausgangspunkt in den fünfziger Jahren Aktienfonds waren, liegt der Anteil dieser Fonds ebenfalls nur noch bei etwa 10 Prozent. Wie läßt sich die Aktienfondsanlage beleben?

Einen positiven Anlagetrend bietet die staatlich geförderte Vermögensbildung, insbesondere durch die Konzentration der Förderung auf Aktien und Aktienfonds (wobei die Vermögensbildungsleistungen der Arbeitgeber auch den Arbeitnehmern zukommen, die nicht in den Genuß der staatlichen Förderung gelangen). Allerdings schneidet die Vermögensbildung in Deutschland – im Vergleich zu Großbritannien mit rund 8,3 Milliarden DM und Frankreich mit etwa 4,6 Milliarden DM angesammelten Anlagevolumen in Aktien und Aktienfonds – mit der 936,– DM-Förderung und einem angesammelten Anlagevolumen von 2,25 Milliarden DM in Aktienfonds schlecht ab. Gegenwärtig stehen finanzpolitische Zwänge einer großzügigeren (Aktien-) Vermögensbildungsförderung entgegen. »Billigere« finanzpolitische Wege sind aber z. B. in nach Länge der Festlegungsfristen gestaffelten Förderungssätzen zu sehen. Damit könnte die Vermögensbildung z. B. auf zehn Jahre erweitert werden und ansehnliche Vermögensbeträge erreicht werden, die nicht gleich in den Konsum fließen. Eine andere Form der Förderung ist die Ertragsteuerfreiheit im Rahmen der fondsgebundenen Lebensversicherung. Diese Anlagemöglichkeit dürfte künftig verstärktes Gewicht erhalten. Bisher findet überdies noch zuwenig Beachtung, daß die Aktienfondsanlage neben ihrer langfristigen Ertragsstärke auch steuerlich sehr attraktiv ist. Denn das Anlageergebnis von Aktien und Aktienfonds besteht zum größten Teil aus Kursgewinnen, die beim Anleger einkommensteuerfrei sind, wenn die Anlage länger als sechs Monate gehalten wird. Im nachsteuerlichen Ergebnis wird die Renditedistanz zwischen Aktienfonds und festverzinslichen Anlagen dadurch noch deutlicher. Generell kommt es darauf an, das Bewußtsein der Anleger für eine ausgewogene Portefeuillestrukturierung zu stärken. In einem größeren Depot, d. h. bei Depotgrößen von 200000 DM an aufwärts, sollten Aktienfonds je nach Analagementalität einen kleineren oder größeren Anteil haben, um die Anlagechancen der Märkte ausschöpfen zu können.

Mit den internationalen Aktienfonds und speziellen Branchen- und Länderfonds werden den Anlegern Möglichkeiten erschlossen, die mit Direktanlagen kaum realisierbar sind. Die Fonds sind auf klar definierte Anlagebereiche zugeschnitten. Sie schaffen damit einerseits die Voraussetzungen für höhere Kurschancen, andererseits ist aber auch der (Aktien- und Wechselkurs-)Schwankungsspielraum größer. Sie besitzen daher ein ausgeprägtes Chance-/Risiko-Profil für einen beweglichen, risikobereiten Anleger. Die Erfahrung zeigt, daß solche Fondsauflegungen anfangs interessierte Aufnahme fanden. Allerdings neigten die Anleger in der Folgezeit zu Gewinnmitnahmen, ohne in der Regel erneute Anlagen zu erwägen. Der Gedanke einer systematischen disziplinierten Asset Allocation auf seiten der Anleger steckt noch in den »Kinderschuhen«.

Zwar weist die Aktienanlage im längerfristigen Vergleich überdurchschnittliche Anlageerfolge auf. Doch kam es immer wieder zu zeitweisen »Durststrecken«. Für kürzere Anlageperioden stellt sich somit die Frage, wie das Timing-Problem gelöst werden kann.

Eine Antwort auf diese Frage ist der Aktienfonds mit Absicherung, d. h. ein Fonds, der durch den Einsatz von Verkaufsoptionen das Aktienvermögen gegen Kursverluste absichert (bzw. sogar aus stärkeren Kursrückgängen Nutzen zieht). Ein derartiges Fondsangebot brachte die

DWS-Gruppe erstmals mit dem Ende 1991 aufgelegten Konzept '94 auf den deutschen Markt. Der Fonds kombiniert eine Anlage in DAX-Werten mit einer »Übersicherung« des Aktienvermögens durch Verkaufsoptionen auf den Deutschen Aktienindex DAX. Damit kann der Fonds dem Anleger garantieren, daß er bis Ende 1994 mindestens den Anteilpreis des Emissionszeitpunktes, d. h. sein eingesetztes Kapital, zurückerhält. Andererseits profitiert Konzept '94 stets von einer dynamischen Entwicklung an der Aktienbörse, sei es bei fallenden oder steigenden Notierungen: bei steigenden Kursen durch sein Aktienvermögen, bei fallenden Kursen durch die »Übersicherung« des Aktienvermögens.

Eine andere Antwort auf das Problem des timings bei Aktienanlagen ist die antizyklische Fondsauflegung durch die Investmentgesellschaft. Die bisherige Erfahrung zeigt, daß die Anleger eher geneigt sind, ein solches neues Produkt »anzunehmen« als selbst an den Märkten oder in Fonds antizyklisch zu agieren. Beispiel: Der DWS Japan-Fonds, der in japanischen Werten investiert. Dieser Länderfonds wurde im April 1992 aufgelegt, zu einem Zeitpunkt also, bis zu dem sich das Niveau des Nikkei-Index nach seinem Höchststand 1989 halbiert hatte und die generelle Neigung, in japanischen Aktien anzulegen, eher gering war. Bereits bis zum Mai 1993 hatte sich das Konzept dank Yen-Stärke und Aktienbelebung in Japan für die Anleger mit einem Plus von fast 40 Prozent ausgezahlt.

Die zunehmende Auffächerung des Fondsangebots trägt den Anforderungen des größer werdenden Fondspublikums Rechnung. Der Anleger erwartet und erhält:

- Zugang zu den weltweiten Anlagemärkten,
- eine attraktive Wertentwicklung bei begrenzten Anteilwertschwankungen,
- ein ausgewogenes Anlagekonzept mit professionellem Management und
- optimalem Anlegerkomfort.

1992 ging bereits jede vierte Anlagemark in die Wertpapierfondsanlage. Die Aussichten für eine weitere Steigerung sind überdurchschnittlich.

Spezialfondsmanagement vor neuen Herausforderungen

Klaus Mössle

Anlegerkreis

Nach der Legaldefinition gemäß Paragraph 1 Abs. 2 des Gesetzes über Kapitalanlagegesellschaften (KAGG) sind Spezialfonds »Sondervermögen, deren Anteilscheine aufgrund schriftlicher Vereinbarung mit der Kapitalanlagegesellschaft jeweils von nicht mehr als zehn Anteilinhabern, die nicht natürliche Personen sind, gehalten werden«. Diese Neuregelung durch das Finanzmarktförderungsgesetz vom 22. Februar 1990 soll – so die Gesetzesbegründung – die Kapitalanlagegesellschaften in die Lage versetzen, »in erheblich größerem Umfang als bisher für in- und ausländische Großanleger, insbesondere institutionelle Anleger, Dienstleistungen auf dem Gebiet der Vermögensanlage und Vermögensverwaltung anzubieten«. Mit der ausdrücklichen Regelung des Spezialfonds im deutschen KAGG, die im Ausland bereits Nachahmung fand, hat der Gesetzgeber die Genehmigungspraxis des Bundesaufsichtsamtes für das Kreditwesen vor Inkrafttreten des Finanzmarktförderungsgesetzes bestätigt und teilweise erweitert.

Der Anlegerkreis von Spezialfonds umfaßt Kapitalsammelstellen im weitesten Sinne wie Pensions- und Unterstützungskassen, Versicherungsunternehmen, berufsständische Organisationen und Versorgungswerke, kirchliche Institutionen, Stiftungen und sonstige Träger gemeinnütziger Einrichtungen, Bausparkassen und Hypothekenbanken, öffentlich-rechtliche Versorgungseinrichtungen und Sozialversicherungsträger (z. B. Betriebskrankenkassen); ferner sonstige Unternehmen, soweit diese über freie oder zweckgebundene Liquidität verfügen, die ein zeitlich begrenztes oder längerfristiges Engagement an den Kapitalmärkten zweckmäßig erscheinen läßt. Die größte Anlegergruppe bilden die Versicherungsunternehmen. Die Versicherer hielten Ende 1989 einen Anteil von 53,2 Prozent des von Spezialfonds zu diesem Zeitpunkt verwalteten Gesamtvermögens von rund 108 Milliarden DM; bei Einbeziehung der Pensionskassen als zweitstärkster Anlegergruppe gibt es sogar Schätzungen, die sich zwischen 70 Prozent und 80 Prozent bewegen. Auch bei einem bis Ende März 1993 auf etwa 184 Milliarden DM angewachsenen Gesamtvermögen der Spezialfonds dürfte der Anteil der Versicherer nach Schätzungen der Branche nach wie vor rund 50 Prozent betragen.

Der skizzierte Anlegerkreis spiegelt die stets an den Marktbedürfnissen orientierte Genehmigungspraxis des Bundesaufsichtsamtes für das Kreditwesen in Berlin wider, die das Anlageinstrument Spezialfonds in langjähriger Zusammenarbeit mit den Kapitalanlagegesellschaften für immer neue Kreise inländischer Anleger erschloß. Erweitert wurde diese Genehmigungspraxis durch das Finanzmarktförderungsgesetz 1990 zunächst im Hinblick auf ausländische institutionelle Anleger; ferner insoweit, als nunmehr sämtliche Rechtsträger mit Ausnahme natürlicher Personen – d. h. insbesondere sämtliche juristischen Personen (AG, GmbH, Stiftung, eingetragener Verein etc. sowie juristische Personen des öffentlichen Rechts), die Personenhandelsgesellschaften (KG, OHG), vergleichbare Rechtsformen ausländischen Rechts – als Anleger für Spezialfonds in Betracht kommen, ohne daß es noch einer Genehmigung der Bankaufsichtsbehörde bedarf; schließlich verzichtet der Gesetzgeber im Finanzmarktförderungsgesetz bewußt darauf, die Auflegung von Spezialfonds auf die Anlage sogenannten »Sozialkapitals« zu begrenzen, da sich dieser Begriff – wie die Erfahrungen mit Spezialfonds erwiesen hätten – nicht eindeutig abgrenzen lasse. Stets ausgeschlossen waren, im Einvernehmen zwischen der Aufsichtsbehörde und den Kapitalanlagegesellschaften, Spezialfonds ausschließlich für die Anlage privater Mittel vermögender natürlicher Personen, da hierin eine ungerechtfertigte Inanspruchnahme der Vorteile des Spezialfonds gesehen wurde. Die Grenze von zehn Anteilinhabern ist eine rein pragmatische Einschränkung und wurde in der Praxis bislang kaum als Beschränkung empfunden, da die meisten Spezialfonds entweder nur für einen einzelnen Anleger oder für einen sehr kleinen Anlegerkreis mit gleichgerichteten Anlageinteressen, etwa innerhalb derselben Unternehmensgruppe, aufgelegt werden.

Mit der abstrakten Formulierung des Paragraphen 1 Abs. 2 KAGG hat der Gesetzgeber bewußt eine Festschreibung der bisherigen Genehmigungspraxis vermieden und damit die Chancen der Spezialfondsbranche für eine an den Bedürfnissen der Praxis orientierte Erweiterung des Spezialfondsgeschäfts auf neue Anlegerkreise gewahrt.

Fondsmanagement

Kapitalanlagegesellschaften haben die ihnen anvertrauten Wertpapiersondervermögen »mit der Sorgfalt eines ordentlichen Kaufmanns« und »ausschließlich im Interesse der Anteilinhaber« zu verwalten. Die Anlagegrundsätze und -ziele, die dabei zu beachten sind, werden beim Spezialfonds – anders als beim Publikumsfonds – in aller Regel vor Auflegung des Fonds mit dem Anleger individuell abgestimmt und können bei Bedarf jederzeit an sich wandelnde Anlegerbedürfnisse angepaßt werden. Wie bei allen deutschen Wertpapierinvestmentfonds steckt der Anlagekatalog gemäß Paragraphen 8 ff. KAGG auch für Spezialfonds den äußeren Rahmen der Anlagemöglichkeiten ab. Der auf dem Gedanken des Anlegerschutzes durch Risikostreuung beruhende gesetzliche Anlagekatalog wird auch nach seiner Erweiterung durch das Finanzmarktförderungsgesetz (insbesondere Optionen, Finanzterminkontrakte, Geldmarktpapiere) in der Investmentbranche teilweise als restriktiv (z. B. keine Wertpapierleihe) oder im Hinblick auf neue Entwicklungen als zu wenig flexibel (z. B. keine Optionen auf Indizes) empfunden. Überwiegend normieren die Paragraphen 8 ff. KAGG jedoch praxisgerechte Anlagegrenzen, die den von internationalen institutionellen Anlegern für die Wertpapierverwaltung in herkömmlichen Portfolios vorgegebenen Anlagerichtlinien vergleichbar sind. Zusätzliche Anlagegrenzen können sich aufgrund gesetzlicher und behördlicher Anlagevorschriften oder interner Statuten seitens der Anleger ergeben. Als praktisch wichtigstes Beispiel ist in diesem Zusammenhang die Vorschrift des Paragraphen 54 a Abs. 2 Nr. 6 des Versicherungsaufsichtsgesetzes zu nennen. Danach kommen zur Anlage von Mitteln des Deckungsstocks einer Lebensversicherung oder einer Pensionskasse nur solche Wertpapiersondervermögen in Betracht, die nach den Vertragsbedingungen ihre Mittel »überwiegend« (d. h. zu mehr als 50 Prozent) in im Inland amtlich notierten Aktien und/oder im Inland ausgestellten, auf D-Mark lautenden Schuldverschreibungen anlegen, bei voller Ausschöpfung des Anlagerahmens des KAGG im übrigen. Anlegerspezifische Anlagebeschränkungen sind ferner zu beachten bei Spezialfonds für Sozialversicherungsträger (Paragraphen 83 ff. des Sozialgesetzbuches), Bausparkassen (Paragraph 4 Abs. 3 Nr. 7 des Gesetzes über Bausparkassen), Hypothekenbanken (Paragraph 5 Abs. 3 Nr. 5 des Hypothekenbankgesetzes); für diese Anleger dürfen über Spezialfonds nur die auch für die Direktanlage zulässigen Anlagewerte erworben werden. Die Zusammensetzung des Wertpapierbestandes sämtlicher Spezialfonds spiegelt die eher konservativen, für die wichtigsten Anlegergruppen maßgeblichen gesetzlichen Anlagevorschriften wider. Ende März 1993 betrug der Anteil inländischer Wertpapiere bei einem Gesamtvermögen aller Spezialfonds von insgesamt rund 184 Milliarden 72,9 Prozent, wobei nach Angaben der Deutschen Bundesbank 53 Prozent auf inländische Renten und 19,9 Prozent auf inländische Aktien entfielen.

Bei Spezialfonds, die für gemeinnützige Einrichtungen, wie z. B. Stiftungen, aufgelegt werden, kommt es vor, daß die zuständigen Behörden, etwa im Rahmen der auf Länderebene unterschiedlich geregelten und gehandhabten Stiftungsaufsicht, auf die Ausgestaltung des vertraglichen Anlagerahmens Einfluß nehmen. Interne Richtlinien auf Anlegerseite können den Zweck haben, den Entscheidungsspielraum der mit den Vermögensanlagen des Anlegers befaßten Verantwortungsträger auf bestimmte Anlagearten und -techniken zu begrenzen, oder sie können z. B. durch Ratingerfordernisse und Ausschluß bestimmter Anlageländer Bonitäts- und Länderrisiken begrenzen. Die bei der Ausgestaltung eines Spezialfonds bestehende Flexibilität erlaubt es, diese vielfältigen, anlegerspezifischen Vorgaben für das Fondsmanagement zu berücksichtigen, etwa durch Aufnahme in die Vertragsbedingungen oder in Form von Beschlüssen des für jeden Fonds gebildeten Anlageausschusses. Bei der Verwaltung des Fonds können diese Beschränkungen ebenso wie die Anlagegrenzen des KAGG laufend per Datenverarbeitung überwacht werden.

Was das eigentliche Fondsmanagement angeht, d. h. die Ausfüllung des vorgegebenen Anlagerahmens durch einzelne Anlageentscheidungen unter Berücksichtigung bestimmter Anlagestrategien, bietet das Spezialfondsgeschäft wiederum ein vielfältiges Bild. Ein wichtiger Faktor für den Erfolg des Spezialfonds ist darin zu sehen, daß dem jeweiligen Anleger die Möglichkeit geboten wird, die Anlagepolitik eines Spezialfonds in dem ihm zweckmäßig erscheinenden Maße mitzugestalten. Zentrale Bedeutung kommt in diesem Zusammenhang dem eigens für jeden Spezialfonds gebildeten Anlageausschuß zu, der gegenüber dem Fondsmanagement beratende Funktion hat. Der Anlageausschuß tagt in der Regel zweimal jährlich, bei Bedarf öfters, wobei Beschlüsse nach den für die Ausschüsse geltenden Richtlinien meist auch fernmündlich und -schriftlich gefaßt werden können. Vielfach setzen sich die Anlageausschüsse aus vier Mitgliedern zusammen, zwei Vertretern der Anlegerseite und zwei Anlageexperten aus dem Bereich der für den jeweiligen Fonds tätigen Depotbank. Bei Spezialfonds für Pensionskassen oder bei Belegschaftsfonds ist üblicherweise auch die Arbeitnehmerseite im Anlageausschuß vertreten.

Naturgemäß kommt dem Anlageausschuß im Rahmen der Arbeitsweise eines Spezialfonds unterschiedliche Bedeutung zu, je nachdem, ob der Anleger dem Fondsmanagement bei der Formulierung und Umsetzung der Anlagestrategie völlig freie Hand läßt (discretionary management) oder die Anlagepolitik des Fonds in den Grundzügen (z. B. asset allocation, country allocation) mitgestalten will. Die für die Anlageentscheidung verantwortliche Kapitalanlagegesellschaft kann sich, soweit dies im Hinblick auf bestimmte Märkte, z. B. Spezialmärkte (emerging markets), Anlageformen, z. B. Index-Fonds, oder Management Styles im Anlegerinteresse zweckmäßig erscheint, auch durch externe Investment Adviser beraten lassen, deren Know-how etwa über den Anlageausschuß in das Fondsmanagement einfließen kann.

Von den für die Mittelanlage verantwortlichen Entscheidungsträgern bilanzierender Anleger wird am Spezialfonds besonders geschätzt, daß Anlageentscheidungen innerhalb eines Fonds den Bilanzwert der nach dem strengen Niederstwertprinzip zu verbuchenden Fondsanteile grundsätzlich nur dann – durch ertragsmindernde Abschreibungen – berühren, wenn der Wert der Anteile unter den Einstandspreis sinkt. Umgekehrt werden im Fonds erzielte Veräußerungs- und Tilgungsgewinne erst dann ertragswirksam, wenn sie – in Abstimmung mit dem Anleger – ausgeschüttet werden oder wenn der Anleger Anteile zurückgibt. Dieser Effekt erlaubt neben der Verlagerung des steuerlichen Zuflußzeitpunktes einen – insbesondere von Versicherungsunternehmen geschätzten – kontinuierlichen, lediglich mittelfristig an die tatsächliche Wertentwicklung gebundenen Ertragsausweis. Im praktischen Ergebnis wirken Spezialfonds dadurch einem »Einfrieren« von Wertpapierpositionen aus bilanziellen Erwägungen entgegen und ermöglichen sich ausschließlich an Marktentwicklungen orientierende Dispositionen der Kapitalsammelstellen.

Was die Methoden zur Messung und Analyse des Anlageergebnisses von Spezialfonds angeht, so haben die – durch verstärkte wissenschaftliche Auseinandersetzungen mit der Thematik und durch Beratungsgesellschaften mitgeprägten – Ansprüche der Anleger im Laufe der letzten Jahre deutlich zugenommen. Ausgangspunkt für die Performancemessung für Spezialfonds ist nach wie vor die vom Bundesverband Deutscher Investment-Gesellschaften (BVI) entwickelte und angewandte Berechnungsmethode, bei der das Anlageergebnis anhand der Wertentwicklung eines Anteilkontos ermittelt wird. Bei der BVI-Methode werden die Beträge der Ausschüttung nicht dem letzten Ausgabepreis hinzugerechnet, sondern es wird fiktiv davon ausgegangen, daß mit jedem Ausschüttungsbetrag zum Zeitpunkt der jeweiligen Ausschüttung weitere Fondsanteile zum jeweiligen Ausgabepreis ex-Ausschüttung erworben wurden, die an der weiteren Ausgabepreisentwicklung teilgenommen haben. Zusätzlich zu diesem und anderen herkömmlichen, am Anteilswert orientierten Meßverfahren bieten die Spezialfondsgesellschaften ihren Anlegern zunehmend verfeinerte, mit beträchtlichem Kostenaufwand zu entwickelnde Systeme der Performancemessung und -analyse im Rahmen ihres Berichtswesens an. Diese Systeme ermöglichen es, die Entwicklung sowohl des Fonds als auch einzelner Anlagekomponenten absolut (in der jeweiligen Basiswährung) sowie relativ im Vergleich zu einer bestimmten Benchmark zu messen und zu analysieren sowie darzulegen, mit welchem Risiko – in der Regel definiert als Volatilität im Vergleich zur Benchmark – das Anlageergebnis erzielt wurde. Als nächste Entwicklungsstufe der Performancemessung zeichnet sich ein Abrücken institutioneller Anleger von einer rein benchmark-orientierten Betrachtungsweise ab. In Ergänzung zum derzeitigen Instrumentarium wird der Anlageerfolg eines Fonds zusätzlich in Relation zu einem sogenannten »Universum« gemessen, das z. B. die Anlageergebnisse eines größeren Kreises von Portfolio- und Fondsmanagern mit vergleichbaren Verwaltungsmandaten umfaßt. Ob sich diese, stets gewissen Zeitströmungen unterworfenen Entwicklungen unter Berücksichtigung der damit verbundenen, letztlich vom Anleger zu tragenden Kosten der Fondsgesellschaften und auf Seiten der Anleger nachhaltig im Sinne verbesserter Anlageergebnisse auswirken werden, bleibt abzuwarten.

Rechtliche Unterschiede

Der Spezialfonds wurde von den Kapitalanlagegesellschaften als ein Unterfall des Investmentfonds entwickelt und in der Genehmigungspraxis der Bankenaufsicht bis zur KAGG-Novelle durch das Finanzmarktförderungsgesetz 1990 auch so gehandhabt. Für Spezialfonds galten uneingeschränkt die gleichen gesetzlichen Regelungen wie für Publikumsfonds. Das Finanzmarktförderungsgesetz hat daran im wesentlichen nichts geändert. So gelten für Investmentfonds allgemein, also für Publikums- und Spezialfonds, dieselben kapitalmarktrelevanten Rahmenbedingungen, d. h. die gleichen steuerlichen Regelungen (Paragraphen 38 ff. KAGG) und die gleichen Anlagemöglichkeiten und Anlagegrenzen. Wegen der engen, in der sogenannten Dreiervereinbarung oder »Rahmenvereinbarung« speziell geregelten Beziehungen zwischen Anleger, Kapitalanlagegesellschaft und Depotbank sind jedoch einige Informations- und Veröffentlichungspflichten überflüssig. Denn es macht keinen Sinn, Anleger, die wöchentlich oder monatlich über »ihren« Fonds informiert werden, zusätzlich noch durch öffentliche Publikationen über den gleichen Sachverhalt zu informieren. Dementsprechend wird eine Prospektpflicht bei Anbahnung der Geschäftsbeziehung als entbehrlich angesehen, da jeder potentielle Anleger eines Spezialfonds in jedem Einzelfall ohnehin eingehend informiert wird. Wenn die Kapitalanlagegesellschaften bei Spezialfonds nach wie vor ausnahmslos gesetzlich verpflichtet sind, einen Halbjahresbericht sowie zum Schluß des Geschäftsjahres jedes einzelnen Spezialfonds einen vom Wirtschaftsprüfer geprüften Rechenschaftsbericht im Bundesanzeiger zu veröffentlichen, so dient diese Veröffentlichungspflicht weniger dem Informationsbedürfnis des jeweiligen Anlegers, sondern bewahrt vielmehr schlicht die Öffentlichkeit der Spezialfonds und macht deren Vermögensanlagen transparent.

Wie die Auflegung von Investmentfonds allgemein, so bedurfte bis 1990 auch die Auflegung von Spezialfonds einer Genehmigung des Bundesaufsichtsamtes für das Kreditwesen. Dieses hat sich im Rahmen des Genehmigungsverfahrens nicht nur auf die Prüfung der Übereinstimmung der Vertragsbedingungen mit den gesetzlichen Regelungen beschränkt, sondern darüber hinaus auch gleichzeitig überwacht, ob der jeweils vorgesehene Anleger dem Kreis der Anleger angehört, der dem jeweiligen Stand der Genehmigungspraxis entsprach. Für beide Prüfungen ist kein Raum mehr, denn abgesehen von dem Ausschluß vermögender natürlicher Personen ist der Kreis der Anleger aufgrund der neuen gesetzlichen Regelung nunmehr unbeschränkt. Im Zuge der Deregulierung wird die Übereinstimmung der Vertragsbedingungen mit den gesetzlichen Regelungen bei Spezialfonds, bei denen Grundsätze des Verbraucherschutzes im Gegensatz zu Publikumsfonds weniger zum Tragen kommen, nicht vor Auflegung durch eine staatliche Behörde, sondern erst nach Auflegung durch Wirtschaftsprüfer geprüft und bestätigt (Paragraph 24 a Abs. 5 KAGG). Dabei können sich sowohl die Kapitalanlagegesellschaften als auch die Wirtschaftsprüfer an Vertragsbedingungen für Publikumsfonds orientieren, die vom Bundesaufsichtsamt für das Kreditwesen nach wie vor genehmigt werden müssen. Das gilt insbesondere für den sogenannten Allgemeinen Teil der Vertragsbedingungen, der von den Spezialfonds weitgehend unverändert übernommen wird.

Ausblick

Der Spezialfonds hat sich seit mehr als 25 Jahren als Anlageinstrument für die Verwaltung von Wertpapiervermögen inländischer – neuerdings auch ausländischer – institutioneller Anleger bewährt. Bis zur Schaffung der Spezialfonds durch die Praxis fehlte im deutschen Rechtskreis ein dem anglo-amerikanischen »Trust« vergleichbares Rechtsinstitut für die Verwaltung fremden (institutionellen) Vermögens. Mit der gesetzlichen Regelung durch das Finanzmarktförderungsgesetz 1990 hat der Gesetzgeber den Spezialfonds nicht nur erstmals ausdrücklich anerkannt, sondern ganz bewußt »die Attraktivität dieses bewährten Instruments der Kapitalanlage und -verwaltung zusätzlich gestärkt.« Ob sich die stürmische Entwicklung des Spezialfondsgeschäfts in den achtziger Jahren fortsetzen läßt, wird insbesondere von zwei Faktoren abhängen:

- Erstens vom Geschick der Kapitalanlagegesellschaften, bestehende und potentielle – auch ausländische – Anleger mit einem Leistungsangebot zu überzeugen, das auf die individuellen Bedürfnisse der einzelnen Anleger oder Anlegergruppen zugeschnitten ist und neben dem Fondsmanagement und der Fondsadministration auch Gestaltungsfragen, z. B. betriebliche Altersversorgung, mitberücksichtigt;
- Zweitens ist in rechtspolitischer Hinsicht dafür Sorge zu tragen, daß die kapitalmarktrechtlichen Rahmenbedingungen des Spezialfondsgeschäfts erhalten bleiben und in bestimmten Punkten verbessert werden.

Hinsichtlich der Versicherungsunternehmen als größter Anlegergruppe für Spezialfonds stellt sich die Frage, ob die Versicherer zukünftig einen wesentlich größeren Teil ihrer in Spezialfonds angelegten Mittel über eigene Fondsgesellschaften verwalten werden. Die Erfahrungen seit

Ende der achtziger Jahre, als die ersten versicherungseigenen Kapitalanlagegesellschaften gegründet wurden, sprechen eher gegen eine solche Entwicklung. Abgesehen davon, daß die Gründung einer eigenen Kapitalanlagegesellschaft nur für größere Versicherungsunternehmen in Betracht kommt, haben die meisten Versicherer aus Gründen der Risikostreuung und der Vergleichbarkeit der intern erzielten Ergebnisse stets auf eine Diversifizierung von Managementleistungen und damit auf eine Einbeziehung von nicht zum Versicherungsverbund gehörenden Fondsmanagern Wert gelegt. Eine wesentliche Rolle spielt in diesem Zusammenhang auch das Interesse der Versicherer, über die Anlageausschüsse und über die für Spezialfonds typischen, laufenden informellen Kontakte zwischen Anleger und Fondsmanagement an dem speziellen, durch besondere Kapitalmarktnähe geprägte Know-how der Banken zu partizipieren.

Noch in größerem Umfang als bisher dürften Spezialfonds zukünftig als Anlageinstrument im Rahmen der betrieblichen Altersversorgung genutzt werden. In diesem Zusammenhang ist zu erwähnen, daß die Siemens AG als erstes Industrieunternehmen Anfang 1993, nachdem das Unternehmen sich – quasi als Vorlauf – zunächst einer im Bankenbereich angesiedelten Fondsgesellschaft bedient hatte, eine eigene Kapitalanlagegesellschaft gründete. Es ist durchaus denkbar, daß ertragsstarke Unternehmen, insbesondere wenn eine hohe Basisliquidität sich als Strukturelement herausbildet, einer eigenen oder externen Kapitalanlagegesellschaft jeweils soviel Mittel ausschließlich für Zwecke der betrieblichen Altersversorgung zuweisen, daß die hieraus erzielten Fondserträge die laufenden Pensionszahlungen ganz oder überwiegend finanzieren. So gesehen könnte sich das von Siemens praktizierte Spezialfondsmodell als eine deutsche Version der im angelsächsischen Bereich verbreiteten externen »Pension Funds« erweisen, die zu weiteren Gestaltungsüberlegungen für die Spezialfondsbranchen allgemein Anlaß geben könnte.

Abgesehen davon, daß der Aufbau einer eigenen Kapitalanlagegesellschaft mit dem dafür erforderlichen Personal- und Sachaufwand, der im Hinblick auf die Rentabilität eine gewisse Mindestgröße des Fondsvolumens voraussetzt, auch für Großunternehmen nur in besonders gelagerten Ausnahmefällen zweckmäßig sein kann, unterstreicht das Vorgehen der Siemens AG die Bedeutung, welche dem Spezialfonds als Anlageinstrument gerade für die betriebliche Altersversorgung in Deutschland zukommt. Träger der betrieblichen Altersversorgung – insbesondere Pensions- und Unterstützungskassen – sind seit Etablierung der Spezialfonds Ende der sechziger Jahre eine der wichtigsten Anlegergruppen. Unternehmen, die für Direktzusagen im Rahmen der betrieblichen Altersversorgung Pensionsrückstellungen gebildet haben – Ende 1989 nach Erhebungen der Bundesbank durchschnittlich in Höhe von 13 Prozent der Bilanzsumme –, sind in zunehmendem Maße an Spezialfondslösungen interessiert, mit denen sich die aus der betrieblichen Altersversorgung ergebenden Liquiditätsrisiken unabhängig von der jeweiligen Ertragssituation des Unternehmens planmäßig kontrollieren lassen.

In welchem Maße ausländische Anleger auf deutsche Spezialfonds zurückgreifen werden, wird in erster Linie von den bilanziellen und (steuer-)rechtlichen Rahmenbedingungen im jeweiligen Sitzland des potentiellen Anlegers abhängen. Beispielsweise weisen Doppelbesteuerungsabkommen zwischen Deutschland und einer Reihe anderer europäischer Staaten Besonderheiten auf, welche den Spezialfonds – zumindest für steuerbefreite Anleger (z. B. Pensionskassen) aus diesen Ländern – als besonders attraktive Alternative zur Direktanlage in deutsche Aktien erscheinen lassen. Als effizientes, praktisch erprobtes und rechtlich abgesichertes Investmentvehikel könnte der Spezialfonds schließlich als Anlageinstrument für private und öffentliche Institutionen etwa in Osteuropa in Betracht kommen, denen für die laufende (buchhalterische) Überwachung eines aktiv verwalteten Portfolios die personellen und sonstigen Ressourcen fehlen.

Neuen Herausforderungen wird sich die Spezialfondsbranche nicht zuletzt auf rechtspolitischer Ebene gegenübersehen. Durch das Finanzmarktförderungsgesetz von 1990 wurde, dies sei nochmals hervorgehoben, die Bedeutung des Spezialfonds für die effiziente Anlage und Verwaltung von Vorsorgemitteln unterschiedlichster Zweckbindung sowie die kapitalmarktpolitische Funktion dieses Anlageinstruments gewürdigt und ausdrücklich anerkannt. Für eine weitere positive Entwicklung des Spezialfondsgeschäfts wird es wesentlich sein, daß die gesetzlichen bzw. aufsichtsrechtlichen Rahmenbedingungen und die Flexibilität des Spezialfonds gewährleistet bleiben und in bestimmten Bereichen – etwa im Hinblick auf die Ausnutzung neuer Anlagetechniken – zusätzlich verbessert werden. Nur unter diesen Voraussetzungen wird der Spezialfonds seine Position im Wettbewerb mit in- und ausländischen Angeboten nachhaltig behaupten und ausbauen können.

Management und Marketing bei Offenen Immobilienfonds

Paul Wonhas

Die Deutsche Bundesbank schreibt in ihrem Monatsbericht Oktober 1988 unter anderem zum Thema Offene Immobilienfonds: »In vielen Fällen sind solche indirekt über Immobilienfonds gebündelte Geldanlagen vielleicht der einzige Weg für Privatanleger, sich mit kleineren Beträgen im Immobiliensektor zu engagieren.« Dies ist förmlich ein Gütesiegel für ein kompliziertes, mehr als 30 Jahre altes Vermögensanlageprodukt aus berufener, unabhängiger und über jeden Zweifel erhabener Feder. Mit der Auflegung des ersten Offenen Immobilienfonds, des iii-Fonds Nr. 1 am 16. Februar 1959, konnten sich die Gründungsbanken HYPO-Bank und Bayerische Vereinsbank zwar auch an übergreifenden Grundsätzen des damals bereits seit 1957 existierenden Gesetzes über Kapitalanlagegesellschaften (KAGG) orientieren. Die Offenen Immobilienfonds waren aber im KAGG noch nicht geregelt. Dies geschah erst zehn Jahre später, nachdem inzwischen drei weitere Offene Immobilienfonds aufgelegt worden waren. Zum Zeitpunkt der Auflegung des iii-Fonds Nr. 1 gab es zwar schon neun Aktienfonds und einen gemischten Aktien-/Rentenfonds, aber noch keine reinen Rentenfonds.

Am 31. Dezember 1992 existierten 15 Offene Immobilienpublikumsfonds. Davon wurden zwölf mindestens seit einem Jahr jedermann zur Vermögensanlage angeboten. Einer wurde 1992 neu aufgelegt. Die Anteilscheine von zwei Fonds wurden nur an einen bestimmten Anlegerkreis verkauft. Daneben bestanden acht Immobilienspezialfonds. Die Zahl der Anleger in den Publikumsfonds dürfte weit mehr als eine Million betragen. Die nachstehenden Ausführungen beziehen sich im wesentlichen nur auf die zwölf mindestens seit einem Jahr jedermann angebotenen Fonds. Den nur 15 Offenen Immobilienfonds war Ende 1992 ein Fondsvermögen von insgesamt 28,1 Milliarden DM zur Verwaltung anvertraut. Dies war um 28 Prozent höher als das der 209 deutschen Aktienfonds. Die 224 deutschen Rentenfonds verwalteten mit 92,8 Milliarden DM nur das 3,3fache Vermögen der Immobilienfonds. Die einzelnen Immobilienfonds sind folglich im Durchschnitt sehr große Fonds.

Die Offenen Immobilienfonds unterliegen heute ausnahmslos dem KAGG. Bezüglich der Offenen Immobilienfonds gelten die gleichen investmentrechtlichen Grundgedanken, Sparerschutzbestimmungen, Organisationsgrundsätze usw. wie für die Wertpapierinvestmentfonds. Als Sonderheit ist die Bestellung eines Sachverständigenausschusses aus unabhängigen, zuverlässigen und fachlich geeigneten Persönlichkeiten mit besonderen Erfahrungen auf dem Gebiet der Bewertung von Grundstücken vorgeschrieben (Paragraph 32 KAGG). Dem Grundstückssondervermögen gehörende Gegenstände dürfen nur im Eigentum der Kapitalanlagegesellschaft und können nicht im Miteigentum der Anteilinhaber stehen. Als Gegengewicht zur jederzeitigen Rückgabemöglichkeit der überwiegend in Immobilien angelegten Anteilscheine gegen Auszahlung von Geld bestehen nur für Offene Immobilienfonds geltende spezielle Vorschriften hinsichtlich der Liquiditätshaltung. Ein Offener Immobilienfonds unterscheidet sich also vom Wertpapierinvestmentfonds oder Beteiligungssondervermögen im wesentlichen nur wegen und hinsichtlich der Anlageobjekte Grundstücke (Paragraph 27 KAGG). Sein Fondsvermögen soll laut Vertragsbedingungen zu mindestens 51 Prozent in Grundstücken angelegt sein. Den Rest dürfen im gesetzlich vorgeschriebenen und durch die Vertragsbedingungen ausgefüllten Rahmen Bankguthaben, verzinsliche Wertpapiere und Aktien bilden. Die Preisfestsetzung für das Fondsvermögen erfolgt bei Wertpapieren durch die Börse, bei Immobilien durch den Sachverständigenausschuß.

Aus den Rechenschaftsberichten 1991/1992 der zwölf länger als ein Jahr dem Publikum angebotenen Offenen Immobilienfonds errechnen sich im arithmetischen Mittel für die Hauptpositionen Liegenschaften und Liquiditätsanlagen die Zahlen folgender Tabelle.

Mit den ermittelten Durchschnittsanteilen der Liegenschaften und Liquiditätsanlagen am Gesamtvermögen stimmten die aktuellen Anteile in den einzelnen Vermögensaufstellungen der Fonds nur in drei Fällen einigermaßen überein. Bei den übrigen ergaben sich zum Teil erhebliche Abweichungen. Drei Kapitalanlagegesellschaften verwalteten jeweils zwei Offene Immobilienfonds. Auch in diesen Fällen waren die Anteile der Liegenschaften und Liquiditätsanlagen nur bei einer Gesellschaft ziemlich deckungsgleich. Die Unterschiede in den Anlagegrundsätzen der Vertragsbedingungen der Fonds erscheinen weder für die Abweichungen von den Durchschnittsanteilen aller Fonds noch die bei den Fonds einer Kapitalanlagegesellschaft maßgeblich. Die Abweichungen

	TDM	**% des Fonds-vermögens**
I. Liegenschaften		
1. Mietwohngrundstücke	12 668	0,63 %
2. Geschäftsgrundstücke	1 136 141	56,82 %
3. gemischt genutzte Grundstücke	26 738	1,34 %
4. Grundstücke im Zustand der Bebauung	68 228	3,41 %
5. Bauvorbereitungskosten	0	0,00 %
6. unbebaute Grundstücke	10 327	0,52 %
	1 254 103	**62,71 %**
II. Liquiditätsanlagen		
1. Bankguthaben		
1.1. innerhalb eines Jahres fällig	255 679	12,79 %
1.2. andere	0	0,00 %
2. Geldmarktpapiere	0	0,00 %
3. Wertpapiere	470 758	23,54 %
	726 437	**36,33 %**

sind nicht verwunderlich, beruhen sie doch jeweils auf einer Fülle von Einzelentscheidungen. Die Immobilienkapitalanlagegesellschaften sind Unternehmen im eigentlichen Wortsinn und haben im Rahmen ihrer Aufgabenstellung so unterschiedliche Gewerbe aus einer Hand zu meistern, wie z. B. das Bankgeschäft insbesondere mit seiner Depotverwaltung und der Vermögensanlage in Wertpapieren, Liegenschaftskäufe bzw. -verkäufe, Entwicklung, Bebauung und Instandhaltung von Grundstücken, die Hausverwaltung, welche letztlich die tagtägliche bestimmungsgemäße Nutzbarkeit der Liegenschaften zum Ziel hat.

Managementmöglichkeiten und deren Auswirkungen

Das innere Gefüge eines Offenen Immobilienfonds ist äußerst kompliziert und komplex. Deshalb kommt dem Management besondere Bedeutung zu. Die verwaltende Kapitalanlagegesellschaft ist zwar Kreditinstitut, darf aber von den klassischen Bankgeschäften neben der Treuhand- und Verwaltungsfunktion nur noch Kundendepots in Fondsanteilscheinen führen. Damit ist sie schwerpunktmäßig Unternehmer in Immobilien. Ihre Tätigkeit ist eingegrenzt durch die Bestimmungen des Kapitalanlagegesetzes, der Vertragsbedingungen, des Kreditwesengesetzes und der aufsichtsrechtlichen Anordnungen. Sie muß mit den daraus folgenden Eingrenzungen leben, weil sie in ganz besonderer Weise als investmentrechtlicher Treuhänder für Anleger agiert, obwohl sie dem freien Wettbewerb am Immobilienmarkt ausgesetzt ist. Das Management darf nur tun, was nach dem Kapitalanlagegesetz ausdrücklich erlaubt ist. Erfolgreiches Immobilienmanagement hängt einerseits von den Möglichkeiten zur Planung, andererseits davon ab, Chancen im Kauf und Verkauf auszunützen. Die Planung wird durch die nicht im voraus abschätzbaren Schwankungen im Mittelaufkommen erschwert.

Dadurch wird auch die Eigenentwicklung von Bauprojekten behindert. Diese wäre an und für sich wünschenswert, weil auf diesem Weg in ganz besonders wirkungsvoller Weise die Anforderungen des Managements in Qualität, Ausstattung, Aufteilbarkeit usw. der Mietflächen verwirklicht werden könnten, was wiederum die langfristige Vermietbarkeit sichern helfen würde. Projektentwicklungen werden auch dadurch behindert, daß das Bundesaufsichtsamt für das Kreditwesen entgegen allen kaufmännischen Grundsätzen den Abzug der Projektentwicklungskosten von der jeweiligen Bruttoliquidität derzeit immer noch nicht zuläßt. Kaufen, Verkaufen, Bauen, Vermieten und Verwalten von Immobilien, nicht die Spekulation damit, sind die Hauptaufgaben des Managements. Die Schwankungen im Mittelaufkommen wird man immer über den Liquiditätspool aufzufangen und zu regulieren versuchen, weil nur so sichergestellt werden kann, daß die Mittel dann zur Verfügung stehen, wenn sie gebraucht werden oder zum Ausnützen von Chancen nützlich wären. So ist bei Disposition der Liquidität, Kauf, Verkauf und Eigenentwicklung von Immobilien stets vorsichtiges und umsichtiges Taktieren angesagt.

Die Disposition der Liquidität spielt auch aus weiteren Gründen eine zentrale sehr gewichtige Rolle. Zwar schreibt der Gesetzgeber für die Offenen Immobilienfonds eine Mindestliquidität von 5 Prozent vor. Diese darf jedoch unter keinen Umständen unterschritten werden. Schon deshalb hat das Fondsmanagement eine höhere Liquidität einzuplanen, um die auch beim Immobilienfonds vorgeschriebene jederzeitige Anteilrückgabemöglichkeit sicherzustellen. Es können eben nicht wie bei einem Wertpapierfonds binnen Stunden praktisch fast alle Vermögenswerte durch Verkauf liquidiert werden. Sind schon Immobilienkäufe zeitaufwendig, so trifft dies in eher noch stärkerem Maße auf Liegenschaftsverkäufe zu. Es sind darüber hinaus die zeitlich vorgegebenen Fälligkeiten wie z. B. Barausschüttung an die Anteilinhaber, Kaufpreiszahlungen und Raten aus Bauverträgen zu berücksichtigen. Unabhängig davon ist stets das Verhältnis der Wertpapiere zu den Bankguthaben innerhalb der Liquiditätsposition zu disponieren. Auf diesem Wege können Kursgewinne gefördert oder Kursverluste vermieden werden. Damit verbundene etwa entgehende oder entstehende Zinseinnahmen sind dagegen nicht nur vor dem Hintergrund der Ausschüttungsplanung abzuwägen. Obwohl auch die Anlage in Aktien grundsätzlich erlaubt ist, kommen im Hinblick auf die sehr konservative Anlagepolitik der Offenen Immobilienfonds Aktienanlagen nicht, sondern nur Anlagen in fest- oder variabel verzinslichen Wertpapieren u. ä. vor. Die Anteilscheine Offener Immobilienfonds werden auch wegen der damit verbundenen Steuervorteile gekauft. Deshalb erfolgen die Wertpapierdispositionen auch mit Blick auf die Besteuerung.

Wie schon dargelegt, wäre für die Optimierung eines Offenen Immobilienfonds ein möglichst gleichmäßiges Mittelaufkommen ideal. Weil jedem Fondsmanagement bekannt ist, daß es dazu praktisch nur mit einem möglichst gleichbleibend guten Anlageerfolg beitragen kann, werden die Anstrengungen schwergewichtig auch darauf konzentriert. Den soliden Grundstock des Anlageerfolgs bilden innerhalb der Erträge die Mieterträge. Sie werden, vorausgesetzt der Vermietungsmarkt läßt dies zu, meist über einen längeren Zeitraum vertraglich mit Indexklauseln fixiert. Sie dürften im Trend auch in Zukunft kontinuierlich steigen. Die Entscheidungen des Managements hinsichtlich der Auswahl der Lagequalität der Liegenschaften beeinflussen den Anlageerfolg des Fonds unmittelbar und über lange Zeit. Je besser die Lage für die jeweilige Nutzung, desto höher dafür die Miete, die späteren Mieterhöhungsmöglichkeiten und die Vermietbarkeit. Auf diesem Weg kann die Rendite auf das in die Liegenschaft investierte Kapital auf ein möglichst hohes Niveau gebracht werden. Die Kapitalanlagegesellschaften achten auf eine regionale Streuung der Liegenschaften im Fonds und entsprechen auch insofern einer Investmentgrundidee. Sie tun dies, obwohl die wirtschaftliche Entwicklung in den einzelnen Regionen und damit der Anlageerfolg der dort belegenen Häuser unterschiedlich verläuft. Die Immobilien entwickeln sich grundsätzlich im Trend der regionalen und konjunkturellen Entwicklung. Ganz generell ist eine Konzentration der

Investitionen in den wirtschaftlichen Ballungsräumen zu beobachten. Hauptgründe dafür sind das vergleichsweise prosperierendere wirtschaftliche Umfeld, die größere Zahl potentieller Mietinteressenten und darauf aufbauend eine bessere Handelbarkeit der einzelnen Immobilien.

Diese Handelbarkeit ist wegen der bereits erwähnten jederzeitigen Rückgabemöglichkeit der Anteilscheine besonders wichtig, weil sich ein Anleger mit diesem gesetzlich verankerten Recht praktisch eine »täglich fällige Immobilie« kaufte und es durchaus vorstellbar ist, daß bei stärkeren Mittelrückflüssen Fondsimmobilien veräußert werden müssen. Über den Offenen Immobilienfonds ist eben die Immobilie mobilisiert. Im Zusammenhang mit der Handelbarkeit ist auch die absolute und relative Objektgröße zu beachten. Kleinere sind leichter handelbar als große. Zu kleine Immobilien bereiten aber auch wiederum beim Einkauf manchmal Schwierigkeiten, weil sich infolge der dort erforderlichen geringeren finanziellen Potenz ein zahlenmäßig größerer Kreis von Kaufkonkurrenten gegenübersteht und damit die eingekaufte Liegenschaftsrendite vergleichsweise geringer ausfallen kann. Darüber hinaus gibt es viele weitere Gesichtspunkte, unter denen die Objektgröße zu betrachten ist. An nachgefragten Standorten in den Ballungsräumen sind Großinvestitionen fast unausweichlich, wenn man an dem daraus resultierenden Potential nicht vorbeigehen will. Die Objektgröße ist aber auch im Verhältnis zum Gesamtvolumen eines Fonds zu sehen; sie darf beim Kauf 15 Prozent des Fondsvermögens nicht überschreiten (Paragraph 28 Abs. 2 KAGG). Sie hat ferner für die Bewirtschaftungskosten Bedeutung. Die Steuerung dieser sich gegenseitig reibenden Gesichtspunkte ist nicht einfach. Die Konzentration auf die Ballungsräume dürfte sich auch bei den neuen Bundesländern und bei Auslandsinvestitionen fortsetzen. Es ist rechts- und verteilungspolitisch unhaltbar, daß den Offenen Immobilienfonds die Sonderabschreibungen auf Investitionen in den neuen Bundesländern vom Gesetzgeber verweigert werden. Investmentrechtliche Gedanken stehen nicht entgegen. Es ist grob ungerecht, daß geschlossene Immobilienfonds in den Genuß der genannten Sonderabschreibungen kommen.

Die wirtschaftliche Entwicklung der Mieter verläuft erfahrungsgemäß unterschiedlich. Dementsprechend entwickelt sich der Raumbedarf. Es kann deshalb vorteilhaft sein, in einem Objekt Mietverträge unterschiedlicher Laufzeit vorzusehen. Auf diese Art und Weise ist es möglich, die Qualität der Mieterstruktur anzuheben, weil sich die kräftigeren zu

Lasten der anderen ausdehnen können. Dies könnte zu einer Festigung der Vermietungssituation und damit auch der Liegenschaft beitragen.

Es sind aber auch Umstände denkbar, die es geraten erscheinen lassen, wegen eines förderlichen Mietermixes auch schwächere Mieter zu halten. Der unterschiedliche sich gegenseitig befruchtende Besatz an Mietern ist besonders im Einzelhandel wichtig. Hier ist auch das nachbarschaftliche Umfeld miteinzubeziehen. Ständige Beobachtung und Analyse ist erforderlich. Einer besonderen diesbezüglichen auf Spezialkenntnissen beruhenden Aktivität bedarf ein Einkaufszentrum mit einem dafür installierten Centermanagement. Hierauf müssen in den einzelnen Mietverträgen organisatorische und finanzielle Regelungen vorgesehen und aufeinander abgestimmt werden. Es empfiehlt sich, bei den Mietungen zur Absicherung der Mieteinnahmen des Fonds auf ein Branchenmix zu achten. Dies ist von Zeit zu Zeit eine schwierige Aufgabe und erfordert immer wieder Korrekturen.

Im Zusammenhang mit den Offenen Immobilienfonds taucht häufig das Wort Bauqualität auf. Das Management achtet auf diesen Begriff unter den verschiedensten Gesichtspunkten. Ein Gebäude und seine technische Ausstattung sollen natürlich den bautechnischen Qualitätsnormen mindestens entsprechen und instandhaltungsarm sowie verwaltungseinfach sein. Darüber hinaus ist eine reparatur- und instandhaltungsfreundliche Gestaltung und Anordnung der einzelnen Teile erwünscht. Manchen Mieterwünschen würde eher durch eine architektonisch aufwendige äußere Gestaltung entsprochen, was anderen wieder gleichgültig ist. Hier gilt es, einen ansprechenden, von kurzfristigen Modeerscheinungen freien Mittelweg zu finden. Eine dauerhafte Vermietbarkeit erfordert neben optimalem Rastermaß, üblicher Raumtiefe und einem niedrigen Verkehrsflächenanteil die Möglichkeit zum kostengünstigen Verstellen von Wänden und zur Bildung unterschiedlich großer Mieteinheiten. Die ungebrochene Innovationskraft der elektronischen Datenverarbeitung und deren Ausstrahlung auf die Büroorganisation und -rationalisierung erfordern die Möglichkeit zu deren Versorgung, Erweiterung und Vernetzung. All diese stellvertretend für viele weitere genannten Gesichtspunkte sind deshalb so wichtig, weil sie Kostenfaktoren sind, die grundsätzlich zu Lasten des Anlageerfolges gehen, bei mangelnder Aktivierungsmöglichkeit zusätzlich zu Lasten der ausschüttbaren Erträge.

Eine Beschränkung auf reine Hausverwaltung ist unzureichend. Die ständige Beobachtung der Entwicklung einer Liegenschaft selbst und des lokalen Umfeldes ist unverzichtbar. Aus den daraus gewonnenen Erkenntnissen wird man Vorstellungen für die Weiterentwicklung der einzelnen Liegenschaften gewinnen. Deren Umsetzung muß nicht immer ertragssteigernd sein und kann durchaus nur dem Zweck des Erhalts der Wettbewerbsfähigkeit des Gebäudes dienen. Je nach Ausgangslage kann es technisch möglich und auch finanziell vorteilhaft sein, das innere und äußere *standing* eines Gebäudes anzuheben. Dies wird man immer dann versuchen, wenn daraufhin der Erfolg die Aufwendungen überdeckt. Derartige Totalrenovierungen erfordern aber meist ein zumindest teilweise entmietetes Gebäude. Eine einvernehmliche Entmietung ist wegen der damit häufig verbundenen Abfindungen usw. kostspielig; sie ist auch für den Fonds nicht vorteilhaft, wenn der Mieter zwar ohne zusätzliche Kosten temporär auszieht, aber dafür nach der Renovierung zum alten Mietpreis zurückkommt. Deshalb wird man in derartigen Fällen versuchen, die Mietverträge für den Zeitpunkt der Totalrenovierung endfällig zu stellen, was angesichts der Dauer und der Verlängerungsoptionen der Mietverträge erfahrungsgemäß eine lange planerische Vorlaufzeit erfordert. Liegenschaften, die im weitesten Sinne und aus welchen Gründen auch immer keine Entwicklungschancen mehr haben, werden aussortiert und in der Regel mit Gewinn verkauft. Auch auf diese Weise wird das Immobilienvermögen immer wieder neu strukturiert.

Zum Verständnis der Rahmenbedingungen für das Immobilienfondsmanagement muß auch auf die Grundlagen der Tätigkeit des vorgeschriebenen Sachverständigenausschusses, allerdings stark vereinfachend, eingegangen werden. Der Sachverständigenausschuß hat mindestens einmal jährlich die Liegenschaften im Fonds zu bewerten, d. h. er ermittelt den Verkehrswert, zu dem die Liegenschaft in die Vermögensaufstellung des Fonds eingeht. Er wendet dabei fast ausnahmslos ein strenges Ertragswertverfahren an. Das bedeutet im Prinzip, daß der Verkehrswert entsprechend der Entwicklung des Reinertrages steigt oder sinkt. Abgesehen vom reinen Werterhalt ist eine Instandhaltungs- oder Renovierungsmaßnahme im Hinblick auf den Anlageerfolg nur vorteilhaft, wenn der Reinertrag danach so gestiegen ist, daß der daraus ermittelte Verkehrswertanstieg den Aufwand der Maßnahme mindestens deckt. Das Management darf beim Kauf von Immobilien den vorher durch den Sachverständigenausschuß festgelegten Verkehrswert höchstens unwesentlich überschreiten (Paragraph 27 Abs. 3 KAGG). Bei einem Verkauf darf die erzielte Gegenleistung den ebenfalls kurz zuvor ermittelten Verkehrswert höchstens unwesentlich unterschreiten (Paragraph 37 Abs. 1 KAGG). Diese Eingrenzungen der Handlungsfreiheit bedeuten in der Praxis durchaus Verzicht auf die eine oder andere Renovierung, Kauf- oder Verkaufsabsicht und erfordern gegenseitige Information und Abstimmung. Bei den Beschlüssen des Sachverständigenausschusses dürfen Vertreter der Kapitalanlagegesellschaft nicht mitstimmen. Fast alle Maßnahmen einer Kapitalanlagegesellschaft hinsichtlich der Liegenschaften und der Mieter, auch aufgeschobene oder unterlassene, münden letztlich in Tatsachen, die vom Sachverständigenausschuß bei der Verkehrswertermittlung berücksichtigt werden müssen. Deshalb verprobt ein Management alle Aktivitäten bei Kauf, Verkauf, Bau, Instandhaltung, Vermietung usw. hinsichtlich ihrer vermutlichen Auswirkungen auf die Verkehrswertermittlung. Weil diese den Anlageerfolg unmittelbar beeinflussen, werden damit letztlich die Auswirkungen auf den Anlageerfolg ermittelt. Neben Sachzwängen besteht dann durchaus auch Handlungsspielraum. Aufgrund der aufgezeigten Einflüsse von Entscheidungen des Sachverständigenausschusses ist es wichtig, für die Mitarbeit in diesem Gremium nicht nur bewertungsfachlich Versierte zu gewinnen. Die sich zunehmend differenzierenden Marktsegmente erfordern umfassende und zugleich detaillierte Marktkenntnisse. Das Gremium und letztlich die Fonds sollen darüber hinaus von den verschiedensten Spezialkenntnissen einzelner Mitglieder befruchtet werden.

Die Kapitalanlagegesellschaften für Offene Immobilienfonds sind trotz der Erschwernisse, die sich aus den stark schwankenden Mittelaufkommen gerade auch für die Immobilienverwaltung ergeben, sehr effizient arbeitende Unternehmen. Sie begegnen diesen Herausforderungen mit Flexibilität und einer hochqualifizierten, vergleichsweise kleinen Mannschaft. Sie kaufen, wo immer möglich und nützlich, externe Leistungen und Spezialisten ein. Das kann z. B. beim Bau ein Generalübernehmer oder bei Kauf bzw. Vermietung ein Makler sein.

Seit den Änderungen des KAGG durch das Finanzmarktförderungsgesetz von 1990 unterliegen Immobilieninvestitionen im EG-Raum grundsätzlich keinen Mengenbeschränkungen. Aufgrund der vergleichsweisen Marktferne sind sie eine besondere Herausforderung für das Management, weil trotzdem sämtliche Erwerbskriterien wie im Inland abzudekken sind. Wirtschaftlich, zweckmäßig und hilfreich wäre dabei z. B. die

Einbindung eines erfahrenen und potenten ausländischen Partners über eine Beteiligung an einer Grundstücksgemeinschaft, was u. a. unverständlicherweise der Gesetzgeber immer noch nicht erlaubt. Außerhalb der EG gelegene Grundstücke dürfen laut KAGG nur bis zu 20 Prozent des Fondsvermögens erworben werden. Der Aufwand in all seinen Verästelungen bezüglich Verwaltung und Buchhaltung bis hin zum Sachverständigenausschuß bei einer ausländischen Liegenschaft ist größer als bei inländischen Liegenschaften. Die Rechnungslegung des Offenen Immobilienfonds erfolgt in DM, einer harten Währung. Die Folgen einer Immobilieninvestition in einem vergleichsweise Weichwährungsland berühren, abgesehen von den Währungskursschwankungen, tendenziell nicht nur den Wert der Immobilie selbst, sondern auch die Werthaltigkeit der Mieterträge. Kurzfristigen Währungskursschwankungen kann in gewissem Umfang mit dem bekannten, für die Fonds zugelassenen Instrumentarium begegnet werden. Den tendenziell entstehenden Währungsverlusten könnten, abgesehen vom Glauben daran, bei der Investitionsentscheidung z. B. eine gegenüber Inlandsanlagen günstigere Gelegenheit, eine erfolgversprechendere Entwicklung oder das Bedürfnis nach investmentkonformer Streuung gegenüberstehen.

Marketingaspekte

Der Begriff Marketing durchlief viele Entwicklungsphasen. Auch die Ansprüche an das Marketing änderten und weiteten sich mehrfach aus. Marketing ist auch marktorientierte Unternehmensführung. Management und Marketing sind nicht nur deshalb so ineinander verwoben, daß viele der erwähnten Managementleistungen auch unter Marketinggesichtspunkten vorgetragen werden könnten. Zudem gleicht das Immobilienfondsmarketing dem der Wertpapierfonds weitgehend. Einige Besonderheiten erscheinen dennoch anmerkenswert. Den 15 Offenen Immobilienfonds flossen 1992 insgesamt 6,1 Milliarden DM zu. Dies ist doppelt soviel wie im bisher besten Jahr 1987, welches seinerseits das Ergebnis des Rekordjahres 1983 schon verdoppelt hatte. 1993 nahm das Mittelaufkommen gegenüber dem Vorjahr nochmals kräftig zu. Es betrug in den ersten neun Monaten 1993 bereits 11,6 Milliarden DM. Es gab sicher handfeste Gründe für Veränderungen des Mittelaufkommens in bestimmten Zeiträumen bei einzelnen Fonds. Sie hatten jedoch keine nennenswerten Einflüsse auf die Gesamtzahlen. Marketing und Anlegerstrukturen bei den einzelnen Fonds hatten bisher keinen Anteil an den Zyklen. Dagegen bewirkte der für einen bestimmten vorangegangenen Zeitraum, z. B. ein Kalenderjahr, erzielte Anlageerfolg und seine absolute bzw. relative Größe zum Ergebnis anderer Anlageformen Veränderungen des Absatzes. Auch die damit zusammenhängenden Erwartungen für die Zukunft spielen sicher eine Rolle. Die Zinsentwicklung am Kapitalmarkt erscheint als bedeutendste Einflußgröße für das Mittelaufkommen. Weil die Offenen Immobilienfonds eine vergleichsweise hohe Liquiditätsposition von mindestens 5 Prozent und höchstens 49 Prozent halten, beeinflußt die Zinsentwicklung am Kapitalmarkt dementsprechend auch ihren Anlageerfolg. Dieser enge Zusammenhang zwischen Zins- und Anlageerfolg einerseits sowie Anteilabsatz andererseits kann nicht verwundern, wenn man sich vor Augen hält, daß die Anteile von Offenen Immobilienfonds natürlich auch unter Renditegesichtspunkten und nicht nur unter Sachwertgedanken den Weg zum Anleger finden. Die Abbildung auf Seite 58 bestätigt diese Aussagen. Einigermaßen verläßliche Vorausschätzungsmethoden für das Mittelaufkommen gibt es aber nicht.

Der Mittelzufluß wird auch von den Erwartungen beeinflußt, die Anleger an die Entwicklung des Immobilienmarktes hegen. Dabei steht der Wohnimmobilienmarkt im Vordergrund, obwohl die Offenen Immobilienfonds schon seit längerem kaum mehr Liegenschaftsbestände auf diesem Sektor haben und auch darin wegen der zu geringen Wirtschaftlichkeit sowie der gesetzlichen und richterlichen dirigistischen Eingriffe nicht mehr investieren wollen. So investieren sie heute praktisch fast ausschließlich in Büro-, Einzelhandels-, Service- und Lagerimmobilien.

Der größer gewordenen dispositiven Beweglichkeit der Vermögensanleger entsprachen die Wertpapierfonds mit einer Fülle von verschiedenen, zum Teil kurzlebigen Produkten. Die Immobilienkapitalanlagegesellschaften konnten dabei naturgemäß nicht mitmachen. Sie stehen unverändert vor der Aufgabe, ein sehr erklärungsbedürftiges, aber in seiner Kombination von Sicherheit, Rendite, Liquidität und Steuervorteilen kaum überbietbares Vermögensanlageinstrument gegenüber unklaren oder falschen Vorstellungen im Anlegermarkt durchzusetzen. Diese in der Praxis einer unverständlichen Vergeßlichkeit anheimfallenden Vorteile der Offenen Immobilienfonds sind immer wieder im Rahmen der banküblichen und aufsichtsrechtlichen Grenzen herauszustellen

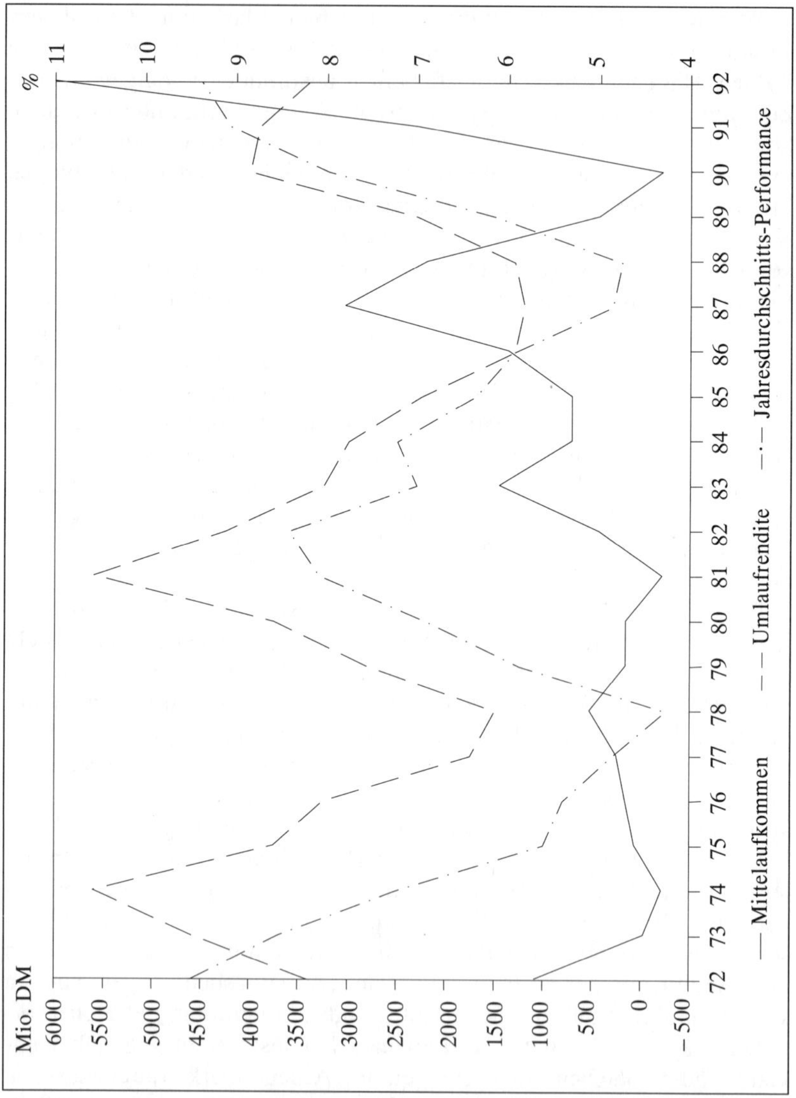

Renditen im Umlauf befindlicher inländischer Wertpapiere/Jahresdurchschnittsperformance und Mittelaufkommen der Offenen Immobilienfonds (nach dem Jahresbericht der Deutschen Bundesbank)

und vor allem den Anlageberatern zu vergegenwärtigen, weil der Offene Immobilienfonds mangels vorbereiteten Interesses und Grundkenntnissen angeboten werden muß. Dies geschähe am besten mit dem Hinweis, daß der Besitz von Immobilien – der Anleger tritt praktisch in den Kreis von Immobilieneigentümern – die vollkommenste Vermögensanlage überhaupt ist. Wahrscheinlich auch vor diesem Hintergrund ergab eine Untersuchung des Münchner Instituts für Markt-, Regional- und Wirtschaftsforschung, daß der Offene Immobilienfonds das Dienstleistungsangebot mit den höchsten Entwicklungschancen sei. Er ist sowohl für Klein- als auch für Großanleger geeignet. Es wurde vor einigen Jahren geschätzt, daß sich der Kreis der Anleger im Schnitt zu 10 Prozent aus institutionellen und zu 90 Prozent aus privaten Anlegern zusammensetze, das Alter des Anlegers zwischen 40 und 60 Jahren liege, der Anleger aus allen Berufs- und Einkommensschichten komme und das Hauptkaufmotiv die Vorsorge sei.

Jede große Bank oder Bankengruppe in Deutschland hat heutzutage ihren eigenen Offenen Immobilienfonds. Es ist nicht einfach für die Offenen Immobilienfonds, mit ihrem Bekanntheitsgrad aus diesem »Hausschatten« zu treten. Ein Mittel dazu sind externe Finanzvertriebe. Diese wiederum benötigen zum Schutz ihrer Kundenbeziehung eine bankunabhängige Anteilsstückeverwahrung, welche die Immobilienkapitalanlagegesellschaften praktisch ausnahmslos über die bei ihnen geführten Depots in eigenen Fondsanteilscheinen kostenlos zur Verfügung stellen. Es ist fraglich, ob dies noch längere Zeit kostenlos geschehen kann angesichts der immensen einmaligen und laufenden Kosten, die der Staat auf die Kapitalanlagegesellschaften vor allem mit der Bearbeitung der Freistellungsaufträge bei der Zinsabschlagsteuer überwälzte. Dies ist eine spezielle gesetzlich nicht normierte »Gewerbesteuer«. Die durchschnittliche Depotgröße in eigenen Anteilen bei den Kapitalanlagegesellschaften schwankt entsprechend offensichtlich unterschiedlichen Marketingüberlegungen von mittleren einstelligen bis zu zweistelligen TDM-Beträgen. Neben den Privatkunden werden auch institutionelle Kunden aller Gruppierungen angesprochen. Der Ausgabeaufschlag, der je nach Fonds zwischen 4 und 6 Prozent beträgt, macht den Anteilschein an einem Offenen Immobilienfonds zu einem hochverprovisionierten Produkt. Dies spielt im Marketing eine nicht unerhebliche Rolle, dient aber zugleich dazu, die Umschlagshäufigkeit niedrig zu halten.

Die Offenen Immobilienfonds sind auch hinsichtlich ihrer Gesamtperformance und der darin enthaltenen Steuervorteile gut zu vermarkten. Sie liegen im kurz- und langfristigen Performancevergleich per Ende 1992 zu Aktien- und Rentenfonds im vorderen bis mittleren Bereich. Im 30-Jahreszeitraum bewegte sich der Anlageerfolg nach BVI-Methode zwischen 835,2 bis 174,6 Prozent. Unter den 14 Aktienfonds und einem gemischten Fonds nimmt der einzige Offene Immobilienfonds, der iii-Fonds Nr. 1, der schon so lange existiert, zwar den Mittelplatz 8 ein. Er erreicht aber mit dem beachtlichen Anlageerfolg von 618,5 Prozent rund 74 Prozent des Spitzenergebnisses.

Angesichts der Erklärungsbedürftigkeit des Offenen Immobilienfonds in der Öffentlichkeit wird eine Interessennahme durch die lokale und überregionale Presse nicht nur zu den Terminen der Jahresabschlüsse und Halbjahresberichte zu erreichen versucht. Der für eine gedeihliche Fortentwicklung der Fonds erforderliche stetige Mittelzufluß ist auch mit Marketinginstrumenten kaum erreichbar. Die einzelnen Kapitalanlagesellschaften haben für Marketing aber auch nur vergleichsweise geringe Mittel frei.

Der Offene Immobilienfonds begann und ist heute noch trotz Einbindung in das KAGG ein Service und ein Produkt der freien Marktwirtschaft. Er hat sich täglich den Marktkräften zu stellen. Er kann aber auch nur weiter gut funktionieren, wenn auf dem Gebiet, auf dem er tätig ist, dem Büro-, Einzelhandels-, Service- und Lagerimmobilienmarkt, die freie Marktwirtschaft erhalten bleibt. Veröffentlichte Meinungen, auch diesen wie den Wohnimmobilienmarkt mit Preisbindungen staatlich zu reglementieren und zu lenken, sollten nicht aufgegriffen werden, weil dies nur zu einem Fiasko, ähnlich dem in der Wohnungswirtschaft, führen würde. Für ein Umdenken in der Wohnungswirtschaft ist es höchste Zeit. Warum fängt man nicht wenigstens auf einem Teilgebiet an und stellt Wohnungsneubau von den gesetzlichen und richterrechtlichen Beschränkungen frei. Sozialer Wohnungsbau muß daneben sein, aber nur für die wirklich Bedürftigen. Für diese sollten Bund, Länder und Gemeinden auf eigenem Grund und Boden bauen und diesen Grund nicht Dritten zuzüglich Förderung überlassen, damit dieser Grund und Boden ständig dem sozialen Zweck verhaftet bleibt und nicht in jeweils bereits absehbarer Zeit ein Geschäft für Dritte werden kann.

Fondsstandort Luxemburg

Ekkehard Storck

Nicht erst seit den spektakulären Zuwächsen in den Jahren 1991 und 1992, sondern bereits seit mehr als zwei Jahrzehnten finden Luxemburger Investmentfonds wachsendes Interesse der Investoren. Das Großherzogtum entwickelte sich dabei zu einem der führenden europäischen Investmentzentren und bietet privaten wie institutionellen Anlegern heute ein breit gefächertes Angebot. So wurde vor dem Hintergrund flexibler und weitsichtiger gesetzgeberischer Maßnahmen die Zahl der in Luxemburg aufgelegten Fonds – zwischen 1970 und 1980 zunächst noch stagnierend – von 76 im Jahre 1980 auf 1 041 Ende 1992 mehr als verdreizehntfacht. Neben dem seit Beginn der achtziger Jahre stark ausgebauten internationalen Privatkundengeschäft ist der Finanzplatz Luxemburg seit den siebziger Jahren eines der führenden Zentren für Eurogeld und -kreditmarktaktivitäten. Damit hat sich das Großherzogtum als siebtgrößter Finanzplatz der Welt und drittgrößter Finanzplatz Europas positioniert.

Die Ursprünge der Investmentfondsgesetzgebung reichen bis in das Jahr 1972 zurück. Unter dem Eindruck des Zusammenbruches der IOS-Gesellschaften wurde mit Großherzoglichem Erlaß vom 12. Dezember 1972 erstmals eine einheitliche Kontrolle für Investmentfonds eingeführt. Zum damaligen Zeitpunkt waren im Großherzogtum 95 Investmentgesellschaften mit einem verwalteten Gesamtvermögen von umgerechnet 5,6 Milliarden DM tätig. Zuvor basierten diese Fonds – der erste Anlagefonds wurde bereits 1959 in Luxemburg zugelassen – angesichts fehlender spezifischer Regelungen auf dem Gesetz über die Handelsgesellschaften des Jahres 1915 und der Holdinggesetzgebung von 1929, die es den Investmentgesellschaften zwar erlaubte, ihre Tätigkeit stark international auszurichten, jedoch beispielsweise keine Anlagen in Geld- oder Edelmetallfonds gestattete. Die analoge steuerliche Behandlung der Investmentgesellschaften zu den Holdinggesellschaften war erst 1968 verfügt worden.

Das Gesetz über die Investmentgesellschaften vom 25. August 1983 beseitigte die bis dahin bestehenden juristischen Unsicherheiten und regelte erstmals Organisationsform, Zulassungs- und Publizitätsanforderungen an die Gesellschaft, Kontrollbefugnisse der Aufsichtsbehörde sowie die steuerliche Behandlung für alle in Luxemburg niedergelassenen und vertriebenen Investmentfonds. Dabei berücksichtigte Luxemburg schon zu diesem Zeitpunkt einige in der Diskussion befindlichen Ansatzpunkte einer einheitlichen europäischen Regelung und ließ den Gesellschaften bereits größeren Spielraum in ihrer Anlagepolitik. Der Erfolg setzte bald ein. Zwischen 1983 und 1988 wurden im Großherzogtum fast 400 neue Fonds zugelassen. Nach der endgültigen Verabschiedung der »Richtlinie des Rates der Europäischen Gemeinschaft über Kapitalanlagegesellschaften« vom 20. Dezember 1985 setzte das Großherzogtum erneut Zeichen, indem es bei der Transformation der Direktive in nationales Recht durch das »Gesetz zu den Organismen für gemeinsame Anlagen« vom 30. März 1988 (im folgenden als »Gesetz« bezeichnet) die vorgegebenen, flexiblen Anlagemöglichkeiten in vollem Umfang ausschöpfte.

Fortschrittliches Investmentrecht

Das neue Gesetz läßt im wesentlichen zwei Gesellschaftsformen zu:

- Bei dem Investmentfonds (»Fonds Commun de Placement«) handelt es sich um ein ungeteiltes Sondervermögen, das aufgrund fehlender Rechtspersönlichkeit von einer Verwaltungsgesellschaft geführt wird, die insbesondere das Portefeuille entsprechend den Vorgaben des Verwaltungsreglements verwaltet. Die ordnungsgemäße Abwicklung der Geschäftstätigkeit wird darüber hinaus durch die vorgeschriebene Einschaltung einer Depotbank gewährleistet, die das Vermögen verwahrt sowie die Anteile ausgibt und zurücknimmt. Diese Konzeption entspricht in etwa der Kapitalanlagegesellschaft nach deutschem Recht.
- Angelehnt an das französische Investmentrecht wurde die Investmentgesellschaft mit variablem Kapital (»Société d'investissement à capital variable«, SICAV) zugelassen. Diese unterliegt, soweit das Gesetz nicht Sonderregelungen enthält, ergänzend den für Aktiengesellschaften im allgemeinen geltenden Bestimmungen. Der Anleger erwirbt dabei im Unterschied zum Investmentfonds nicht ein verbrieftes Recht an dem Fondsvermögen, sondern wird mit allen Rechten und Pflichten

Gesellschafter der Investmentgesellschaft, so daß konsequenterweise die Kapitalsumme jederzeit mit dem Nettovermögenswert der Gesellschaft übereinstimmt.

Es ist darüber hinaus zulässig, in einer dieser beiden Fondsarten einen sogenannten Umbrella-Fonds aufzulegen, der einzelne, unterschiedliche Anlageziele verfolgende Sondervermögen in einem Fonds zusammenfaßt. Dabei kann der Investor eine breite Auswahl von Anlagemöglichkeiten an den unterschiedlichen Märkten ausnutzen und darüber hinaus nach Belieben zwischen den Sondervermögen mit geringem oder ohne Aufschlag wechseln.

Diese beiden Grundformen für Kapitalanlagegesellschaften – definiert im ersten Teil des Gesetzes – entsprechen den Vorgaben der EG-Direktive und können daher im gesamten EG-Raum ohne Erfüllung weiterer einzelstaatlicher Zulassungsvoraussetzungen vertrieben werden. Darüber hinaus können im Großherzogtum Investmentfonds aufgelegt oder Investmentgesellschaften gegründet werden, die – behandelt im zweiten Teil des Gesetzes – nicht dem Geltungsbereich des ersten Teils des Gesetzes und der EG-Direktive unterliegen und damit keine automatische Vertriebsgenehmigung im EG-Gebiet besitzen. Vielmehr muß eine Zulassung in jedem einzelnen Land nach den jeweils gültigen nationalen Vorschriften eingeholt werden.

Den bisher beschriebenen, auf der EG-Direktive basierenden Kategorien von Investmentfonds bzw. -gesellschaften wird vorgegeben, daß die Anlage des anvertrauten Vermögens ausschließlich in Wertpapieren erfolgen muß, die »entweder zur offiziellen Notierung an einer Wertpapierbörse zugelassen sind oder an einem anderen geregelten Markt mit einem regelmäßigen Betrieb, der anerkannt und der Öffentlichkeit zugänglich ist, gehandelt werden«. Dabei schließt sich die Luxemburger Aufsichtsbehörde, das Institut Monétaire Luxembourgeois (IML), in der Frage, ob ein ausländisches Papier als Wertpapier betrachtet werden kann, den im jeweiligen Heimatland geltenden Kriterien an. Dadurch wird der Wertpapierbegriff gegebenenfalls ausgedehnt. Das Gesetz enthält jedoch gewisse Anlagebeschränkungen. So darf eine Gesellschaft das Sondervermögen nur zu maximal 10 Prozent in Wertpapieren eines Emittenten anlegen. Für öffentliche Anleihen »eines Mitgliedstaates der EG oder seiner Gebietskörperschaften, einer internationalen Organisation, in der mindestens ein EG-Staat Mitglied ist oder einem Staat, der nicht der EG angehört«, liegt die Grenze bei 35 Prozent, die jedoch sofern im Prospekt ausdrücklich erwähnt, bis auf 100 Prozent ausgedehnt werden kann. Demgegenüber legt die deutsche Regelung die Obergrenze auf 20 Prozent des Fondsvermögens fest. Darüber hinaus gibt es im Interesse einer angemessenen Diversifikation und Risikostreuung eine Reihe weiterer Vorgaben und Beschränkungen.

Den Wertpapieren gleichgestellt werden die »verbrieften Rechte« (Geldmarktinstrumente), wenn sie handelbar sind und ihre Restlaufzeit zwölf Monate übersteigt. Haben diese eine kürzere Laufzeit, so werden sie, wenn sie nicht im Ausland und damit auch in Luxemburg als Wertpapier betrachtet werden, den Barbeständen oder liquiden Mitteln zugerechnet. Daraus ergibt sich, daß beispielsweise die US-Bundesschatzbriefe (Treasury Bills) oder die französischen Depositenzertifikate (Certificats de dépôt) trotz ihrer kurzen Laufzeit als Wertpapiere betrachtet werden. Barbestände oder liquide Mittel dürfen nach den Vorgaben des IML (Rundschreiben 91/75) im Fonds nur »nebenbei« gehalten werden. Dies bedeutet, daß die Barbestände selbst nicht den Anlagegegenstand des Fonds bilden dürfen, da es sich in diesem Fall nicht mehr um eine Anlage in Wertpapieren handeln würde. Eine Obergrenze ist insoweit nicht bestimmt. Es ist den Investmentfonds bzw. -gesellschaften jedoch nicht untersagt, »aufgrund der Umstände während eines gewissen Zeitraumes einen bedeutenden Bestand an liquiden Mittel zu halten«. Ist eine Anlage ausschließlich in liquiden Mitteln vorgesehen, würde der Fonds nicht unter den ersten Teil und die EG-Direktive fallen, sondern einen Fonds des zweiten Teils des Gesetzes darstellen.

Die Investmentfonds bzw. -gesellschaften können darüber hinaus innerhalb gewisser Grenzen wertpapierbezogene Finanzierungsinstrumente nutzen. Für Optionsgeschäfte ist dabei festgelegt, daß diese maximal 15 Prozent des Fondsvermögens, gerechnet auf die Prämie, oder bei Verwendung auf ungedeckter Basis, bis zu 25 Prozent des Fondsvermögens, gerechnet auf den Basispreis, betragen dürfen. Devisenoptionen sind zur Vermeidung von Währungsrisiken zulässig. Finanzterminkontrakte (Terminkontrakte auf einen Aktienindex oder Zinsterminkontrakte) dürfen bei Absicherungsgeschäften 100 Prozent des Bestandes nicht übersteigen. Fehlt ein solcher Zweck, darf die Gesamtheit der Verpflichtungen aus Finanzterminkontrakten und Optionsgeschäften das Fondsvermögen nicht übersteigen. Für die Verwaltungsgesellschaft bedeutet dies die Möglichkeit zu Renditesteigerung einerseits und zur Verminderung bestehender Risiken andererseits. Nach der bisherigen deutschen Bestimmung ist den Verwaltungsgesellschaften der Gebrauch von Devisenoptionen völlig untersagt, Optionen auf andere Wertpapiere sind nur zulässig, soweit diese Papiere selbst im Bestand gehalten werden. Darüber hinaus ist es den Gesellschaften im Großherzogtum gestattet, bis zu 50 Prozent der im Investmentfonds befindlichen Wertpapiere auszuleihen. Nach der bisher geltenden deutschen Regelung ist dies unzulässig. Eine Neuregelung dieses Punktes wird derzeit jedoch diskutiert. Im Gegensatz zu den Investmentvarianten, die dem ersten Teil des Gesetzes unterliegen, sind bei den dem zweiten Teil des Gesetzes zuzuordnenden Fonds zum Teil auch andere Anlagezwecke zulässig. So nutzen sie beispielsweise die Möglichkeit zur Investition in Immobilien, Venture Capital, Futures und Options usw.

Die Investmentfonds und -gesellschaften werden vom IML beaufsichtigt. Dieses prüft dabei u. a. im Rahmen der Zulassung, ob die Zulassungskriterien erfüllt sind und ob innerhalb der ersten sechs Monate seit der Auflegung der Investmentfonds ein Sondervermögen bzw. die Investmentgesellschaft ein Kapital in Höhe der gesetzlich vorgeschriebenen Mindesthöhe von umgerechnet als rund 2,5 Millionen DM erreicht hat. Das IML informiert sich anhand detaillierter monatlicher Meldungen über die laufende geschäftliche Entwicklung. Darüber hinaus prüft und genehmigt das IML Prospekte, Jahresberichte sowie Halbjahresberichte, die von der Verwaltungsgesellschaft zu veröffentlichen sind. Bei einer Verletzung der Publizitätspflicht stehen dem IML Eingriffsbefugnisse zu, die bis zum Lizenzentzug reichen.

Eine weitere Kontrolle erfolgt durch einen unabhängigen Sachverständigen, in der Regel einen Wirtschaftsprüfer, der die im Jahresbericht der Verwaltungsgesellschaft enthaltenen Angaben zu überprüfen hat.

Die Besteuerung der im Großherzogtum zugelassenen Investmentfonds und Investmentgesellschaften gleicht der einer luxemburgischen Holdinggesellschaft. Unabhängig von der Höhe der Einlage entrichtet der Investmentfonds bzw. die Investmentgesellschaft eine Gründungssteuer (»Einlagegebühr«) in Höhe von 50 000 LUF (ca. 2300 DM) sowie eine ertragsunabhängige jährliche Abonnementsgebühr in Höhe von 0,06 Prozent des letzten Nettovermögens der Gesellschaft. Die Verwaltungsgesellschaft selbst muß entsprechend den Bestimmungen für die Aktiengesellschaften Körperschafts-, Gewerbe- und Vermögensteuer und andere Nebensteuern leisten, wenn sie mehr als einen Investmentfonds betreut. Die Erträge der Investmentfonds bzw. -gesellschaften unterliegen in Luxemburg keiner steuerlichen Belastung und werden grundsätzlich netto an die Anteilseigner ausgeschüttet. Davon unabhängig unterliegen die erzielten Einnahmen in den Heimatländern der jeweiligen Anteilseigner der dort geltenden Einkommensteuer.

Neue Fondsprodukte locken Anleger

Vor dem Hintergrund der volatilen Zins- und Währungssituation haben sich einige Investmentfondsprodukte durchgesetzt, die den Bedürfnissen der Kunden nach Sicherheit und Rentabilität besonders entsprechen.

So haben die Luxemburger Investmentgesellschaften Fonds entwickelt, die dem Investor einen bestimmten Erfolg garantieren. Demgegenüber dürfen in Deutschland nur Fonds mit Prognosen ausgegeben werden. Bei der Gestaltung der Garantie hat sich eine Vielzahl von Variationen entwickelt. Sowohl Verwaltungsgesellschaft als auch Depotbank können grundsätzlich als Garantiegeber auftreten. Sie können einen bestimmten Mindestrücknahmepreis, eine Mindestrendite oder einen bestimmten Ausschüttungsbetrag garantieren. Darüber hinaus ist es möglich, die Ausübung der Garantie an vorher festgelegte Daten zu binden oder sie jederzeit quasi »pro-rata-temporis« zu gewähren. Diese Möglichkeiten können miteinander kombiniert werden. Bei der Auflegung des Investmentfonds muß die Garantie im Verkaufsprospekt erwähnt werden. Der Investor hat bei diesem Fondstyp den Vorteil, daß er seine Rendite im voraus kalkulieren kann, da das Risiko, daß der Fonds die Garantie nicht erreichen kann, vom jeweiligen Garantiegeber getragen wird.

Eine interessante Anlagemöglichkeit ergibt sich, wenn die beschriebenen Garantieformen mit einem bestimmten Anlagegegenstand wie Aktien verbunden werden. So bietet beispielsweise ein Aktienlaufzeitfonds mit Anteilswertgarantie und der Einsatz von Optionen den Investoren die Teilnahme an den Kursveränderungen eines Aktienmarktes ohne das Kapitalrisiko einer direkten Anlage am Aktienmarkt.

Geldmarktnahe Fonds sammeln Einlagen von Investoren, wobei sich die Mindesthöhe in der Regel auf Beträge zwischen 1000 und 5000 Dollar oder mehr beläuft, und legen diese in Form von großvolumigen Blockkäufen in marktgängige kurzlaufende Schuldverschreibungen erster Adressen und teilweise in Termineinlagen an. Dadurch können sie durch Anlage der im Geldmarkt als »Whole-sale«-Markt üblichen Mindestbeträge an den hohen Renditen teilnehmen. Die Anleger achten dabei sehr auf die Bonität der Schuldner. In Frage kommen dabei die bereits erwähnten amerikanischen Bundesschatzwechsel, aber auch Depositenzertifikate aus anderen Ländern, kurzfristige Inhaberschuldverschreibungen (Commercial Paper) und Bankakzepte (Banker's Acceptances). In der Regel konzentrieren sich die Fonds dabei auf gängige Währungen wie amerikanische Dollar, Yen und europäische Währungen. Mit dieser Anlageform werden insbesondere Privatkunden und institutionelle Anleger im Rahmen der kurzfristigen Gelddisposition angesprochen. Für die Investoren bietet sich zunächst die Möglichkeit, an den Geldmärkten, zu denen sie aufgrund der dort üblichen hohen Mindestanlagegrenzen keinen Zutritt haben, teilzunehmen. Darüber hinaus partizipieren sie an der günstigen Verzinsung aufgrund der Blockplazierungen, ohne hohe Verwaltungsgebühren entrichten zu müssen. Die sorgfältige Auswahl der Papiere gewährleistet ein hohes Maß an Sicherheit.

In der Regel werden diese Fonds als thesaurierende Fonds aufgelegt, d. h., daß die erzielten Zinserträge von der Verwaltungsgesellschaft wieder verzinslich reinvestiert werden, ohne daß eine Ausschüttung an den Anteilsinhaber erfolgt. Die Rückzahlung wird vielmehr am Ende der vorher festgelegten Laufzeit vorgenommen. Durch die Wiederanlage der Zinsen wird das Fondsvermögen schneller erhöht. Der Zinseszinseffekt wird dem Investoren nach Ablauf der Laufzeit mitgegeben. Von dieser Fondsart zu unterscheiden sind die reinen Geldmarktfonds, deren Ziel die Anlage in liquiden Mitteln ohne Wertpapiercharakter ist. Sie fallen wie bereits dargestellt nicht unter den ersten Teil des Luxemburger Gesetzes und unterliegen damit den jeweiligen nationalen Vertriebsbeschränkungen.

Zunehmende Resonanz finden auch die von Luxemburger Gesellschaften aufgelegten Fonds, die in regional abgegrenzten Märkten investieren wie beispielsweise Südostasien und Japan. Der Investor erwartet hierbei, von dem speziellen Know-how profitieren und insbesondere an den sich in den einzelnen Märkten bietenden Wachstumschancen partizipieren zu können.

Im bereits seit der Verabschiedung der EG-Richtlinie 1989 liberalisierten Investmentfondsmarkt hat sich das Großherzogtum als zweitgrößter Anbieter hinter Frankreich in der EG etabliert. Basis für diesen Erfolg war die vorausschauende und flexible Politik der Regierung, die konsequent die geeignete gesetzliche Grundlage mit einer entsprechenden Anlagebreite verwirklichte. Diese Chancen haben die in Luxemburg ansässigen Investmentgesellschaften mit hoher Produktqualität, international ausgerichteter Portfoliostrategie, Kreativität und Innovationsfreude genutzt. So waren von den 704 innerhalb der EG grenzüberschreitend vertriebenen Investmentfonds Mitte des Jahres 1992 über 70 Prozent in Luxemburg angesiedelt (A. L. F. I. Jahrbuch 1993). Im immer internationaler werdenden Fondsgeschäft dürfte Luxemburg auch in Zukunft für den Wettbewerb mit anderen Investmentfondszentren gerüstet sein.

Fondsmanagement heute – Basis des Erfolgs

Rudolf Chomrak

Qualitätssprung im Fondsmanagement

In den vergangenen Jahren hat sich ein ausgeprägter Wandel der Methoden vollzogen, mit denen das Fondsmanagement seine Aufgabe vollzieht. Dabei haben wissenschaftlich abgestützte Erkenntnisse über die Portfoliooptimierung mehr und mehr Einzug in die Praxis gehalten. Zwar wurden die Grundzüge der Kapitalmarkttheorie bereits in den fünfziger Jahren entwickelt; die Erprobung an der Realität und die Ableitung von Entscheidungsmodellen für die Strukturierung eines Portefeuilles ist jedoch jüngeren Datums. Dabei gingen die entscheidenden Impulse bei der Formulierung der theoretischen Konzepte und der praktischen Umsetzung von den angelsächsischen Ländern aus, deren alte Wertpapiertradition hier sicher von Vorteil war. Erst schrittweise fanden die dort entwickelten Verfahren in den kontinentaleuropäischen Ländern Eingang. Die breitere Öffentlichkeit wurde auf neue Forschungsergebnisse in der Kapitalmarkttheorie aufmerksam, als Harry Markowitz und William Sharpe, die maßgeblichen Pioniere, 1990 mit dem Nobelpreis für Wirtschaftswissenschaften ausgezeichnet wurden. Dennoch wäre die Umsetzung der kapitalmarkttheoretischen Erkenntnisse in die Praxis ohne die Fortschritte bei der elektronischen Datenverarbeitung nicht möglich gewesen. Erst sie gestatteten die umfangreichen Berechnungen, die von der Theorie verlangt werden.

Modernes Fondsmanagement ist ohne quantitative Analyse kaum noch vorstellbar. Allerdings bleibt auch die traditionelle Fundamentalanalyse gefordert. Sie untersucht die Einflußgrößen auf die Kursbildung an den Finanzmärkten. Erst die Integration beider methodischer Ansätze kann den zunehmenden Ansprüchen der Anleger gerecht werden. Die Erwartung an die Sicherheit und die Rendite – d. h. die Performance – ihrer Investments ist nämlich spürbar gestiegen. Dementsprechend wetteifern heute die unterschiedlichsten Managementstile um die Gunst der Anleger. Dabei bilden die beiden Extreme des »Hedge-Fonds« auf der einen und des »Index«-Fonds auf der anderen Seite die Antipoden: Das erstere Konzept ist sehr kurzfristig und »tradingorientiert«; das letztere strukturiert das Portefeuille analog zum Markt und verzichtet auf Tradingmöglichkeiten. In der Praxis bedienen sich die meisten Fondsverwalter allerdings einer Mischform. Dabei findet eine an Vergleichsgrößen – sogenannten Benchmarks – orientierte Anlagepolitik zunehmende Akzeptanz.

Steuerung von Aktienfonds

Die theoretischen Fundamente der Modernen Portfoliotheorie sind schon vor annähernd drei Jahrzehnten – beispielsweise in Form des »Capital Asset Pricing Model« – schlüssig formuliert worden. Dabei ist insbesondere auf die grundlegenden Arbeiten von Harry Markowitz und William Sharpe zu verweisen.

Die traditionelle Fondsverwaltung sieht sich insbesondere mit dem Problem konfrontiert, daß auf der Basis eines reinen »Market-Timing«-Ansatzes auf effizienten Märkten auf Dauer keine überdurchschnittlichen Erträge zu erwirtschaften sind. Dies dokumentiert sich beispielsweise in breit angelegten Untersuchungen in den Vereinigten Staaten: Ihnen zufolge wiesen nahezu 70 Prozent der aktiv gemanagten Fonds eine schlechtere Wertentwicklung (Performance) auf als der Kursindex des entsprechenden Marktes. Im Umkehrschluß bedeutete dies, daß sich der erhöhte Arbeitsaufwand und die Transaktionskosten in diesen Fällen nicht ausgezahlt hatten. Reine Index-Fonds wären hier überlegen gewesen. Eine Erklärung dafür ist das hohe Maß an prozyklisch ausgerichtetem Anlageverhalten. So waren für die untersuchten Fälle unstetige Entscheidungen als Reaktion auf kurzfristige Entwicklungen an den Märkten charakteristisch. Als Folge entstand häufig eine willkürliche und in den meisten Fällen ineffiziente Depotstruktur. Eine Gesamtbetrachtung anhand von Risiko- und Performanceparametern und eine bewußte Gestaltung der Zusammensetzung des Portefeuilles unterblieb. Bei effizient strukturierten Portefeuilles bestehen hingegen auf längere Sicht Chancen, den Index – d. h. den Marktdurchschnitt – zu übertreffen, ohne ein signifikant darüberliegendes Risiko einzugehen. Die Managementleistung liegt im gezielten Einsatz des Mittels der Diversifikation. Im Unterschied zur »naiven« – d. h. quantitativ nicht fundierten – Anlagestreuung gilt es hier, unter Risikogesichtspunkten effiziente Portfoliostrukturen zu bestimmen.

Schon sehr früh wurden Techniken mit dem Ziel entwickelt, dem Anleger- bzw. Fondsmanager im Wege einer entsprechenden Zusammensetzung seines Portefeuilles eine über dem Markt liegende Rendite zu verschaffen. Die stark gestiegene Bedeutung kapitalmarkttheoretischer Erkenntnisse für das Fondsmanagement hat die traditionellen Methoden – die fundamentale und die technische Analyse – jedoch keineswegs ihres Stellenwertes beraubt. Die Fundamentalanalyse stellt auf gesamtwirtschaftliche, branchenspezifische und unternehmensindividuelle Größen ab. Grundprinzip ist dabei, aus dem Ertragswert des Unternehmens einen »inneren Wert« der Aktie abzuleiten und mit dem aktuellen Börsenkurs zu vergleichen. Dabei gibt es grundsätzlich zwei Vorgehensweisen: 1. Das »Top-Down«-Verfahren geht von einem hoch aggregierten Ausgangspunkt, z. B. der weltwirtschaftlichen Lage, zur Analyse immer kleinerer Teileinheiten wie Länder, Branchen und Unternehmen über. Darauf aufbauend werden Prognosen über Zinsen, Wechselkurse und Märkte erstellt und eine Anlagestrategie abgeleitet. 2. Der »Bottom-Up«-Ansatz geht den umgekehrten Weg: Er gelangt von der reinen Unternehmensanalyse zu einer Entscheidung über die Zusammensetzung des Portefeuilles nach Einzelwerten, Branchen und Ländern.

Die technische Aktienanalyse verzichtet demgegenüber auf eine Bewertung fundamentaler Kurseinflußfaktoren. Statt dessen stellt sie einzig auf marktmäßige Preisbestimmungen ab. Zwei Annahmen werden dabei zugrunde gelegt: 1. Aktienkurse verlaufen in Trends, die eine bestimmte Zeit anhalten und 2. Trendwechsel kündigen sich durch bestimmte Kursverläufe – sogenannte Formationen – an. Zwar stößt die technische Analyse auf erhebliche Einwände, gerade aus der Wissenschaft, wird aber von der Praxis weithin akzeptiert. Beide Verfahren bleiben jedoch bei subjektiven und isolierten Aussagen für die Entscheidungsfindung stehen. Die Umsetzung dieser Entscheidungsregeln führt zu unsystematischen Portfoliostrukturen auf der Basis allgemein gehaltener Richtlinien und dem individuellen »Fingerspitzengefühl« des Fondsmanagers. Um den Anspruch des modernen Portfoliomanagements zu erfüllen, bedarf es der Ergänzung durch quantitative Analysen. Erst dann lassen sich grundlegende Zusammenhänge zwischen Ertrag und Risiko erkennbar machen.

Der Vorteil quantitativer Verfahren besteht in der Möglichkeit, aus einer historischen Datenbasis mit Hilfe statistisch-mathematischer Methoden empirisch relevante und eindeutig nachvollziehbare Aussagen abzuleiten. Vom Praktiker stets zu berücksichtigen ist freilich der hohe Bedarf an Arbeitseinsatz spezialisierter Mitarbeiter und an EDV-Technik. So umfaßt der Rechenaufwand für die Zusammenstellung eines unter Risiko- und Ertragsgesichtspunkten effizienten Portefeuilles aus einer Auswahl von 100 Einzelwerten die Abschätzung von etwa 5 000 Koeffizienten. Erhöht sich der Kreis der zu berücksichtigenden Titel auf 1 000 Titel, sind rund 500 000 Kennzahlen zu ermitteln.

Der Beitrag der modernen Portfoliotheorie besteht in der systematischen Einbeziehung der Risikoparameter des Gesamtportefeuilles. Das Risiko ist dabei als Schwankung der Wertentwicklung definiert und wird im allgemeinen mit der Standardabweichung über einen bestimmten Zeitraum gemessen. Auf dieser Basis lassen sich Strategien für die systematische Diversifikation des angelegten Vermögens entwickeln. Dabei sind Risiko und Ertrag divergierende Anlageziele; beide sind alternativ vom Investor vorzugeben. Auf Grundlage der kundenspezifischen Anlageziele läßt sich anschließend ein optimal diversifiziertes Portfolio bestimmen. Innerhalb des Gesamtrisikos einer Anlage wird dabei nach dem systematischen (Markt-) und dem unsystematischen (unternehmensspezifischen) Risiko unterschieden. Während ersteres die Einflüsse umfaßt, die den Markt insgesamt betreffen, bezeichnet das letztere die Faktoren, die die Kursbildung des Einzelwertes bestimmen. Zusammengefaßt gleichen die unsystematischen Risiken der am Markt gehandelten Titel einander aus. Ausfluß dieser Überlegung ist, bei einer möglichst geringen Anzahl von Werten das Portfolio so zu optimieren, daß die unsystematischen Risiken weitestgehend wegdiversifiziert werden.

Dabei ist eine der wesentlichen Prämissen der modernen Portfoliotheorie, daß der Markt nur das systematische Risiko einer Anlage in Form einer Risikoprämie gegenüber der Verzinsung der sichersten möglichen Anlage abgilt. Der Gesamtertrag einer Wertpapieranlage für einen bestimmten Zeitraum umfaßt dabei die Summe von Dividenden- und Zinszahlungen sowie die Kursgewinne einschließlich der Bezugsrechtserlöse.

Um zu einer systematischen Vermögensstrukturierung zu gelangen, werden mathematisch-statistische Modelle zur Portfoliooptimierung eingesetzt. Das von Markowitz entwickelte Verfahren stellt auf die Korrelation der Anlagealternativen ab. Darin wird die Beziehung der Kursentwicklung der verschiedenen Anlagen untereinander gemessen und mit dem sogenannten Korrelationskoeffizienten ausgedrückt. Dieser kann

Werte zwischen +1 und –1 annehmen. Ein Wert von +1 besagt, daß die Erträge von zwei untersuchten Anlagen völlig voneinander abhängig sind, d. h. sich gleich verhalten. Entsprechend bezeichnet ein Korrelationskoeffizient von –1 die exakte Gegenläufigkeit der Kurse zweier Titel. Werte von deutlich unter +1 ermöglichen eine Senkung des Risikos der Gesamtanlage. Zusätzliche Diversifikationsmöglichkeiten eröffnen sich, wenn neben den Aktien eines nationalen Marktes noch ausländische Titel zur Auswahl zugelassen werden. Für ein international ausgerichtetes Portefeuille ergibt sich eine geringere Volatilität als für ein ausschließlich national investiertes Vermögen. Hierfür sind wiederum die auf der gleichen mathematischen Basis errechneten Korrelationskoeffizienten der einzelnen Märkte untereinander von Bedeutung.

Bestimmung der Anlageziele durch den Anleger – strategische »Asset Allocation«

Die Anwendung von Managementtechniken auf der Basis der modernen Portfoliotheorie erfordert in hohem Maße die Mitwirkung des Investors bei der Festlegung seiner Anlageziele. Diese müssen jedoch operationalisiert, d. h. in eine eindeutige und numerisch bestimmbare Form gekleidet werden. Dies geschieht durch Festlegung einer Benchmark als Maßstab für die Messung des Anlageerfolgs. Üblicherweise wird dazu ein Börsenindex bzw. eine Kombination von Indizes herangezogen. Ebensogut können aber auch Subindizes, etwa für einzelne Branchen oder Marktsegmente, als Maßstab dienen. Desgleichen lassen sich individuelle Benchmarks konstruieren, die – wenn sie von fixen Ertrags-Risiko-Vorstellungen ausgehen – durch optimale Asset-Klassen-Zusammenstellungen abgebildet werden können. Innerhalb des so festgelegten Rahmens, der im Einzelfall auch weitere Restriktionen enthalten kann, wird für den vorgegebenen Risikograd die Portfeuillestruktur mit der höchsten Ertragserwartung ermittelt oder umgekehrt. Der Investor bestimmt damit nicht nur die Höhe, Dauer und Auszahlungszeitpunkte für sein angelegtes Vermögen, sondern ebenso die von ihm präferierte Risiko-Ertrags-Relation. Der geschilderte Prozeß impliziert bei Publikumsfonds die Entscheidung für einen bestimmten Fonds bzw. eine bestimmte Fondskombination. Für Spezialfondsanleger wird hingegen in der Regel ein individuelles Produkt aus einer oder mehreren Asset-Klassen gebildet. Mit der Festlegung einer Benchmark wird für die konkreten Anlageentscheidungen des Fondsmanagements eine objektive und anhand quantifizierbarer Kriterien nachprüfbare Basis geschaffen.

Die festgelegten Benchmarks dienen als Steuerungs- und Kontrollinstrument und bilden damit die erste Stufe des Entscheidungsprozesses. Die zweite Stufe ist die taktische »Asset Allocation«. Hier werden bewußte Abweichungen von der Struktur der Benchmark vorgenommen. Diese Entscheidungen müssen auf einem dicht vernetzten, entscheidungsorientierten Informationssystem beruhen. Erforderlich ist die Auswertung von fundamentalen Analysen, makro- und mikroökonomischen Daten sowie Untersuchungen über die Zins- und Währungsentwicklung. In der Praxis gehören beispielsweise Kontakte zu wichtigen Wertpapierhäusern, Brokern, Forschungsinstituten und Datenbanken zu den Informationsquellen. Dem Portfoliomanager sollte durchaus die Freiheit bleiben, sein »Asset Mix« aus taktischen oder Tradingüberlegungen zu verändern. Nur dann kann er auf aktuelle Börsenentwicklungen angemessen reagieren und die marktbezogen unterschiedlichen Ineffizienzen ausnutzen. Hierfür eignet sich besonders der kontrollierte Einsatz derivativer Finanzinstrumente. Wesentlicher Bestandteil eines erfolgreichen Fondsmanagements ist die systematische Kontrolle der Portefeuilleentwicklung, für die unter anderem interne Meßlatten eingesetzt werden, die in ihren Ergebnissen über den externen Benchmarks liegen sollten.

Diese Vorgehensweise diszipliniert die Anlagetätigkeit, macht Risikosituationen transparent und erlaubt letztlich die objektive Bewertung der individuellen Managementleistung. Sie bildet den Gegenpol zu den in der Praxis häufig noch anzutreffenden traditionellen Ansätzen. Prozyklische Anlageentscheidungen und unkontrollierte Risiken können damit weitgehend vermieden werden. Benchmark-orientiertes Fondsmanagement ist keineswegs mit passivem Verhalten zu verwechseln. Vielmehr stellt es einen aktiven, risiko-kontrollierten Managementprozeß dar, der systematisch Zusatzerträge erwirtschaften soll. Mit passiv verwalteten Portefeuilles – die einen Index perfekt nachbilden (häufig als »tracking« bezeichnet) – lassen sich *ex definitione* lediglich marktdurchschnittliche Renditen erwirtschaften. Demgegenüber haben Strategien, die sich auf die moderne Portfoliotheorie stützen, ihre Überlegenheit hinreichend unter Beweis gestellt.

Die moderne Portfoliotheorie findet ihr überzeugendstes Anwendungsgebiet bei der Aktienanlage. Sie läßt sich jedoch auch auf Rentenwerte anwenden. Ausschlaggebend für den Anlageerfolg sind hier die fundamental und markttechnisch abgeleiteten Zinseinschätzungen auf der einen und die Optimierungsmethoden für die Portefeuillezusammensetzung auf der anderen Seite. In fundamentaler Hinsicht kommt der Einschätzung der Renditeentwicklungen die größte Bedeutung zu. Dabei sind Erwartungen über Inflationsraten und Konjunkturverlauf sowie die geldpolitischen Maßnahmen der Notenbanken die wesentlichen Determinanten. Daneben haben technische Methoden, vor allem im Zusammenhang mit der in den achtziger Jahren gestiegenen Volatilität der Zinsen, an Bedeutung gewonnen. Des weiteren gehört grundsätzlich die Bewertung von Emittentenrisiken – sowohl Länder- als auch Unternehmensrisiken – zur Aufgabe des Fondsmanagers. Vor allem im angelsächsischen Raum spielen Industrieanleihen eine wesentlich größere Rolle als in Kontinentaleuropa. Erste Anhaltspunkte für die Bewertung von Emittentenrisiken liefern die sogenannten Ratingagenturen. Sie analysieren die Bonität der einzelnen Adressen, d. h. deren nachhaltige Fähigkeit zur Leistung ihres Schuldendienstes. Der Fondsmanager hat stets zu überprüfen, ob den unterschiedlichen Bonitätsstufen der einzelnen Werte angemessene Zinsvorteile gegenüberstehen.

Innerhalb der unterschiedlich effizienten Portefeuilles repräsentieren Anleihen, die auf die nationale Währung des Investors lauten, das Marktsegment mit der niedrigsten Volatilität. Dementsprechend erbringen sie im Vergleich zu vielen Alternativen zwar geringere, aber dafür relativ sichere Erträge. Anleihen, die auf eine dem Investor fremde Währung lauten, weisen aufgrund der mit ihnen verbundenen Wechselkursrisiken eine höhere Volatilität der Wertentwicklung auf. Ist dem Vermögensverwalter eine konservative Strategie aufgegeben, führt die Auswahl regelmäßig zu einer hohen Gewichtung deutscher Anleihen. Für Rentenportefeuilles ist – wie bei der Aktienanlage – vom Anlageziel des Investors eine Benchmark abzuleiten. Dafür bieten sich herkömmliche Indizes wie z. B. der REX oder der EFFAS-Index an. Auf der Ebene der taktischen »Asset Allocation« entscheidet dann der Fondsmanager über Abweichungen von der Benchmark in bezug auf die Laufzeitenstrukturierung (Duration), die Marktsektoren, Währungen sowie Emittentenrisiken.

Die Diversifikationsmöglichkeiten sind insbesondere im nationalen Bereich bei Rentenfonds wesentlich geringer als etwa bei Aktienfonds. Dies ist auf die hohe Korrelation der Wertentwicklung von festverzinslichen Wertpapieren untereinander zurückzuführen. Auch auf internationaler Ebene engt die häufig gleichgerichtete Renditeentwicklung auf den wichtigen Märkten – der sogenannte Zinsverbund – die Spielräume für eine effiziente Portfoliostrukturierung ein. Dieser Gleichlauf zeigt sich besonders deutlich bei den Teilnehmerländern am Europäischen Währungssystem (EWS), wo die hohe Korrelation von Zinsen und Wechselkursen nur in begrenztem Maße Diversifikationsbeiträge ermöglicht. Ein ähnlicher, wenngleich weniger enger Gleichlauf ist unter den Währungen des »Dollar-Blocks« zu beobachten.

Innerhalb eines europäischen Rentenportefeuilles verdienen die relativ volatilen Rentenmärkte Großbritanniens und Italiens Beachtung: Das hohe Maß an Unabhängigkeit dieser beiden Finanzplätze – die geringe Korrelation mit den Entwicklungen in den übrigen EWS-Ländern – kann erheblich zur Risikodämpfung innerhalb des Gesamtportefeuilles beitragen. Die relative Performance eines Rentenfonds gegenüber einem europäischen Rentenindex hängt nicht unwesentlich von der richtigen Positionierung in diesen beiden »Swing«-Märkten ab. Die Gewichtungen der hoch korrelierten Märkte im »harten Kern« des EWS – Deutschland, Benelux und Frankreich – treten demgegenüber etwas in den Hintergrund. Hier kommt es insbesondere darauf an – so die Erfahrung der Vergangenheit – inwieweit der deutsche Rentenmarkt gegenüber den Konvergenzländern unter- bzw. übergewichtet wird. Freilich dürfen die mathematisch optimierten Strukturen nicht als konstant angesehen werden. Dem Fondsmanager bleibt Raum für Abweichungen, solange dies nicht in eine Beliebigkeit bei der Steuerung von Anlageentscheidungen hineinführt. Hier wirken beispielsweise Performancekontrollen, Vorgaben bei maximalen Abweichungsrisiken oder »Stop Loss« bei Tradingaktivitäten als disziplinierende Elemente.

Performanceanlayse: Beiträge der Segmente zum Anlageerfolg

Zu den Aufgaben des Fondsmanagers gehört es, über die angewandten Anlagestrategien und die erzielten Ergebnisse Rechenschaft abzulegen. Die gesetzlichen Regeln über die Berichterstattung finden weitgehend auch auf Spezialfonds Anwendung. Die Vertragsbedingungen enthalten aber in der Regel weitergehende Berichtspflichten. Ebenso ist die Performancekontrolle aber auch Teil des Entscheidungsprozesses der Investmentgesellschaft, die auf diese Weise die Einhaltung ihrer professionellen Standards bei der Verwaltung fremder Gelder sicherstellt. Der zum Teil beträchtlich voneinander abweichende Informationsbedarf der einzelnen Empfänger bedingt dabei nicht unerhebliche Unterschiede in der Berichterstattung. Aus der Performanceanalyse lassen sich Schlüsse einerseits für die Überprüfung der Anlageziele des Fonds, andererseits aber auch für die Festlegung und gegebenenfalls Revision der Kompetenzgrenzen der Fondsmanager ziehen. Zudem entscheidet der Anleger letztlich auf der Basis von deutlich gewordenen Stärken und Schwächen darüber, welche Beträge er einem bestimmten Fondsmanagement anvertrauen will.

Die Performanceanalyse soll Aufschluß darüber geben, zu welchen Anteilen die Auswahl der Einzelwerte, der Märkte und der Währungen zum Gesamtergebnis beigetragen haben. Dazu wird die Wertentwicklung der Vermögensbestandteile des Fonds auf DM-Basis individuell ermittelt und den einzelnen Segmenten zugerechnet. Die Fondsstrukturen ergeben sich aus dem Investitionsgrad des Fonds und dem Anteil der einzelnen Vermögenswerte am Gesamtvermögen. Bei auf Fremdwährung lautenden Aktiva werden dabei die Entwicklung in nationaler Währung und die Veränderung des Wechselkurses separat ausgewiesen. Diese Analysen erfolgen für unterschiedliche Zeiträume, um die Konsistenz der Ergebnisse im Zeitablauf beurteilen zu können. Als kleinster Berechnungszeitraum wird dabei im allgemeinen das Monatsintervall verwendet. Die Einzelergebnisse vermitteln einen Verlaufsüberblick; in ihrer Verbindung bilden sie das Gesamtergebnis. Parallel dazu ist der monatliche Cash flow – die Mittelzu- und Mittelabflüsse sowie vereinnahmte Nettoerträge – des Fonds darzustellen. In Verbindung mit den Vermögensaufstellungen lassen sich einerseits die Veränderungen der Kurswerte, andererseits die Schwankungen der Höhe des im Fonds arbeitenden Kapitals ableiten.

Bei der Methodik der Performanceberechnung sind zwei Ansätze, die »Time-weighted«- und die »Money-weighted«-Methode, zu unterscheiden. Erstere vergleicht den Vermögensendbestand einschließlich angefallener Erträge des zu untersuchenden Segments mit dem Anfangsbestand. Die Performance ist als Vermögensveränderung, ausgedrückt in Prozent des Anfangsbestandes, definiert. Sie vernachlässigt die Mittelbewegungen, die im Verlauf der Beobachtungsperiode stattgefunden haben. Dieses Verfahren entspricht der vom Bundesverband Deutscher Investment-Gesellschaften e. V. (BVI) zur Berechnung der Wertentwicklung von Investmentanteilen angewandten Methode. Bei der »Money-weighted«-Methode werden hingegen neben Anfangs- und Endwert des Vermögens die zwischenzeitlichen Mittelbewegungen berücksichtigt. Das Verfahren ist im Kern daher eine »Return-on-investment«-Berechnung. Die nach der »Time-weighted«-Methode berechnete Performance eignet sich für den Vergleich mit derjenigen einer Benchmark oder eines Marktindexes. Sie bietet sich in den Fällen an, in denen der Zu- und Abfluß von Mitteln nicht von vornherein feststeht. Dies ist beispielsweise typisch für Publikumsfonds. Im Gegensatz dazu läßt sich die nach der »Money-weighted«-Methode ermittelte Rendite den Marktzinsen gegenüberstellen. Bei ihr werden mögliche Verzerrungen bei starken Schwankungen des Fondsvermögens während der Berichtsperiode berücksichtigt. Lassen sich die Mittelbewegungen von vornherein steuern – dies gilt im allgemeinen für Spezialfonds –, wird dieser Methode der Vorzug zu geben sein.

Für jedes Segment des Gesamtvermögens wird ein Ergebnis ermittelt, das den Gewinn oder Verlust beziffert, der entstanden wäre, wenn der Fonds sein gesamtes Vermögen in diesem Segment angelegt hätte. Ihm läßt sich ein geeigneter Marktindex gegenüberstellen, der anzeigt, wie der Fondsmanager auf diesem Teilmarkt abgeschnitten hat. Dann wird erkennbar, inwieweit die Wertveränderung entweder auf die Gewichtung dieses Marktes, d. h. den Allokationsbeitrag, oder auf die Selektion der einzelnen Titel zurückgeht. Im nächsten Schritt wird der Beitrag der einzelnen Segmenterträge zum Gesamtergebnis des Fonds festgestellt. Innerhalb dieser Beiträge lassen sich die Selektions- und Allokationsbeiträge, bezogen auf die Benchmark, bestimmen. Damit ist eine objektive Basis für die Bewertung der Managementleistung bei der Auswahl der Märkte, der Titel und der Währungen gelegt. Im Einzelfall sind dabei Restriktionen in den Vertragsbedingungen zu beachten.

Verfahren der Risikobewertung

Neben einer systematischen Darstellung der Ertragsquellen gilt es, die Unsicherheiten aufzuzeigen, unter denen der Ertrag erwirtschaftet wurde. Unmittelbar einsichtig ist beispielsweise, daß eine Wertsteigerung von 15 Prozent p. a., die bei einer Standardabweichung der Kursschwankungen von 10 Prozent erzielt wurde, einer gleichen Rendite unter einer

Standardabweichung von 20 Prozent vorzuziehen ist: Im letzteren Fall war das eingegangene Risiko doppelt so hoch wie im ersteren, ohne daß dafür ein höherer Ertrag angefallen wäre. Ein anderer Maßstab für die vom Fondsmanagement eingegangenen Risiken ist der Vergleich mit der Benchmark mit Hilfe von Parametern. Verfahren auf der Basis des »Capital Asset Pricing Model« analysieren mit Hilfe linearer Regressionsrechnungen den Zusammenhang zwischen der Wertentwicklung des Fonds als abhängiger und der Benchmark als unabhängiger Variable. Im Ergebnis erhält man:

- Den Betafaktor als Maß für das Risiko des Fonds gegenüber dem Marktindex, d. h. der Benchmark: Ein Betafaktor von >1 zeigt eine gegenüber der Benchmark höhere Reagibilität des Fonds an; entsprechend deutet ein Betafaktor von <1 auf eine nur begrenzte Teilnahme des Fonds an den Marktentwicklungen in beiden Richtungen hin.
- Den Alphafaktor als Maß für die marktrisiko-adjustierte Überrendite: Dieser Wert verdeutlicht den Selektionsbeitrag der Titelauswahl zur Wertentwicklung des Fonds. Ein positiver Alphafaktor ist daher ein Kennzeichen eines effizienten, aktiven Fondsmanagements.
- Das Bestimmtheitsmaß, das angibt, in welcher Höhe das Verhalten des Fonds von der Bewegung der Benchmark erklärt wird: Diese Meßzahl schwankt zwischen 0 und +1. Beispielsweise zeigt ein Bestimmtheitsmaß von 0,75 an, daß 75 Prozent des Verhaltens der Wertentwicklung des Fonds mit Schwankungen der Benchmark zu erklären sind.

Dadurch soll bei der Anlagepolitik stets eine Parameterkombination eingehalten werden, die der Zielsetzung einer risikokontrollierten und gegenüber der Benchmark besseren Wertentwicklung entspricht.

Anforderungsprofil an den Fondsmanager

Mit dem Innovationsschub an den Finanzmärkten ging ein sprunghafter Anstieg der Anforderungen an die Qualifikation der Fondsverwalter einher. Führte der traditionelle Karriereweg des Fondsmanagers über die Banklehre und eine anschließende Spezialisierung auf das Wertpapiergeschäft, so ist jetzt generell eine wirtschaftswissenschaftliche Fundierung mit einer intensiven praktischen Ausbildung gefragt.

Zum wissenschaftlichen Rüstzeug gehört das Verständnis der Kapitalmarkttheorie. Zudem geht es vor allem um die Fähigkeit zur Bewertung der ökonomischen Einflußfaktoren, die die Kursbewegungen an den Wertpapier- und Devisenmärkten beeinflussen. Dies erfordert ein hohes Maß an kombinatorischem Verständnis für gesamtwirtschaftliche Zusammenhänge. Daneben ist die Kenntnis der mathematisch-statistischen Methodenlehre unabdingbar. Einerseits bildet diese die Grundlage für eine systematische Auswertung der zur Verfügung stehenden Kapitalmarktdaten, andererseits ist sie zur Beurteilung von angewandten quantitativen Methoden sowie zur Festlegung von Anforderungen an die einzusetzende EDV-Software unerläßlich. Außerdem zeichnet den Fondsmanager eine umfassende Vertrautheit mit Anlageinstrumenten aus. Sie befähigt ihn zur Risiko- und Ertragsanalyse der einzelnen Anlageformen und ihrer Derivate.

Mit diesem Rüstzeug versehen, kann der Fondsmanager an seine eigentliche Aufgabe herangehen. Eine systematische und disziplinierte Umsetzung von Anlagekonzepten ist für den Erfolg einer Strategie entscheidend. Gefordert ist insbesondere eine teamorientierte Arbeitsweise. Demgegenüber hat es ein intuitiv handelnder Individualist in einem von modernen Managementansätzen geprägten Umfeld zunehmend schwerer. Ebenso gehören Verhandlungsgeschick und kommunikative Fähigkeiten zum Anforderungsprofil. Zusätzlich spielen Fremdsprachenkenntnisse eine wichtige Rolle.

Die theoretische und praktische Ausbildung ist zwar eine notwendige, aber noch keine hinreichende Bedingung für Erfolg in der Fondsverwaltung. Um ein zuverlässiges Urteil zu formen, bedarf es der Erfahrung. Diese bezieht sich auf Usancen und »ungeschriebene Gesetze« an den einzelnen Märkten, mehr aber noch auf das Verhalten gegenüber unterschiedlichen Marktzyklen.

Neue Finanzinstrumente als »Allzweckwaffe«?

Ein Bereich, in dem der Einsatz moderner Portfoliomanagementtechniken unabdingbar ist, ist das Feld der derivativen Finanzinstrumente. Intuitives Agieren wäre unter dem Aspekt eines risikokontrollierten Managements kaum zu verantworten. Vielmehr muß der Einsatz im Rahmen tolerierter Risikovorgaben erfolgen. Im anderen Fall liefe das

Fondsmanagement beispielsweise Gefahr, einen in der Konzeption als bewußt risikoarm angebotenen Fonds in ein hoch volatiles Produkt zu verwandeln. Umgekehrt könnte ein Aktienfonds zu einem relativ sicheren, aber niedrig rentierenden Geldmarktfonds mutieren.

Die jüngste Novelle zum Gesetz über Kapitalanlagegesellschaften (KAGG), die am 1. März 1990 in Kraft trat, erlaubt den Investmentgesellschaften, für das gesamte Fondsvermögen die Absicherung des Kursänderungsrisikos von Aktien und des Zinsänderungsrisikos von Anleihen durch Terminverkaufsgeschäfte. Zudem sind – allerdings mit einigen Einschränkungen – Options- und Futuresgeschäfte zur Nutzung von Marktchancen, also ohne Absicherungszweck, möglich. Die Summe der zugrunde liegenden Basispreise bei Optionen bzw. Kontraktwerte bei Termingeschäften darf die Grenze von 20 Prozent des Fondsvermögens nicht überschreiten. Dabei eignen sich Optionen besonders zur Feinjustierung von unsystematischen Risiken, während dem Fondsmanager mit Terminkontrakten ein kostengünstiges Instrument zur Steuerung der systematischen Risiken bei der »Asset Allocation« in die Hand gegeben ist. Dies zahlt sich vor allem dann aus, wenn das Ertrags-Risikoprofil eines Portefeuilles rasch und kostengünstig an geänderte Erwartungen anzupassen ist. Außerdem erschließen derivative Instrumente Potentiale bei der Produktgestaltung und -innovation. Dazu zählen beispielsweise Garantie-, Hedge- und Währungsfonds. Solche Fondstypen sind allerdings heute nur in Luxemburg möglich.

In Deutschland erscheint die Erweiterung der Einsatzmöglichkeiten der neuen Finanzinstrumente wünschenswert. Dies ist vor allem eine Standortfrage des Finanzplatzes: Mehrere europäische Länder räumen ihren Kapitalanlagegesellschaften größere Spielräume ein als der deutsche Gesetzgeber. Es ist schwer einzusehen, weshalb deren Produkte, denen der deutsche Markt im Regelfall offensteht, günstiger zu behandeln sind als deutsche Investmentfonds. Aus dem internationalen Regelungsgefälle entstehen hier Wettbewerbsverzerrungen.

Klare Fondsprofile gefordert

Die Investmentanlage in Form einer standardisierten Vermögensverwaltung hat sich auf dem Markt für Finanzdienstleistungen einen festen Platz erobert. Dabei bevorzugt der Anleger Fonds mit einem klaren Profil, das dauerhaft beibehalten wird. Beispielsweise verwalten die deutschen Kapitalanlagegesellschaften heute nicht nur die klassischen Aktien- und Rentenfonds, sondern auch Länder-, Spezialitäten-, Kurzläufer- und Laufzeitfonds. Auf diese Weise ist eine Vielfalt von Sondervermögen entstanden, die sich nach Anlagespektrum und Ertrags-Risiko-Verhältnis klar voneinander unterscheiden. Eine effiziente Portfoliosteuerung und die objektive Beurteilung der Managementleistung sollte anhand von Benchmarks erfolgen, die der Öffentlichkeit durchaus zugänglich sein können. Zugleich benötigt der Anleger die Gewähr, daß das einmal erworbene Zertifikat seinen Charakter beibehält. Derart geführte Fonds eignen sich als »Bausteine« für einen systematischen Vermögensaufbau, der den – sich im Zeitablauf wandelnden – individuellen Bedürfnissen des Investors Rechnung trägt. Die von den deutschen Kapitalanlagegesellschaften und ihren Tochtergesellschaften verwalteten Investmentfonds haben, insgesamt gesehen, in den letzten Jahren hohe Mittelzuflüsse entgegengenommen. Der Investmentgedanke hat bei privaten Sparern an Popularität gewonnen. So wurde 1992 jede 5. Mark der privaten Ersparnis in Wertpapierinvestmentfonds angelegt; fünf Jahre zuvor, 1987, war es nur jede 15.

Dem steht eine Verschärfung des herrschenden Wettbewerbsdrucks nicht entgegen. Zu erwarten ist, daß die Leistung des Fondsmanagements in Zukunft vom Anlegerpublikum zunehmend kritisch bewertet werden wird. Die Vorteile professionell geführter Fonds mit klarer Politik und eindeutig nachvollziehbaren Ergebnissen dürften sich dann vor allem gegenüber der Direktanlage deutlicher als bisher abheben. Dabei ist die Weiterentwicklung der im Fondsmanagement angewandten Methoden noch lange nicht abgeschlossen. Zweifellos wird sich der Trend zu disziplinierten und systematischen Ansätzen verstärken, denn nur diese ermöglichen einen kontrollierten, risiko- und ertragsorientierten Entscheidungsprozeß, der im Hinblick auf die zunehmende Forderung nach Vorhersehbarkeit und Konstanz der Performance entscheidende Vorteile bietet. Läßt man insbesondere die letzten Jahre Revue passieren, ist ein genereller Trend zum Phänomen »Performancesensibilität« unverkennbar. Damit wird auch im Zusammenhang mit der zunehmenden Konkurrenz aus dem Ausland die Suche nach Managementmethoden, die sich den hohen Anforderungen gewachsen erweisen, zum entscheidenden Kriterium für den zukünftigen Erfolg und die Marktstellung einer Kapitalanlagegesellschaft.

Aktuelle Entwicklungen der Portfoliotheorie

Bernd Rudolph

Das Grundmodell der Portfolio Selection

Die moderne Portfoliotheorie oder »Portfolio Selection« wurde 1952 von Harry M. Markowitz grundlegend entwickelt, aber zunächst kaum beachtet. Erst nach der Veröffentlichung des Buches »Portfolio Selection« 1959 wurde das Grundkonzept in Theorie und Praxis langsam populär. Der damals entwickelte Ansatz bestimmt auch heute noch, wenn auch in vielfältigen Verfeinerungen und Erweiterungen, die Kapitalmarkttheorie sowie das moderne Investmentmanagement der Praxis.

Markowitz, der für seine Leistung 1990 mit dem Nobelpreis für Wirtschaftswissenschaften geehrt wurde, hatte gezeigt, daß es möglich ist, das Ertrags-Risiko-Verhältnis der Anlage in einer einzigen (noch so sorgfältig ausgewählten) Aktie ziemlich mühelos dadurch zu verbessern, daß diese Aktie in einem gut gemischten Portefeuille gehalten wird. Die nicht vollständige Korrelation der Wertentwicklung unterschiedlicher Finanztitel bewirkt nämlich die Vernichtung eines Teils des Risikos dieser Aktie, ihres unsystematischen Risikos, wenn diese Aktie mit anderen Aktien in einem Portefeuille kombiniert wird. Ergebnis der optimalen Kombination der Aktien ist ein effizientes Portefeuille, das dadurch gekennzeichnet ist, daß eine zusätzliche Ertragssteigerung wirklich nur noch durch die Übernahme zusätzlicher Risiken erreicht werden kann. Aus diesen effizienten Portefeuilles wählt der Anleger in Abhängigkeit von seiner individuellen Risikoeinstellung das für ihn optimale Portefeuille aus. Bei gegebenem Anfangsvermögen führen Optimierungsrechnungen auf der Basis von Kursen oder Renditen zu identischen Ergebnissen.

Das Diversifikationsprinzip ist aber auch ohne diesen strengen Zusammenhang wirksam. Durch naive Diversifikation, d. h. durch die relativ willkürliche (und zufällige) Verteilung eines Anlagebetrages auf unterschiedliche Aktien, wird ein großer Teil des Risikos der Aktienanlage vernichtet. Die Möglichkeit, durch naive Diversifikation eine wirksame Risikoreduktion zu erreichen, ist an den Märkten unterschiedlich ausgeprägt. In Deutschland sollen es bei zehn bis 15 Titeln etwa 60 Prozent, in den USA über 70 Prozent, bei einer zufälligen Auswahl eines international gestreuten Portefeuilles aber fast 90 Prozent jenes Risikos sein, das der Anleger übernehmen würde, wenn er nur einen einzigen Wert im Bestand hätte. Der exakte Geltungsbereich dieser Aussagen ist natürlich sehr davon abhängig, von welchem Ausgangswert aus man die Reduzierung des Risikos durch Diversifikation beurteilt.

Das Ergebnis einer von dem Nobelpreisträger James Tobin bereits 1958 vorgenommenen Ergänzung der Überlegungen von Markowitz, die als Separationstheorem bezeichnet wird, besteht in der Beobachtung, daß es bei einer vorgegebenen Auswahl von Aktien und einer zusätzlichen risikofreien Anlagemöglichkeit immer optimal ist, in das sogenannte Tangentialportefeuille risikobehafteter Titel zu investieren. Von der Risikoeinstellung (Risikotoleranz) des Anlegers ist nur die Aufteilung der Mittel in die risikofreie Anlage und das risikobehaftete Aktienportefeuille abhängig, nicht aber die Struktur des Aktienportefeuilles. Diese Entdeckung Tobins ist die wissenschaftliche Grundlage der Einschätzung des Investmentfondsgeschäfts als volkswirtschaftlich effiziente und wertschaffende Finanzintermediation. Die Struktur der von den Fonds gebildeten Aktienportefeuilles, die unabhängig von der konkreten Risikoeinstellung der Anleger feststehen, entspricht unter den idealen Bedingungen eines vollkommenen Kapitalmarktes nämlich dem Marktportefeuille als zusammengefaßtem Portefeuille aller am Markt umlaufenden Titel.

Diese letztgenannte Erkenntnis verdanken wir einem dritten hier zu nennenden Nobelpreisträger, William F. Sharpe, der 1964 das »Capital Asset Pricing Model« (CAPM) entwickelt und danach mit seinem Buch »Investments« das Standardwerk der Investmentbranche verfaßt hat. Das Marktportefeuille ist ein Portefeuille, das in Deutschland beispielsweise approximativ durch den F.A.Z.-Index oder den Deutschen Aktienindex DAX dargestellt werden kann. Für andere Länder sind natürlich andere Indizes zu verwenden, so für die Vereinigten Staaten der Standard & Poors 500 oder für Japan der Nikkei-Index.

Haben die Portefeuille- und Kapitalmarkttheoretiker Recht, dann gibt es (bei gegebenen Erwartungen) ausschließlich ein Aufteilungsproblem zwischen der Anlage der Mittel im Marktportefeuille und in der risikofreien Anlage. Aber auch wenn die Theoretiker nur halbwegs Recht haben, weil die Märkte in der Realität nicht zu übersehende Unvollkommenheiten aufweisen, so daß die Theorie nur prinzipiell Gültigkeit besitzen kann, reichen ihre Einsichten immerhin so weit, als auf dieser Basis der Grundansatz der Asset Allocation begründet werden kann.

Die Abbildung macht deutlich, daß der Anteil, der in das Aktienportefeuille fließt, im allgemeinen größer wird, wenn die Steigung der Kapitalmarktgeraden (capital market line) größer wird, weil sich die erwartete Ertrags-Risiko-Relation am Markt verbessert hat (fallende Marktzinsen bzw. steigende Ertragsaussichten im Aktienbereich). Der riskant angelegte Anteil sollte aber auch dann größer werden, wenn die Risikotoleranz des Investors z. B. bei wachsendem Vermögen oder zusätzlichen Erträgen aus anderen Vermögensbereichen des Anlegers zunimmt.

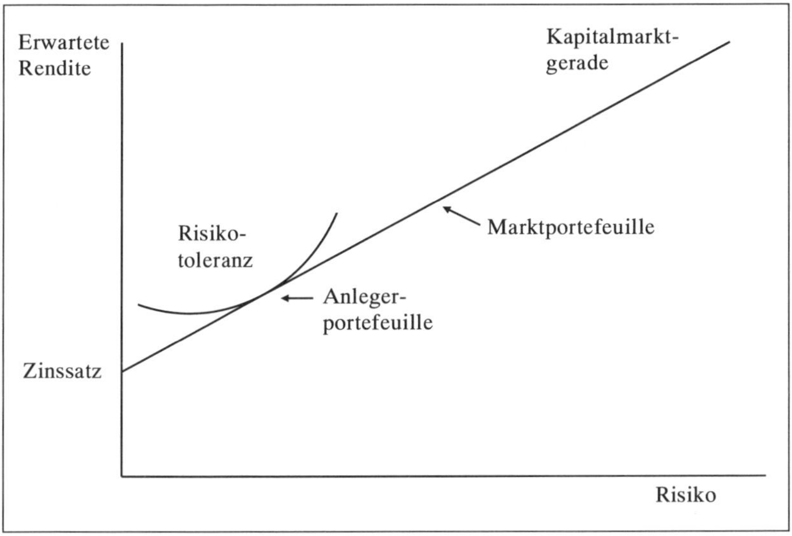

Die Kunst des Portefeuillemanagements besteht darin, ein Gespür für den von Erwartungen geprägten Verlauf der Kapitalmarktlinie und für die tatsächliche Risikobereitschaft oder Risikotoleranz des Anlegers zu entwickeln. In beiden Fällen kann nämlich die ex-post-Sicht (nach der Anlageentscheidung) ganz anders ausfallen als die ex-ante-Erwartung (vor der Entscheidung). Portefeuillemanagement ist keine Hellseherei, sondern gezielter, rationaler und professioneller Umgang mit dem Risiko. Dieses Management zielt zugleich auf eine Stabilisierung und Steigerung der Portefeuilleerträge.

Risk-Return-Beziehung und Aktienbewertung

In diversifizierten Portefeuilles kann es nicht sinnvoll sein, das Risiko einer Aktie isoliert zu messen und beispielsweise durch die Standardabweichung ihrer Renditen, d. h. ihre Volatilität, zu beschreiben. Das Risiko einer Aktie muß vielmehr im Portefeuillezusammenhang gesehen und gemessen werden. Wenn beispielsweise 60 Prozent des Einzelrisikos im Portefeuillezusammenhang vernichtet werden, dann interessiert nur noch der Risikobeitrag der Aktie zu diesem »Restrisiko« von 40 Prozent. Die Größe zur Messung des Aktienrisikos im Portefeuillezusammenhang bezeichnet man als Portefeuillerisiko einer Aktie. Dieses Portefeuillerisiko einer Aktie läßt sich besonders einprägsam beschreiben, wenn das angesprochene Capital Asset Pricing Model gilt. In diesem Fall besteht nämlich ein linearer Zusammenhang zwischen dem Erwartungswert einer Aktienrendite und dem Portefeuillerisiko dieser Aktie im Marktportefeuille. In Theorie und Praxis bezeichnet man dieses Risiko als systematisches Risiko einer Aktie und mißt es als β-Risiko, d. h. als Regression der Aktienrendite an der Marktrendite. Grafisch wird dieser Zusammenhang durch die Wertpapiermarktgerade oder security market line dargestellt.

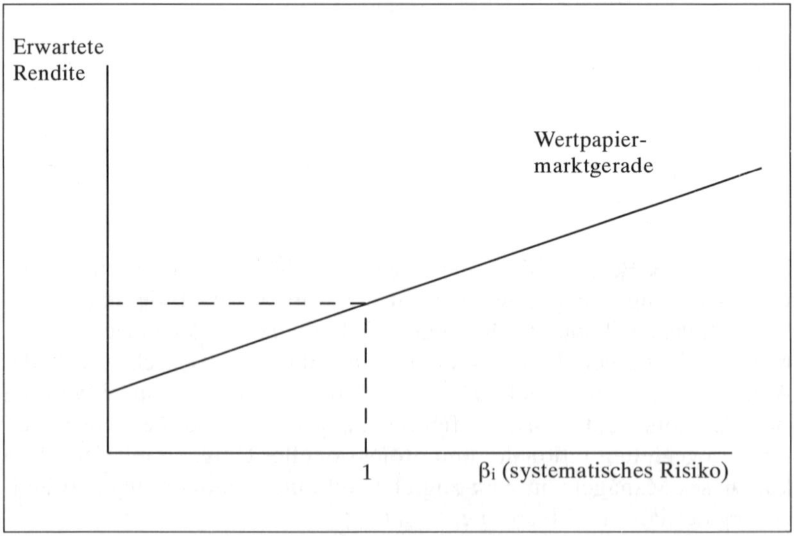

Ob der durch die Wertpapiermarktgerade dargestellte Zusammenhang auch eine sinnvolle Beschreibung des Zusammenhangs von Aktienrenditen im Zeitablauf ist, ist in den letzten Jahren Gegenstand einer Fülle empirischer Tests und praktischer Anwendungen an unterschiedlichen Aktienmärkten. In der Diskussion beachtet wird insbesondere die Aussage von Fama und French (1993), die auf der Basis von Zeitreihen über 50 Jahre für den amerikanischen Aktienmarkt festgestellt haben, daß die Wertpapiermarktgerade keine geeignete Beschreibung des Renditeverhaltens der amerikanischen Aktien war, sondern daß vielmehr bereits die Größe des Unternehmens und das Verhältnis des Buchwertes zum Marktwert des Eigenkapitals eine gute Erklärung der durchschnittlichen Aktienrendite ermöglicht. Für die Diskussion von Bedeutung ist auch der sogenannte Intervallingeffekt, wonach die Höhe der geschätzten Betawerte der Aktien wesentlich von den gewählten Renditelaufzeiten abhängt. Im allgemeinen erhöhen sich nämlich die Betawerte mit zunehmendem Renditeintervall, weil der Intervallingeffekt von der Liquidität der Aktie abhängt, wobei allerdings bislang keine für alle Aktien gleichmäßig geltende Aussage bestätigt werden kann.

Ein zum Capital Asset Pricing Model alternativer Ansatz zur Erklärung und Prognose von Aktienkursen bzw. Aktienrenditen ist die von Ross (1976) entwickelte Arbitrage Pricing Theory (APT). Diesem Ansatz zufolge läßt sich die Entwicklung der Renditen von Aktien im Zeitablauf aus bestimmten makroökonomischen Faktoren, wie z. B. der Entwicklung der Wechselkurse, der Inflationsrate, dem Zinsniveau oder anderen gesamtwirtschaftlichen oder branchenspezifischen Indizes, sogenannten Faktoren, erklären. Diese erklärenden Faktoren werden in einem linearen Modell zusammengefaßt, das die Sensitivitäten der Rendite der Aktie bezüglich der extrahierten Faktoren als systematische Risiken beinhalten und einen Zufallsterm, der das unsystematische Risiko erfaßt. Die Faktoren sind entweder als Makrogrößen fest vorgegeben (wie z. B. im BARRA-Modell) und dann auch gut interpretierbar, oder sie werden erst im Zuge einer statistischen Analyse ermittelt, haben dann häufig einen höheren Erklärungsgehalt, sind aber nicht oder weniger gut interpretierbar. Die APT wertet die statistisch erarbeiteten Faktormodelle zur Erklärung der Risikoprämien der Aktien im Kapitalmarktgleichgewicht aus.

Im einfachsten Fall kann die aktuelle Aktienrendite aus einem einzigen Faktor erklärt werden. Dieses Modell bezeichnet man dann als Ein-Index- oder Marktmodell. Das Marktmodell, bei dem die Aktienrendite durch den Zusammenhang mit einem einzigen Faktor erklärt wird, ist vielfältiger Gegenstand der Betrachtung von Markteffizienzuntersuchungen, aber auch Ausgangspunkt für praktikable Modelle der Portfolio Selection. Unter geeigneten Annahmen sind die Aussagen des Marktmodells, des CAPM und der APT miteinander kompatibel.

Erfahrungen mit der Anwendung des Portfolio Selection-Modells von Markowitz zur Festlegung des optimalen Aktienportefeuilles zeigen, daß diese Optimierungstechnik häufig zu zwar rechnerisch richtigen, praktisch aber irrelevanten Lösungen führt. Dagegen kann häufig schon ein einfaches Schema der naiven Diversifikation der in Betracht gezogenen Aktien zu akzeptableren Ergebnissen führen. Dieses Phänomen hat zu vielfältigen Bemühungen in der Praxis geführt, den hohen Informationsanforderungen der Portfoliotheorie durch die Organisation eines geeigneten Asset-Allocation-Ansatzes zu begegnen.

Die klassische Optimierungstechnik der Portefeuille Selection stellt darauf ab, daß der Investor ein Portefeuille zu realisieren sucht, das für ein vorgegebenes Risikoniveau einen möglichst hohen Erwartungswert der Rendite ermöglichen soll. Bei vorgegebenen Erwartungswerten, Varianzen und Kovarianzen der Renditen der in Betracht gezogenen Aktien führt die Lösung auf die optimalen Aktienanteile des Portefeuilles, d. h. die Anlagebeträge, die in die einzelnen Titel investiert werden sollen. Die Menge der ertragsmaximalen Portefeuilles, die bei unterschiedlichen Risikovorgaben realisiert werden sollen, definiert den effizienten Rand der möglichen Portefeuilles. In einem solchen Ansatz führt die Optimierung des Portefeuilles unmittelbar zu der praktisch zu realisierenden Asset Allocation, so daß es also in diesem Fall noch keinen Widerspruch zwischen der klassischen Optimierungstechnik und der Asset Allocation-Entscheidung gibt.

Die Vorgehensweise der klassischen Portfolio Selection bietet auch für die Praxis wesentliche Vorteile: Die unterschiedlichen Zielsetzungen und Restriktionen des Anlegers können wirksam erfaßt und berücksichtigt werden. In vielen praktischen Fällen müssen bei der Konstruktion des effizienten Randes bestimmte Nebenbedingungen berücksichtigt werden. Beispielsweise kann ein bestimmter Portefeuilleumfang vorgegeben sein; in anderen Fällen müssen Nichtnegativitätsbedingungen berücksichtigt werden; andere Anlagestrategien erfordern die Berücksichtigung von Obergrenzen für einzelne Titel oder die Einbeziehung von Transaktionskosten. Auch der Risikogehalt des Portefeuille unterliegt stets der

Portefeuillesteuerung, ist also vom Anlagemanagement wirksam zu beeinflussen. Schließlich kann der Zufluß neuer Informationen ohne Schwierigkeiten in eine entsprechende Revision der realisierten Portefeuilleanteile umgesetzt werden.

Einsatzprobleme der Portfolio Selection im Portfoliomanagement

Der in der Praxis vielleicht wesentlichste Grund dafür, daß die Banken und Fonds dennoch kaum aufgrund von Optimierungstechniken zu ihrer Portefeuillegestaltung finden, ist vermutlich geschäftspolitischer Natur, da eine solche Vorgehensweise starke Implikationen für die Organisation des Anlageprozesses mit sich bringen würde. Insbesondere würde der Einsatz von Optimierungstechniken die integrative Funktion des Anlageausschusses in Frage stellen und die Stellung des quantitativen Research stärken, was keineswegs immer von allen Organisationsmitgliedern begrüßt werden dürfte. Darüber hinaus zeigt die Erfahrung, daß selbst dann, wenn auf der Basis quantitativer Ansätze argumentiert wird, Portefeuilleentscheidungen dennoch letztlich in ein eher qualitatives Management eingebracht werden. Die »gerechneten« und »optimierten« Portefeuilles sind nämlich in vielen Fällen im Anlageausschuß nicht durchsetzbar.

Der Grund für die mangelnde Durchsetzbarkeit liegt vornehmlich in der Tatsache begründet, daß die Realisierung eines optimalen Portefeuilles im Sinne der Portfolio Selection häufig mit sehr hohen Schätzfehlern verbunden ist. Jede Schätzung der Ertragserwartungen und Risiken der einzelnen Aktien unterliegt unvermeidlich einem Schätzfehler. Die optimale Lösung übergewichtet daher jene Aktien, die hohe geschätzte Renditen, negative Korrelationen und kleine Varianzen aufweisen.

Jobson und Korkie (1981) begründen den Schätzfehler mit dem Rückgriff auf historische Daten, da die »wahren« Erwartungswerte und die »wahren« Kovarianzen nicht bekannt sind, sondern auf der Basis der historischen Stichprobe ermittelt werden. Damit der entsprechende Schätzfehler nicht zu groß wird, sollte eine möglichst lange Zeitreihe ausgewertet werden, das führt aber zum Konflikt mit den sich im Zeitablauf dauernd verändernden Marktkonditionen. Insgesamt zeigt sich, daß eine Markowitz-Optimierung mit der Schätzung der Erwartungswerte und Varianzen aufgrund historischer Renditen typischerweise zu einer vergleichsweise schlechten Anlagepolitik führt. Eine Simulation der optimalen Portefeuilles aus einer Grundgesamtheit bekannter multivariater Verteilungen der Monatsrenditen von 20 Aktien ergab deutliche Abweichungen des Sharpe-Koeffizienten (Risikoprämie pro Standardabweichung der Portefeuillerendite) des Durchschnitts der simulierten optimalen Portefeuilles vom bekannten optimalen Portefeuille und eine deutlich geringere Abweichung beim Vergleich mit einem gleichgewichteten Portefeuille. Auch Chopra und Ziemba (1993) stellten fest, daß Fehlspezifikationen der Renditeverteilungen zu großen Portefeuilleabweichungen führen, wobei Fehler in den Ertragsschätzungen in ihren Experimenten zehnmal so wichtig sind wie Fehler in den Varianzen und Kovarianzen (wobei die Bedeutung von der Risikoeinstellung des Investors abhängt). Schließlich stellen sie fest, daß Fehler bei der Schätzung der Varianzen doppelt so schwer wiegen wie Fehler bei der Schätzung der Kovarianzen. Das führt zu dem Ergebnis, daß das Hauptaugenmerk auf den Ertragsschätzungen liegen sollte, gefolgt von guten Schätzungen der Varianzen. Ist sich der Anleger bei den Ertragsschätzungen unsicher, dann kann er beispielsweise alle Schätzwerte gleichsetzen und statt dessen eine Minimierung der Portefeuillevarianz anstreben.

Die Optimierungsrechnungen übersehen darüber hinaus häufig die Tatsache, daß Portefeuillemanager die Liquidität ihres Aktienbestandes mit berücksichtigen müssen. Wenn eine beabsichtigte Gewichtsverschiebung im Portefeuille bei dem betreffenden Wert zu einer deutlich veränderten Angebots- oder Nachfragestruktur führt, dann läßt sich die Portefeuilleumschichtung auf der Basis der geschätzten Werte nicht realisieren, weil der Eingriff in den Markt kontraproduktive Kurseffekte induziert. Große Portefeuilles sehen daher in der Regel nur moderate Veränderungen ihrer Portefeuilleanteile im Zeitablauf vor.

Weitere Probleme ergeben sich im Hinblick auf unterschiedliche Grade der Unsicherheit bezüglich der Schätzwerte bei verschiedenen Aktien, die im Optimierungsansatz nicht berücksichtigt werden können, sowie im Hinblick auf die Robustheit der Lösung, wenn schon sehr kleine Veränderungen im Input der Schätzdaten zu drastischen Veränderungen in der Portefeuillezusammensetzung führen.

Da der ursprüngliche Portfolio-Selection-Ansatz erhebliche Schwächen aufweist, sind Versuche unternommen worden, Verbesserungen im Optimierungsprocedere zu erreichen. So konzentriert sich der sogenannte Benchmarkansatz der Asset Allocation auf mögliche Abweichungen der Portefeuillezusammensetzung von einem vorgegebenen Aktienkursindex (bzw. Performanceindex). Die Definition eines Referenzportefeuilles (Benchmark) stabilisiert die Ergebnisse des Ansatzes und führt zu einer größeren Bedeutung des Optimierungsergebnisses für den praktischen Prozeß der Aktienanlage.

Obwohl die meisten Nachteile des Portfolio-Selection-Ansatzes bei der Nachbildung eines Index-Portefeuilles nicht ins Gewicht fallen, basieren auch die populären Methoden des Index Tracking, die Replikation (möglichst vollständige Nachbildung) und das Stratified Sampling (Nachbildung mit einer geringeren Anzahl von Aktien) nicht auf dem Optimierungsmodell (Index-Tracking-Ansatz). Selbst bei »Tilted« Index-Fonds, die den Tracking Error bezüglich eines Index minimieren und gleichzeitig andere Portefeuillecharakteristika zu maximieren versuchen, ist die Verwendung eines Optimierungsmodells unüblich.

Haugen und Baker (1990) gehen von der Feststellung aus, daß ein Marktindex aus steuerlichen Gründen, wegen der für die meisten Anleger geltenden Nichtnegativitätsrestriktionen bei der Portefeuillezusammenstellung, wegen heterogener Informationen der Marktteilnehmer und anderer Portefeuillebeschränkungen kein effizientes Portefeuille sein kann. Andererseits kann ein speziell berechnetes Portefeuille mit einer minimalen Varianz relativ frei von diesen Beschränkungen berechnet werden. Die Autoren zeigen, daß dieses Portefeuille nicht nur eine kleinere Varianz als der Markt aufweist, sondern auch eine höhere Durchschnittsrendite. Die Autoren schließen daraus, daß ein Minimum-Varianz-Portefeuille im Gegensatz zu einem Marktindex tatsächlich effizient ist. Wenn auch zur Berechnung dieses varianzminimalen Portefeuilles mehrere Wege offenstehen und die Frage erst noch zu beantworten sein wird, ob mit diesen Portefeuilles tatsächlich zusätzliche Erträge verbunden sind, die höher als die des Marktportefeuilles anzusetzen sind (Winston 1993), so zeigen die Ergebnisse dennoch, daß es lohnend sein kann, neue Referenzportefeuilles zu definieren.

Asset Allocation gilt seit geraumer Zeit als Inbegriff jedes professionellen Wertpapier- und Anlagemanagements. Der Ansatz der Asset Allocation basiert auf den Erkenntnissen der dargestellten Portfoliotheorie, die im Hinblick auf die praktischen Belange des Anlage- und Fondsgeschäfts um- und neugestaltet wird. Die Portfoliotheorie, die in ihrer Grundform den Prozeß der Zusammenstellung einer bestimmten Auswahl von Aktien zu einem optimalen Aktienportefeuille beschreibt, unterstellt dabei rationales und risikoscheues Verhalten der Kapitalanleger. Die hohen Informationsanforderungen und Schätzprobleme des Modells stehen im Kreuzfeuer der Kritik und haben den Weg zu dem für die Praxis typischen Asset-Allocation-Prozeß geebnet.

Der Terminus Asset Allocation bezeichnet eine bestimmte Vorgehensweise im Portfoliomanagement, nämlich die Strukturierung eines gesamten Anlegerportefeuilles in Sektoren, Asset-Komponenten oder Märkte. Beispielsweise wird im Rahmen der Asset Allocation global über die Portefeuilleanteile für in- und ausländische Titel, für Aktien- und Rentenwerte oder für bestimmte Branchenanteile befunden. Die Komponenten werden als Assets bezeichnet; Gegenstand der Asset Allocation ist somit die strategische Entscheidung über die relativen Anlagevolumina in den verschiedenen Asset-Klassen. Welche der verfügbaren oder denkbaren Anlagen als mögliche Assets ins Auge gefaßt werden, richtet sich nach institutionellen Gegebenheiten und Vorentscheidungen, die zumeist selbst nicht Gegenstand des Asset Allocation-Prozesses sind, z. B. bei Vorabfestlegung eines Fonds auf inländische Werte oder auf Rentenwerte.

Asset Allocation unterscheidet sich als globaler Ansatz grundsätzlich von der Einzeltitelauswahl, dem Stock Picking (z. B. auf der Basis fundamentaler oder technischer Analysen). Im Gegensatz zur »bottom-up«-Vorgehensweise einer solchen Einzeltitelauswahl, die leicht zu Zufallsportefeuilles führt, wird mit dem »top-down«-Ansatz der Asset Allocation das Augenmerk auf die Struktur des Portefeuilles gelenkt. Dennoch benötigt natürlich jede Asset Allocation in der Realisierung bestimmte Anlagemedien (Finanztitel) und konkretisiert sich daher in der Regel in Kaufentscheidungen über diverse Aktien- und Rentenwerte.

Portfoliosimulationen und Portfolioexperimente

Während die klassische Portfoliotheorie die Optimierungsbedingungen für Aktienportefeuilles unter streng definierten Bedingungen auf idealtypischen Märkten untersucht und die empirischen Arbeiten zur Portfoliotheorie die Ergebnisse realer Kapitalanlageprozesse im Sinne einer Performancemessung analysieren, werden Simulationen von Portfolio- und Kursbildungsprozessen zur Herausarbeitung spezieller Erkenntnisse eingesetzt. Im Mittelpunkt der Betrachtung von Kursbildungsprozessen steht das Orderverhalten von Anlegern, denen ein unterschiedlicher

Informationsstand unterstellt wird. Hier können unterschiedliche Portefeuillezusammenstellungen beobachtet werden, aus denen beispielsweise geschlossen werden kann, daß heterogene Informationsverteilungen unter Umständen höhere Kurse bewirken als die in der Kapitalmarkttheorie typischerweise angenommene homogene Verteilung der Informationen, oder, daß heterogene Informationen das Bedürfnis nach Leerverkäufen auslösen können und ein Verbot von Leerkäufen die Attraktivität der Informationsbeschaffung reduzieren kann (Gerke 1992). Jobson und Korkie (1981) sowie Chopra und Ziemba (1993) konnten, wie bereits erwähnt, bezüglich des Portefeuillebildungsprozesses mit Hilfe der Simulation auf die unterschiedlich große Bedeutung der Schätzkomponenten für die optimalen Portefeuilleanteile aufmerksam machen.

Grundsätzlich geht die Portfoliotheorie, wie oben erwähnt, von der Annahme eines rationalen Verhaltens des Investors aus. Da diese Annahme für die Theorieergebnisse besonders einschneidend ist, wird in Kapitalmarktexperimenten unter verschiedenartigen Bedingungen geprüft, ob die Portefeuilleentscheidungen der Teilnehmer des Experiments in Übereinstimmung mit den Aussagen der Portfoliotheorie getroffen werden. Bei Abweichungen kann dann untersucht werden, ob dies an einer mangelnden Eignung der Theorie oder eher an dem begrenzt rationalen Verhalten der Entscheidungsträger im Kapitalmarktexperiment liegt. Die bisherigen Untersuchungen haben erhebliche Abweichungen zwischen dem beobachteten und dem theoretisch optimalen Entscheidungsverhalten zutage gefördert, in einigen Bereichen aber auch erfreuliche Übereinstimmungen gefunden. Die Ergebnisse weiterer Forschungen auf diesem Gebiet werden vermutlich auch in Zukunft noch praxisrelevante Anstöße zur Weiterentwicklung der Portfoliotheorie geben.

Literatur

Brinson, G. P./Singer, G. P./Beebower, G. L., Determinants of Portfolio Performance II: An Update, Financial Analysts Journal, May-June 1991, S. 40–48.

Chopra, V. K./Ziemba, W. T., The Effect of Errors in Means, Variances, and Covariances on Optimal Portfolio Choise, Journal of Portfolio Management 19 (1993), No. 2, S. 6–11.

Elton, E. J./Gruber, M. J., Modern Portfolio Theory and Investment Analysis, 3. Aufl., New York 1987.

Fama, E. F./French, K. R., Common Risk Factors in the Returns on Stocks and Bonds, Journal of Financial Economics 33 (1993), S. 3–56.
Gerke, W., Portefeuille-Theorie, in: Handwörterbuch der Betriebswirtschaft, Stuttgart 1993, Bd. 2, Sp. 3263–3273.
Haugen, R. A., Modern Investment Theory, Englewood Cliffs 1990.
Haugen, R. A.,/Baker, N. L., Dedicated Stock Portfolio, Journal of Portfolio Management 16 (1990), No. 4, S. 17–22.
Haugen, R. A./Baker, N. L., The Efficient Market Inefficiency of Capitalization-Weighted Stock Portfolios, Journal of Portfolio Management 17 (1991), No. 3, S. 35–40.
Hielscher, U., Investmentanalyse, München 1990.
Hockmann, H. J., Die Entscheidung institutioneller Anleger zwischen internem und externem Portfolio Management, in: D. Boening/H. J. Hockmann, (Hg.), Bank- und Finanzmanagement, Wiesbaden 1993, S. 303 ff.
Jobson, J. D./Korkie, B., Putting Markowitz Theory to Work, Journal of Portfolio Management 7 (1981), No. 4, S. 70–74.
Markowitz, H. M., Portfolio Selection, Journal of Finance 1952, S. 77–91.
Markowitz, H. M., Portfolio Selection – Efficient Diversifiaction of Investments, 1959.
Michaud, R. O., The Markowitz Optimization Enigma: Is »Optimized« Optimal?, Financial Analysts Journal 45 (1989), No. 1, S. 31–42.
Ross, St., The Arbitrage Theory of Capital Asset Pricing, Journal of Economic Theory 1976, S. 341–360.
Rudd, A./Clasing, H. K., Modern Portfolio Theory, The Principles of Investment Management, 2. Aufl., Orinda, Calif. 1988.
Rudd, A./Rosenberg, B., Realistic Portfolio Optimization, TIMS Studies in Management Sciences 11 (1979), S. 21–46.
Rudolph, B., Zur Theorie des Kapitalmarktes, Zeitschrift für Betriebswirtschaft, 1979, S. 1034–1067.
Rudolph, B., Kapitalmarkttheorie, in: Handwörterbuch der Betriebswirtschaft, Stuttgart 1993, Bd. 1, Sp. 2113–2125.
Sharpe, W. F., Capital Asset Prices: A Theory of Market Equilibrium under Conditions of Risk, Journal of Finance 1964, S. 425–442.
Sharpe W. F./Alexander, G. J., Investments, 4. Aufl., 1990.
Tobin, J., Liquidity Preference as Behavior towards Risk, Review of Economic Studies, 1958, S. 65–86.
Treynor, J. L./Black, F., How to Use Security Analysis to Improve Portfolio Selection, Journal of Business 1973, S. 66–86.
Winston, K., The »Efficient Index« and Prediction of Portfolio Variance, Journal of Portfolio Management 19 (1993), No. 3, S. 27–34.

Einsatzmöglichkeiten von Systemen künstlicher Intelligenz im Fondsmanagement

Armin G. Jacobi

Wie kann man intelligente Systeme von herkömmlichen informationsverarbeitenden Systemen unterscheiden? Intelligenz ist nach A. Wenzl die Fähigkeit zur Erfassung und Herstellung von Bedeutungen, Beziehungen und Sinnzusammenhängen. Intelligenz in informationstechnischen Systemen bedeutet somit, daß durch das koordinierte Zusammenspiel aller Komponenten intelligente Entscheidungen in diesem Sinne herbeigeführt werden können, bzw. Mustern und Erscheinungen aus einer spezifischen Domäne durch Abstraktion und das Herstellen von Beziehungen und Sinnzusammenhängen Bedeutung beigemessen werden kann. Intelligente Systeme ihrerseits lassen sich für unsere Zwecke wie folgt charakterisieren: Sie bestehen aus mehreren voneinander unabhängigen Teilen, die miteinander vernetzt sind. Die Vernetzung erfolgt durch Informationsaustausch. Weitere Grundeigenschaften von stabilen und leistungsfähigen intelligenten Systemen sind ihre Offenheit und Adaptionsfähigkeit. Anhand dieser einfachen Klassifikation von Intelligenz und intelligenten Systemen sind mögliche Systeme auszuwählen und auf ihre Einsatztauglichkeit im Fondsmanagement zu untersuchen.

Aufgaben und kritische Erfolgsfaktoren des Fondsmanagements

Bevor eine Entscheidung fällt, welche intelligenten Systeme zur Unterstützung des Fondsmanagements sinnvoll sind und zum Einsatz kommen können, ist es lohnenswert, sich Gedanken darüber zu machen, welche die wesentlichen Aufgaben und die kritischen Erfolgsfaktoren im Fondsmanagement sind. Anschließend kann eine Betrachtung stattfinden, wie neuere, intelligente Systeme zum Einsatz kommen können, um die Leistungsfähigkeit und den Erfolg des Fondsmanagements zu erhöhen. Abschätzungen, inwieweit sich diese intelligenten Systeme positiv auf die kritischen Erfolgsfaktoren auswirken, geben Hinweise auf die Erfolgswahrscheinlichkeit und den potentiellen Nutzen.

Der Grundgedanke des Fondsmanagements ist das antizipierende Verhalten, um Gewinne zu realisieren, die über dem Durchschnitt der entsprechenden Risikoklasse liegen (z. B. vergleichbare Fonds anderer Gesellschaften). Diesem Grundgedanken steht allerdings entgegen, daß es prinzipiell keine Methode gibt, die Zukunft über längere Zeiträume zu prognostizieren. Stellvertretend für unzählige Wissenschaftler, die bereits zu dieser Erkenntnis kamen, sei Markl[1] zitiert: »Es gibt keine Methode, die Zukunft vorauszusehen. Das ist keine Frage der Rechnerkapazität, sondern eine grundsätzliche Grenze der Vorhersagbarkeit von Entwicklungen in nichtlinearen komplexen Systemen.«

Diese Erkenntnis hat auch die stürmische Entwicklung der derivativen Finanzinstrumente zur Risikoabsicherung begünstigt. Antizipierendes Verhalten kann daher über den Faktor Geschwindigkeit erreicht werden. Dieser Vorsprung bei der Informationsbeschaffung ist allerdings instabil. Ein dauerhafter Wettbewerbsvorteil ist allein über die Geschwindigkeit der Informationsbeschaffung nicht zu erreichen. Ein Wettbewerbsvorteil kann erst dann entstehen, wenn es gelingt, mit offenen adaptiven Systemen diesen Vorteil des schnellen Beschaffens, Analysierens und Reagierens immer wieder neu zu erzeugen. Nachfolgend werden die wesentlichen Aufgaben des Fondsmanagements aufgelistet. Anschließend sollen die wichtigsten kritischen Erfolgsfaktoren exemplarisch aufgeführt werden, um eine Grundlage für die Untersuchung der Einsatzmöglichkeiten intelligenter Systeme zu schaffen. Tabelle 1 enthält die wichtigsten Tätigkeiten, die beim Management von aktiven Portfolios und Fonds entstehen.

Welche kritischen Erfolgsfaktoren gibt es im Fondsmanagement? *Der* kritische Erfolgsfaktor im Fondsmanagement ist das Erreichen bzw. Übertreffen der mit den Kunden vereinbarten Benchmark, bzw. das Übertreffen der relevanten Indizes, wenn in bestimmten Märkten investiert wird (z. B. das Übertreffen des F.A.Z.-Index bei Investments im deutschen Aktienmarkt). Aus diesem kritischen Erfolgsfaktor lassen sich jedoch keine strategischen Überlegungen, geschweige denn Aktionspläne und Umsetzungsstrategien ableiten. Daher ist es ratsam, kritische Erfolgsfaktoren auf einer handlungsrelevanten Ebene zu suchen. Tabelle 2 (Seite 98) versucht, einige dieser Faktoren aufzuzählen.

Im wesentlichen lassen sich drei Gruppen von intelligenten Systemen unterscheiden:

Tätigkeit	Frequenz	Randbedingungen
Entscheidung, in welche Märkte, Asset-Klassen (Global Asset Allocation) und welches Volumen investiert werden soll	einmalig oder selten	Absprache mit Kunden, Marktzugang, Gesetze, Systemunterstützung durch Modelle zur Asset Allocation
Festlegen der Benchmark	einmalig oder selten	Absprache mit Kunden, mögliche Assets, Gesetze, mathematische Meßverfahren
Fortlaufende Asset Allocation	14tägig bis quartalsweise	Gesetze, Transaktionskosten, Researchverfahren, verwendete Modelle, vereinbarte Benchmark
Stock Picking (genereller Object Picking)	täglich bzw. bei Änderungen bestehender Entscheidungsstrukturen	Fundamentale Daten, Marktkennzahlen, Portfoliotheorie, kurzfristige Indikatorsysteme, Tradingsysteme, Timingsysteme
Absicherung	unbestimmt	Gesetze, Märkte, mathematische Modelle, um Hedgeverhältnisse zu bestimmen
Simulation von Entscheidungen	täglich	Mathematische Modelle und Tools
Performancemessung	unbestimmt je nach Kundensituation	Meßverfahren, mathematische Möglichkeiten
Unterstützende Tätigkeiten: Mikroresearch, Makroresearch, fundamentales Research, quantitatives Research, Optimierung, kapitalmarkttheoretische Grundlagen	unbestimmt je nach Handlungsbedarf und Zwang obiger Tätigkeiten	Kapazitäten, externe Lieferanten, Komplexität und Verwendbarkeit von Ergebnissen

Tabelle 1: Management aktiver Portfolios und Fonds

– Mathematische sowie statistische Modelle und Verfahren, um Märkte zu simulieren und daraus Prognosen abzuleiten. Beispiele für solche Systeme sind komplexe Portfoliomanagementsysteme, die auf Kapi-

Geschwindigkeit der 1. Informationsbeschaffung 2. Informationsgewinnung 3. Verarbeitung und Transformation zur Entscheidungsvorbereitung 4. Entscheidung und Ausführung
Statistische **Erfolgswahrscheinlichkeit** der Bewertungs- und Prognosemodelle
Konsistenz, Transparenz und Stringenz der Entscheidungen
Effiziente und integrierte **unterstützende Systeme**
Effizienz der nachgelagerten Bereiche (Abwicklung, Verwaltung, Überwachung)
Integration von Informationsinfrastruktur, eingesetzten applikationsnahen Systemen und den Ablauforganisationen
Kundenorientierung bezüglich Individualität, Flexibilität, Ziel- und Ergebnisorientierung sowie Professionalität der Beratung

Tabelle 2: Kritische Erfolgsfaktoren

talmarkttheorien aufbauen, oder ökonometrische Modelle, um z. B. die Zinsstrukturkurve, das Wirtschaftswachstum etc. zu prognostizieren bzw. Änderungen zu simulieren. Wichtig ist, daß diese Systeme auch nichtlineare, komplexe Zusammenhänge erfassen und sich verändernden Gegebenheiten anpassen können. Obwohl es schwierig ist, intelligente mathematische Modelle entsprechend der eingangs beschriebenen Definition zu entwickeln, werden diese Modelle hinzugezogen, um eine bessere Vergleichsmöglichkeit der weiteren genannten Systeme zu erreichen.

– Expertensysteme und logische Modelle, um empirisches und zum Teil heuristisches Wissen zu verarbeiten und anschließend für Handlungsanweisungen auszuwerten. Bei den Expertensystemen werden verschiedene Formen unterschieden. Unterscheidungskriterien sind unter anderem, ob Wahrscheinlichkeiten und Unsicherheiten bezüglich des Wahrheitsgehaltes verarbeitet werden und welche Verfahren zur Inferenz (Folgerung aus dem vorhandenen Wissen) angewendet werden. Prinzipiell spricht man von Expertensystemen, wenn mindestens die folgenden Komponenten vorhanden sind: eine Wissensbasis, in der Fakten und Regeln in einer logischen Form strukturiert werden können; eine Inferenzmaschine, welche anhand bestimmter Anfragen automatisch die Wissensbasis konsultiert und Ergebnisse ableiten kann; eine Wissenserwerbskomponente, um Wissen einzugeben und widerspruchsfrei zu speichern und eine Erklärungskomponente, um die Ergebnisse plausibel zu machen.

– Neuronale Netze, welche durch einen Lern- und fortlaufenden späteren Anpassungsprozeß versuchen, Muster und Strukturen zu erkennen und daraus Aussagen über zukünftiges Verhalten dieser Muster und Strukturen abzuleiten. Neuronale Netze sind informationsverarbeitende Systeme, die sich aus einer Vielzahl primitiver, gleichförmiger, in Schichten angeordneter Knoten, auch Neuronen genannt, zusammensetzen. Die Struktur der Netze wird auch Topologie genannt. Innerhalb der Knoten erfolgt die Verarbeitung aufgrund eines Schwellenwerteffektes. Die Verarbeitung durch die Knoten erfolgt hochparallel. Es können auch nichtlineare und rückbezügliche Zusammenhänge abgebildet werden. Durch die Gewichtung der Übertragung zwischen den Knoten wird die Adaptivität und Lernfähigkeit der Systeme hergestellt. Neuronale Netze lernen in der sogenannten Trainingsphase anhand von Beispielen. In dieser Phase wird das Netz adaptiert und es werden die wesentlichen Zusammenhänge der Beispiele herausgefiltert. Aufgrund der Verwendung von speziellen Lernverfahren in der Trainingsphase paßt das Netzwerk die Gewichtsverteilung den Strukturen der Testdaten an. Das Netz adaptiert sich selbständig an den gewählten und durch Daten präsentierten Ausschnitten der Umwelt. Anschließend erfolgt eine Testphase, in deren Verlauf evaluiert wird, ob die Trainingsphase erfolgreich abgeschlossen wurde. Während der Anwendungsphase reagiert das Netz dann entsprechend seiner Erfahrung und den dadurch etablierten Strukturen.

Sowohl für Expertensysteme als auch für neuronale Netze gibt es sogenannte Shells, die alle wesentlichen Komponenten der Systeme zur Verfügung stellen, so daß man sich bei Verwendung der Shells im wesentlichen auf die Lösung der Problemstellung konzentrieren kann. Auch für die Bildung mathematischer Modelle gibt es statistische und mathematische Softwarepakete.

Anwendungsgebiete intelligenter Systeme im Fondsmanagement

Simon[2] mißt Entscheidungsprozesse anhand einer Skala zwischen strukturiert und völlig unstrukturiert. Bei strukturierten Entscheidungen sind die Vorgehensweisen, um eine optimale Lösung zu bekommen, bekannt. Man kann sich vordefinierter Modelle bedienen, um eine Lösung zu erhalten. Bei unstrukturierten Entscheidungen spielt die Intuition eine größere Rolle. Der Entscheidungsprozeß enthält Ad-hoc-Elemente und eine subjektive Färbung. Bei unstrukturierten Problemen konnten bisherige Systeme wenig Hilfestellung geben. Entscheidungen im Fondsmanagement tragen oft diese unstrukturierten Züge, da nicht alle notwendigen Informationen bekannt sind oder beschafft werden können, zumal die Komplexität der Struktur der Märkte und der wirtschaftlichen Zusammenhänge sehr hoch ist, was genaue Modelle unmöglich macht. Ein besonderes Augenmerk muß daher den zusätzlichen Möglichkeiten gelten, welche intelligente Systeme in diesem Bereich liefern. Mit mathematischen und statistischen Modellen wurden bereits die meisten Erfahrungen gesammelt. Diese Modelle haben im Fondsmanagement ein breites Anwendungsspektrum; vor allem für die Asset Allocation und die Optimierung von Portfolios. Die Verfahren für die Asset Allocation und die Optimierung beruhen hauptsächlich auf kapitalmarkttheoretischen Modellen (z. B. das CAPM- und APT-Modell). Der Diversifikationsgedanke steht im Vordergrund.

Bei dem unterstützenden Research werden sie vor allem im makroökonomischen, volkswirtschaftlichen Bereich zur Prognose und Simulation und zur Marktanalyse und Kennzahlenberechnung eingesetzt. Sie dienen somit der Entscheidungsunterstützung und der Entscheidungsvorbereitung. Da klassische statistische Verfahren mit vordefinierten Modellen arbeiten, die sich nicht automatisch neuen Gegebenheiten anpassen, hat man in neueren Modellen versucht, flexible Mechanismen einzusetzen, die erst im Gebrauch durch Parametervariation weiter spezialisiert werden. Dadurch sollen generische adaptive Ansätze zum Einsatz kommen.

Expertensysteme befinden sich bereits seit mehr als einem Jahrzehnt im Einsatz. Die Anzahl der im Fonds- und Portfoliomanagement und seinen Randgebieten eingesetzten Systeme ist allerdings gering. Expertensysteme versuchen empirisches und zum Teil auch heuristisches unscharfes Wissen von Personen auf logische Strukturen abzubilden (im einfachsten Fall handelt es sich um Wenn-Dann-Regelwerke). Diese logischen Strukturen werden dann durch Befragung und das Herleiten von Ergebnissen über sogenannte Inferenzmaschinen ausgewertet.

Einsatzgebiete im Portfoliomanagement sind das Bewerten und Überwachen von Assets sowie das Filtern von Informationen zur Entscheidungsvorbereitung. Ein weiterer Schwerpunkt des Einsatzes von Expertensystemen sind Systeme, die die Beratungsleistungen von Personen unterstützen. Daher werden Expertensysteme meist der eigentlichen Erstellung optimierter Portfolios im Fondsmanagement vorgelagert. Bei der Beratung geht es vor allem um die Quantifizierung und Bewertung der Risikosituation des Kunden und damit um einen Prozeß, der die spätere Portfoliostrukturierung steuert und determiniert. Expertensysteme stellen eine Mischung aus expliziter Modellvorgabe und abgeschlossenem Suchraum dar, denn Lösungselemente und damit heuristisches Wissen wird zwar explizit deklariert, aber die eigentliche Lösungsfindung unter Verwendung dieser Lösungselemente erfolgt weitgehend automatisch durch die oben erwähnten Inferenzverfahren.

Neuronale Netze haben in den letzten Jahren einen großen Aufschwung erfahren. Auch in der Finanzindustrie werden sie bereits vielfach eingesetzt. Ökonomische Strukturen werden untersucht und ihre komplexen nichtlinearen Zusammenhänge abgebildet. Neuronale Netze werden vor allem zur Prognose, zur Simulation sowie zur Portfoliooptimierung anhand der Prognosen eingesetzt. Es gibt bereits eine Vielzahl von universitären und privatwirtschaftlichen Untersuchungen und Applikationen mit zum Teil ermutigenden Ergebnissen. Neuronale Netze zeichnen sich durch ihre gute Lernfähigkeit aus und durch die Möglichkeit, Bereiche mit zahlreichen, unsicheren, überlagerten und verrauschten Einflußfaktoren ebenfalls gut analysieren zu können (vor allem unvollständige und deformierte Muster). Die Lernfähigkeit erlaubt eine schnelle Adaption an die sich ständig verändernde Umwelt. Im Gegensatz zu Expertensystemen kommt man dabei ohne explizite Formulierung von Lösungselementen aus. Neuronale Netze lassen sich sehr gut für die von Simon aufgeführten Entscheidungsprozesse verwenden, da sie selbständig lernen und damit eine logische Strukturierung komplexer Entscheidungssituationen entfällt. Allerdings benötigen neuronale Netze hierfür lange Datenreihen und möglichst viele Parameter, um eine relevante Problemsituation möglichst erschöpfend zu erfassen. Das Training des Netzes gestaltet sich entsprechend aufwendig. Auch die zu wählende

Topologie des Netzes und der Lernalgorithmus sowie die Dauer und Überprüfung des Trainings müssen geplant, getestet und eventuell neu geplant werden.

Tabelle 3, Seiten 104–105, zeigt die Vor- und Nachteile der drei verschiedenen Ansätze. Die Bewertungsgrößen sind rein qualitativ zu verstehen und nur relativ bezüglich einer Zeile zu interpretieren. Die erste Zeile besagt z. B. lediglich, daß neuronale Netze bezüglich der Modellierung mathematischen Modellen und diese wiederum Expertensystemen überlegen sind.

Der Erfolgsfaktor Geschwindigkeit kann nur im Rahmen eines Zusammenspiels aller Komponenten, die den Entscheidungsprozeß beeinflussen, erreicht werden. Neuronale Netze können hier als Einzelkomponente allerdings einen wesentlichen Beitrag leisten, da sie sich sehr schnell auf neue Situationen einstellen können. Dies bedeutet, daß die Datentransformation zur Entscheidungsvorbereitung bei einer sich ändernden Umwelt sehr schnell angepaßt werden kann. Neuronale Netze leisten einen entscheidenden Beitrag, um die Prognosesicherheit gegenüber bisherigen Verfahren zu erhöhen. Bezüglich der Erhöhung der statistischen Erfolgswahrscheinlichkeit der Bewertungs- und Prognosemodelle leisten neuronale Netze einen entscheidenden Beitrag. Hierbei ist allerdings zwischen rein qualitativen Aussagen und Punktprognosen zu unterscheiden. Punktprognosen (Wo steht die Siemens Aktie in zehn Tagen?) sind auch mit neuronalen Netzen nutzlos. Bei Trendprognosen und dem Erkennen von kritischen Situationen an bestimmten Märkten werden neuronale Netze anderen Tools mit großer Wahrscheinlichkeit in naher Zukunft überlegen sein. Allerdings gibt es noch wenige umfassende Untersuchungen. Die Konsistenz, Transparenz und Stringenz der Entscheidungen im Fondsmanagement läßt sich sowohl mit Expertensystemen (Transparenz) als auch mit mathematischen Modellen (Stringenz, Konsistenz) steigern. Expertensysteme leisten in ihrer Unterstützung der kundennahen Berater einen entscheidenden Beitrag, um z. B. die Anlegerpräferenzen in bestimmte Benchmarks oder Grundstrukturen von Fonds umzusetzen; sie erhöhen damit die Transparenz von Fondsstrukturen. Mathematische Modelle, vor allem Portfoliooptimierungsmodelle und Asset-Allocation-Modelle, erhöhen die Konsistenz der Entscheidungen, da alle Entscheidungen automatisch aufgrund derselben Annahmen getroffen und aus diesen abgeleitet werden.

Die Effizienz von unterstützenden Bereichen kann von keinem der

Systeme nachhaltig gesteigert werden. Expertensysteme können allerdings einen entscheidenden Beitrag zur automatischen Überwachung von Portfolios bezüglich der gesetzlichen Vorschriften (Compliance Office) leisten und damit die Experten in diesem Bereich unterstützen und entlasten. Auch der gesamte Bereich des Monitoring und der Frühwarnsysteme kann mit Expertensystemen gesteigert werden. Die Integration sämtlicher unterstützender Systeme und Abläufe kann mit intelligenten Systemen nicht per se gesteigert werden. Allerdings ist es ein kritischer Erfolgsfaktor beim Einsatz der intelligenten Systeme, daß sie keine Inseln darstellen, sondern daß sie in die betrieblichen und informationstechnischen Abläufe voll integriert sind.

Vor allem die kundennahe Beratung kann mit Expertensystemen verbessert werden. Expertensysteme erlauben es, Kunden (Privatkunden, institutionelle Kunden) individuell und umfassend zu beraten. Die Expertensysteme versuchen dabei z. B., eine der Kundensituation angepaßte Portfoliostruktur zu entwickeln. Diese vorgegebene Struktur kann anschließend mit mathematischen Modellen optimiert werden. Indirekt ermöglichen alle intelligenten Systeme eine größere Kundennähe, da sie aufgrund der Automatisierung von Entscheidungsprozessen mehr Zeit für die Kundenbetreuung ermöglichen. Auch die Professionalität der Anlageentscheidungen kommt natürlich dem Kunden zugute.

Eine der wichtigsten und globalsten Forderungen bezüglich des Einsatzes intelligenter Systeme ist die vollständige Integration in das informationstechnische und organisatorische Umfeld des Fondsmanagements. Isolierte Lösungen können keinen sinnvollen Beitrag zur marktgerechten Ausrichtung und Unternehmung leisten, da zu viele Reibungsverluste entstehen. Integration auf informationstechnischer Ebene impliziert, daß zum Einsatz kommende intelligente Systeme mit bestehenden Systemen sinnvoll verknüpft werden, vor allem die Integration und Anbindung von Datenbanken. Zeitreihen, fundamentale Daten, makro- und mikroökonomische Kennzahlen, die Ausgangspunkt der meisten intelligenten Systeme sind, werden mit Datenbanksystemen verwaltet.

Der Einsatz intelligenter Systeme erfordert auch eine direkte Einspeisung von Kursdaten. Hierzu müssen, genauso wie im Bereich der Datenbanken, entsprechende Schnittstellen mit den notwendigen Vorverarbeitungen, Transformationen und Filtern geschaffen werden. Der Aufwand für die Anbindung der Datenbanken und die Übernahme externer Daten

Aspekt	Neuronale Netze	Bewertung	Expertensysteme	Bewertung	Mathematische, statistische Modelle	Bewertung
Modellierung komplexer Zusammenhänge	Ausgezeichnete Möglichkeiten, komplexe nichtlineare Zusammenhänge abzubilden.	+ + +	Da die Zusammenhänge strukturiert werden müssen, ist die Möglichkeit, komplexe Systeme zu modellieren, eingeschränkt.	–	Auch komplexe, sich ändernde Zusammenhänge können modelliert werden, allerdings müssen die Zusammenhänge explizit modelliert werden.	+
Flexibilität	Automatische Adaptivität, schnelles Lernen.	+ + +	Änderungen bezüglich der Anpassung des Systems aufwendig.	–	Anpassungen aufwendig, vor allem, wenn das Modell geändert werden muß.	–
Konfidenz und Überprüfbarkeit der Ergebnisse	Schwierig, da sich das System nicht erklären kann. Sensitivitäten können Aufschluß geben. Abhängigkeit von den eingegebenen Daten und ihrer Menge (Länge von Zeitreihen).	–	Gute Erklärungsmöglichkeit, da alles Wissen explizit formuliert ist.	+ + +	Gute Erklärungsmöglichkeit, da Modellzusammenhänge und Abhängigkeiten klar.	+ +
Lernfähigkeit und Adaptivität	Sehr einfach, da das System jederzeit neu trainiert werden kann (z. B. bei Strukturbrüchen) bzw. sich selbständig neuen Mustern und Zusammenhängen anpaßt.	+ +	Aufwendig, da die Wissenskomponente »manuell« angepaßt und neu strukturiert werden muß.	–	Zum Teil einfach, da sich Modelle durch Parametrisierung anpassen lassen, werden jedoch die Grenzen der Anpassung überschritten, nimmt der Arbeitsaufwand stark zu.	+
Funktionsfähigkeit und Verständnis des Modells	Gute theoretische Grundlagen, einfache mathematische Zusammenhänge, schwieriges Verständnis der Ergebnisse, keine Eindeutigkeit.	–	Logik, verständliche Mathematik und Modellbildung, eindeutige Ergebnisse, gutes Verständnis der Ergebnisse.	+	Zum Teil sehr komplexe und aufwendige mathematische Zusammenhänge, eindeutige Ergebnisse.	+

Aspekt	Neuronale Netze	Bewertung	Expertensysteme	Bewertung	Mathematische, statistische Modelle	Bewertung
Modellierung von unscharfem, heuristischem Wissen und Strukturen	Gut, da das System selbständig lernt, müssen die Strukturen nicht klassifiziert und modelliert werden.	+	Zum Teil möglich, jedoch müssen erkannte Unschärfen und Ungenauigkeiten explizit formuliert werden. Allgemeines Wissen und allgemeines Verständnis für Problemlösungsprozesse schwierig zu realisieren.	+	Schwierig, da das Modell sehr schnell komplex wird.	–
Erkennen von Inkonsistenzen	Fast unmöglich, da die Erklärbarkeit der Zusammenhänge nicht gegeben ist.	–	Relativ einfach mit den Mitteln der mathematischen Logik, auf der das ganze System aufbaut.	+ +	Einfache, da das System klare deterministische und konvergente Verfahren besitzt und heuristisches Wissen nicht verarbeitet wird.	+ +
Aufwand zur Erstellung von Systemen	Daten müssen vorverarbeitet und gefiltert werden. Trainingsphasen notwendig, Daten müssen beschafft werden. Aufwände am Anfang groß (Art des Netzes, Lernalgorithmus, Tests), anschließend abnehmend.	+	Aufwendiges Erstellen der Wissensbasis. Test der verschiedenen Inferenzmechanismen.	–	Modellformulierung und Eingabe aufwendig. Datenbeschaffung notwendig.	o
Fehlertoleranz bezüglich Daten und System	Hoch, da auch fehlerhafte und unvollständige Daten verarbeitet werden können und das System den Ausfall einiger Knoten verkraften kann.	+ +	Keine automatische Fehlertoleranz, System kann allerdings fehlertolerant gestaltet werden.	+	Keine Fehlertoleranz.	–

Tabelle 3: Vor- und Nachteile intelligenter Systeme

sollte nicht unterschätzt werden. Anwendererfahrungen zeigen, daß bis zu 70 Prozent des Abreitsaufwandes für die Vorverarbeitung im weitesten Sinne aufgebracht wird. Auch die Ergebnisse sollten mit bestehenden Systemen – Front-End-Tools – verknüpft werden. Dadurch haben alle Fondsmanager direkten Zugriff auf entscheidungsrelevante Ergebnisse. Im organisatorischen Umfeld ist es vor allem wichtig, die bestehenden Verfahren der Portfoliosteuerung mit den neueren Ansätzen sinnvoll zu verknüpfen. Bestehende Optimierungsmodelle, z. B. Asset-Allocation-Modelle, werden durch neue Systeme meist nicht überflüssig, sondern ergänzen sich ganz im Gegenteil mit neueren Ansätzen oft sehr gut und können dadurch zusätzlichen Nutzen erzeugen.

Die Akzeptanz der neuen Systeme seitens des Fondsmanagements ist ein weiterer Erfolgsfaktor. Nur wenn alle beteiligten Mitarbeiter von der Vorteilhaftigkeit der neuen Verfahren für das Unternehmen überzeugt sind, lassen sich die Verfahren auch mit Erfolg einsetzen. Schulung und Ausbildung sollten bei der Einsatzplanung solcher Systeme sorgfältig geplant und mit den Mitarbeitern diskutiert werden, um Hemmschwellen abzubauen und eine positive und konstruktive Einstellung zu fördern. Durch die aktive Einbeziehung der Mitarbeiter können intelligente Systeme auch ständig adaptiert und verbessert werden (z. B. Retraining von neuronalen Netzen).

Expertensysteme und neuronale Netze bieten ein sehr erfolgversprechendes Grundinstrumentarium, um vor allem dem prognostischen Bereich als Grundlage des Fondsmanagements neue Impulse zu geben. Sie besitzen zusätzlich den interessanten und vielversprechenden Vorteil, daß bei ihnen Wissen und Strukturen nicht symbolisch und logisch explizit formuliert werden müssen, sondern daß diese zum Teil äußerst komplexen nichtlinearen Zusammenhänge automatisch generiert werden. Für viele Einsatzbereiche ist auch weiterhin der mathematische Ansatz eine wichtige Alternative. Mit den mathematischen Modellen wurden die meisten Erfahrungen gesammelt. Expertensysteme und vor allem neuronale Netze stecken dagegen noch in weiten Bereichen in den Kinderschuhen. Neuronale Netze versprechen allerdings zumindest im prognostischen Bereich alle bisher dagewesenen Verfahren zu übertreffen oder zumindest mit diesen gleichzuziehen.

Gerade im prognostischen Bereich muß allerdings vor übertriebenen Erwartungen gewarnt werden. Schon allein das bisher nicht widerlegte Prinzip der schwachen Informationseffizienz[3], muß zur Skepsis bezüglich aller Ansätze mahnen. Vor zu großer Euphorie sei daher nachhaltig gewarnt. Allerdings wurde bereits – zumindest empirisch – durch neuronale Netze nachgewiesen, daß die halbstrenge Informationseffizienzhypothese nicht gilt[3,4], was bedeutet, daß neuronale Netze bei Analysen, die auf fundamentalen Zeitreihen beruhen, erfolgreich eingesetzt werden können.

Eine Ergänzung aller drei Systemansätze wird sich wahrscheinlich auf längere Sicht als der Königsweg erweisen, denn schon jetzt zeigt sich, daß das Zusammenspiel, z. B. künstliche neuronale Netze für die Prognose, Expertensysteme für die Beratung, mathematische Modelle für die Optimierung, den größten Nutzen verspricht. Eine Kombination der drei Verfahren (zusammen mit einigen Basiskomponenten zur Datenübernahme und Aufbereitung) verspricht auch die größte Erfolgswahrscheinlichkeit, was die Meisterung des Faktors Geschwindigkeit betrifft, um einen nachhaltigen und dauerhaften Wettbewerbsvorteil zu erreichen. Nur wenn ein ausgeklügeltes Zusammenspiel der Informationsbeschaffung, Analyse, Entscheidungsvorbereitung, -umsetzung und Erfolgskontrolle gelingt, ist der Einsatz der einzelnen Komponenten in einer Fondsmanagementgesellschaft gerechtfertigt.

Anmerkungen

1 Hubert Markl in der Wochenpost vom 13.05.1993.
2 H. Simon: The New Science of Management Decision, New York Harper and Row, 1960.
3 Heinz Rehkugler, Thorsten Poddig: Künstliche neuronale Netze in der Finanzanalyse: Eine neue Ära der Kursprognosen?, in Wirtschaftsinformatik 5/91, Vieweg Verlag.
4 Colin Windsor, Antony Harker: A Neural Network Study, INNC International Neural Network Conference, Paris, Kluwer Academic Publi-shers, Dordrecht, 1990.

Fondsgeschäfte und Bankpolitik

Heinz-Jörg Platzek

Das Bankgewerbe durchläuft gegenwärtig eine Phase des Wandels. Das Zusammenrücken der internationalen Geld- und Kapitalmärkte sowie eine Welle von Finanzinnovationen blieben nicht ohne Auswirkungen auf die Bankenwelt. Insbesondere im Wertpapiergeschäft der Kreditinstitute vollziehen sich ausgeprägte Veränderungen, nicht zuletzt deshalb, weil sich auch die Kunden und ihre Ansprüche signifikant gewandelt haben. Allein schon vor dem Hintergrund der bemerkenswert hohen jährlichen Vermögensbildung der privaten Haushalte, einem damit einhergehenden rapide steigenden Geldvermögen, zunehmender Vermögenstransformation durch Erbschaften und einer wachsenden Bedeutung privater Altersvorsorge sehen sich die Banken vor neue Herausforderungen gestellt: Marketing als an den Bedürfnissen der Kunden orientierte Unternehmenspolitik im Hinblick auf Produkte und Vertriebswege verlangt nach geeigneten Strategien, nach operational formulierten Zielen für die entsprechenden Geschäftsbereiche und nach tragfähigen Konzepten zu deren Umsetzung.

Bewußtseinswandel der Privatanleger

In dem veränderten Umfeld hat sich bei den Privatanlegern sukzessive ein ausgeprägter Bewußtseinswandel hin zur Wertpapieranlage entwickelt. Heutige Bankkunden sind zudem in Geldfragen gut informiert und verhalten sich ebenso kritische wie in anderen Bereichen des Wirtschaftslebens. Mehr denn je erwarten sie nicht allein marktgerechte Renditen, sondern in erster Linie eine kompetente, umfassende Beratung. Diesem Bedarf zu entsprechen – für den Kunden sachgerecht und für die Bank im betriebswirtschaftlichen Sinn effizient – bildet demnach eine zentrale Herausforderung.

Im Rahmen des sich daraus ableitenden Marketingkonzeptes kommt den Investmentfonds innerhalb des Produktsortiments deshalb eine gewichtige Position zu, deren Bedeutung in den nächsten Jahren weiter zunehmen dürfte. Dies um so mehr, als zugleich der Konkurrenzkampf um die attraktive Gruppe der Privatkunden an Intensität zunimmt. Die steigende Zahl der Anbieter hat bereits heute einen heftigen Verdrängungswettbewerb ausgelöst, der im Zuge der Verwirklichung des Europäischen Binnenmarktes noch an Schärfe gewinnen dürfte. Die von der EG vorangetriebene Deregulierung – in erster Linie das Prinzip der Niederlassungsfreiheit sowie die gegenseitige Anerkennung von Produkten und der jeweiligen Heimatland-Kontrolle – öffnet nun den deutschen Markt auch für Banken aus den übrigen EG-Ländern, ohne von Aufsichtsbehörden durch regulatorische Auflagen behindert zu werden.

Daß unter diesen vielschichtigen Rahmenbedingungen das Wertpapiergeschäft einer isolierten Betrachtung nicht mehr standhält, sondern in eine ganzheitliche Serviceleistung rund um die Vermögensanlage eingebunden sein muß, liegt auf der Hand. Es ist nicht mehr die pauschale Denkweise, die zu richtigen Entscheidungen führt, sondern ein professionelles Abwägen eines breiten Spektrums von Möglichkeiten. Nur integrierte, miteinander vernetzte Lösungen können für beide Seiten den Nutzen maximieren. Die strategische Ausrichtung der Bankpolitik unter diesen Vorzeichen stellt sich demnach als eine Grundvoraussetzung dar, um dem sich abzeichnenden Strukturwandel adäquat und erfolgreich begegnen zu können. Entscheidende Erfolgsfaktoren dabei sind:

- ein Produkt- und Beratungsangebot, das auf die unterschiedlichen Bedürfnisse der verschiedenen Kundensegmente ausgerichtet ist,
- hohe Produktqualität bei gleichzeitig hoher Effizienz,
- vertretbare, d. h. marktgerechte Preise für die jeweiligen Dienstleistungen.

Selbstverständlich ist damit eine strikte Trennung nach Kundengruppen – Privatkunden jeglicher Vermögensgröße, Firmenkunden und institutionelle Anleger – verbunden, denn im Mittelpunkt steht nicht mehr das Produkt, sondern der Kunde. Dessen Anlageziele und Anlagesummen, sein Anlagehorizont und seine persönliche Anlagementalität, also sein Risikoprofil und seine Vorstellungen hinsichtlich Rendite, Sicherheit und Liquidierbarkeit, sind bedeutende Determinanten im Beratungsprozeß. Dabei erwarten die Kunden von ihrer Bank statt der pauschalen Bereitstellung eines umfangreichen Produktsortiments eine individuelle Problemlösung. Mit anderen Worten: Einer qualitativ veränderten Nachfrage steht ein Bedarf nach strukturierter, konzeptioneller Vermögensberatung gegenüber, der die Produktzuordnung nachgelagert ist. Strukturierte Vermögensberatung schließt dabei sowohl das Vermitteln von »Anlagetips« als auch hektische Umtauschoperationen aus. Vor der Entscheidung für bestimmte Anlageformen steht eine umfassende Vermögensstrukturanalyse, die sämtliche relevanten Daten erfaßt, also eine komplette Betrachtung der finanziellen Situation darstellt, und schließlich in eine Lösung mündet, die sich keineswegs auf Wertpapierprodukte beschränkt.

Neben dem klassischen Einlagegeschäft zählen dazu ebenso Versicherungsprodukte wie Immobilien und Kredite. Zugleich fließen steuerliche Erwägungen in die Vermögensanlagekonzepte ein. Aufgrund der weitreichenden finanziellen Konsequenzen hat sich die Optimierung der Steuerbelastung zu einem elementaren Bestandteil einer problemorientierten Vermögensbetreuung entwickelt. Je nach Zielsetzung muß eine optimale Kombination zwischen steuerfreiem Kapitalzuwachs und steuerpflichtigen Erträgen gefunden werden. Eine derartig breit angelegte Vermögensberatung wurde noch vor wenigen Jahren lediglich von einem kleinen Kreis wohlhabender Kunden nachgefragt; sie ist heute jedoch ein zentrales Bedürfnis breiter Kundenkreise geworden, die nunmehr einen Großteil der bislang selbst übernommenen Tätigkeiten im Sinne der Arbeitsteilung auf den Berater der Bank delegieren.

Mithin stellt sich die Analyse des Kundenverhaltens und der Kundenwünsche als der wesentliche Schritt dar, um Aufschlüsse über die Nachfragestruktur zu erhalten. Erst den so ermittelten Kundenpräferenzen kann eine sinnvolle Anlagekonzeption folgen, erst dann lassen sich entsprechend den jeweiligen Bedürfnissen und Vorstellungen gruppenbezogene Produktbündel zuordnen. Hierbei muß es sich um hochgradig bedarfsgerechte Lösungen handeln, die unter den gegebenen Voraussetzungen stets das denkbar Optimale darstellen. Die Qualität des Angebots ist mit Blick auf die scharfe Konkurrenz verständlicherweise in hohem Maße ausschlaggebend für die Festigung und den Ausbau der Marktstellung, weil sie die Basis für eine dauerhafte Kundenbeziehung darstellt.

Dennoch ist der einmal gefundene Asset-Mix sich ständig ändernden Bedingungen unterworfen. So wechseln im Zeitablauf sowohl die Vorgaben des Kunden als auch die Marktverhältnisse. Dies erfordert nicht nur ein permanentes Hineindenken in die Kundenwünsche, sondern auch umfangreiches Know-how bezüglich der internationalen Börsen, um ständig eine adäquate Länder-, Währungs-, Branchen- und Titelallokation sowie den marktgerechten Einsatz des derivaten Instrumentariums zu sichern. Allerdings ist allein schon aus Risikoüberlegungen Kunden mit kleineren und mittleren Anlagevolumina nicht gedient, wenn ihnen exotische Aktien oder komplizierte Kapitalmarktinstrumente empfohlen werden. Daraus ergibt sich nahezu zwangsläufig, daß nicht permanent und flächendeckend Kapazitäten für derart beratungsintensive Instrumente bereitgehalten werden sollen und müssen. Den unterschiedlich komplexen Kundenansprüchen kann ein Service nach der Devise »Alles für alle überall« nicht mehr gerecht werden. Letztlich gilt es für die Bankinstitute, das klassische betriebswirtschaftliche Problem der optimalen Ressourcenallokation zu lösen.

Investmentfonds stellen Qualität und Effizienz sicher

Schon allein daraus leitet sich die Notwendigkeit einer breiten, systematischen Fondspalette ab, die die strategische Ausrichtung des Bankgeschäfts auf die neuen Erfordernisse begleitet, denn mit Fonds können nahezu alle Kundengruppen adäquat bedient werden. Als professionelle Vermögensverwaltung sind Investmentfonds transparent, kostengünstig und haben in der wettbewerbsintensiven Praxis ihre Leistungsfähigkeit seit vielen Jahren bewiesen. Nicht zuletzt dank des disziplinierten Einsatzes moderner, klar nachvollziehbarer und strategisch orientierter Portfoliotechniken, wie beispielsweise fundamentales Research verknüpft mit quantitativen Ansätzen, kann sich die Performance der meisten Fonds im Vergleich zur Direktanlage sehen lassen. Auch deshalb genießen sie bei Kapitalmarktexperten eine hohe Wertschätzung. Abgesehen davon, läßt die Vermögenssituation vieler Kunden, insbesondere unter Risikogesichtspunkten, keinen angemessenen Spielraum für Direktanlagen zu. Demgegenüber stellt ein Fonds mit seinem hohen Diversifikationsgrad eine optimierte Vermögensanlage dar, die beweist, daß Qualität und Effizienz keinen Widerspruch darstellen müssen. Im übrigen wurde die Angebotspalette im Investmentgeschäft mittlerweile so verfeinert, daß auch vermögendere Kunden diese Anlageform zunehmend nutzen, um sich die Chancen der nationalen und internationalen Kapitalmärkte zu erschließen. Viele Banken verfügen heute über eine breite Palette verschiedener Fonds mit klar definierten Anlagezielen, die jeder Anlegergruppe eine vom Ertrags- und Risikoprofil erwiesenermaßen attraktive Alternative zur Direktanlage bietet.

Neben global anlegenden Fonds steht ein facettenreiches Angebot an auf besondere Anlageschwerpunkte ausgerichteten Aktien-, Renten-, Spezialitäten- und Immobilienfonds zur Auswahl. Entsprechend den Anlagerichtlinien übernimmt die Fondsgesellschaft die kontinuierliche Marktbeobachtung sowie die Anlageauswahl hinsichtlich Titeln, Branchen, Ländern und Timing. Von den Vorteilen einer derart standardisierten Vermögensverwaltung profitieren alle Kundensegmente, sowohl unter Ertrags- als auch unter Kostengesichtspunkten. Selbst institutionelle Investoren bedienen sich, vielfach in Form von Spezialfonds, in wachsendem Umfang der Fondsidee. Der anhaltend boomende Markt für diese Anlageform belegt ganz plastisch ihre wachsende Bedeutung.

Auch für die Kreditinstitute ergeben sich Vorteile, die zugleich dem Kunden zugute kommen: Mit dem Einsatz von Investmentfonds läßt sich der Beratungsaufwand reduzieren, da nicht mehr Einzelwerte, sondern Konzepte vermittelt werden. Somit steht dem Berater mehr Zeit für die vom Kunden geforderte ganzheitliche Beratung und Betreuung zur Verfügung.

Für einen Großteil der Anleger bilden die breit anlegenden Rentenfonds und Aktienfonds gewissermaßen den Einstieg in die Wertpapieranlage. Dabei ermöglichen flexible Anlagevarianten eine optimale Feinabstimmung auf ihre besonderen Bedürfnisse. So läßt die hohe Funktionalität der offerierten Investmentkonten und Sparpläne die regelmäßige Investition selbst kleiner Summen zu. Bei einem systematischen Ansparprozeß erschließt sich der Anleger den kostengünstigen Kauf, denn er erwirbt seine Fondsanteile zu attraktiven Durchschnittspreisen, nutzt also das, was unter Fachleuten als »Cost Averaging« bezeichnet wird.

Bausteine für die Vermögensverwaltung

Investmentfonds eignen sich in besonderer Weise auch als Bausteine für größere Vermögensportefeuilles. Vor allem, wenn die Länderaktienfonds oder Spezialitätenfonds zum Einsatz kommen, ist jedoch eine höhere Beratungsintensität erforderlich. Länderfonds sind ein einfach einzusetzendes Instrument, um gezielt Auslandsmärkte einzubeziehen, also international geographische Schwerpunkte oder auch Branchengewichte zu setzen. Vielfach ist selbst bei sehr hohen Anlagevolumina nur in Ausnahmefällen ein Engagement in Einzelwerten sinnvoll. So sollte einer gängigen Faustregel zufolge die Vermögensanlage pro Land mindestens zwanzig bedeutende Titel umfassen. Zudem ist eine Reihe interessanter Börsen, etwa in den südostasiatischen Schwellenländern, Investitionen auf direktem Weg verschlossen. Demgegenüber bieten Länderfonds die Beteiligung an einem professionell geführten Portefeuille aus Werten eines einzelnen Marktes, das dessen Ertrags-Risiko-Profil effizient abbildet. Gut geführte Länderfonds können die Wertentwicklung des repräsentativen Marktindexes häufig sogar unter geringeren Risiken übertreffen; ihr Wert schwankt mithin weniger als der Durchschnitt aller notierten Aktien.

Investmentfonds als hochwertige Geldanlageprodukte haben seit geraumer Zeit schon die Grenzen zur Vermögensverwaltung fließender werden lassen. Allein die Tatsache, daß viele professionelle Vermögensverwalter zunehmend auf Fonds zurückgreifen, läßt einen wachsenden Trend vom Stock Picking hin zum Fonds Picking erkennen. Damit deutet sich eine Entwicklung an, die auf geradezu klassische Weise als Arbeitsteilung gelten kann: Der Berater bedient sich ganz im Sinne von »Lean Management« für bestimmte Problemstellungen im Rahmen der »strukturierten Vermögensberatung« spezialisierter Fondsmanager.

Zunehmend erwarten die Anleger von den Banken bei der Betreuung ein Höchstmaß an zeitlicher Flexibilität und die Bereitschaft zu Beratungsgesprächen auch außerhalb der üblichen Geschäftszeiten. Hier setzt die Tätigkeit von Außendienst-Vertriebseinheiten ein, die von namhaften Banken mittlerweile unterhalten werden und eine beachtliche Resonanz gefunden haben. Gerade weil dieser Vertriebsweg so kundenfreundlich ist, konnte er sich schnell etablieren. Erfolgskomponenten sind die umfassende finanzielle Lebensplanung und eine ausgereifte Beratungs- und Analysesoftware. Auch hier kommen – am Ende des Beratungsprozesses – häufig Fondsprodukte zum Einsatz, da – ähnlich wie in der stationären Bankberatung selbst – meist ein Bündel von Einzelentscheidungen zu treffen ist und mithin Fonds mehr Freiraum für die weitere Planung zulassen.

Der Einsatz leicht verständlicher und effizienter Produkte wie Investmentfonds sie nun einmal darstellen, darf allerdings nicht mit der Anonymisierung von Kunden mit kleineren und mittleren Vermögen gleichgesetzt werden. Die Banken begreifen dieses Kundensegment vielmehr in seiner Individualität und streben mit dem Einsatz von Investmentfonds eine bedarfsgerechte Beratung an. Letzten Endes ist das breite Privatkundengeschäft ein Kernbereich, der nur dann einen dauerhaften Ergebnisbeitrag liefert, wenn es gelingt, auch Kunden mit geringeren Kapitalbeträgen eine angemessene Rendite zu bieten.

Bei der Konzentration auf die aktuellen Herausforderungen im Wertpapiergeschäft unter besonderer Berücksichtigung des Stellenwertes von Investmentfonds darf die Preisgestaltung nicht unerwähnt bleiben.

Transparente Preisgestaltung

Es ist auffallend, wie sensibel die Öffentlichkeit auf Preisveränderungen im Finanzdienstleistungssektor reagiert. Offensichtlich ist das Bewußtsein dafür, daß Bankdienstleistungen Kosten verursachen, noch wenig ausgeprägt. Dabei bleiben meist unbeachtet, welche Vorleistungen erbracht werden müssen, um die gewünschte Beratung und Betreuung bereitzustellen, attraktive, leistungsfähige Produkte anzubieten und mit einer entsprechend anspruchsvollen technischen Ausstattung zu realisieren. So erfordert ein umfassender Kundenservice zwangsläufig eine entsprechend hohe Mitarbeiterzahl. Intensive Aus- und Weiterbildungsmaßnahmen sollen die fachliche Qualifikation der im Wertpapiergeschäft tätigen Berater sicherstellen. Researchkapazitäten müssen geschaffen werden, und die zunehmende Integration der Finanzmärkte macht ein technologisch hochwertiges Informationsnetz erforderlich. Im Gegensatz zu vielen anderen Dienstleistern trägt dabei die Bank dennoch das Risiko des Nichtabschlusses: Die Beratung ist für den Kunden kostenlos – auch wenn sie nicht zu einem Geschäftsabschluß führt.

In der Regel sind die privaten Anleger bereit, einen guten Service auch entsprechend zu honorieren. Im Interesse der Kunden ist jedoch eine transparente Preisgestaltung eine essentielle Voraussetzung, um die Nachfrage auf diejenigen Anlageinstrumente zu lenken, die die kostengünstigste Umsetzung der Anlageziele ermöglichen. Dabei kommt den Fonds eine Reihe von Vorteilen zu. Sie erwerben die entsprechenden Wertpapiere meist zu wesentlich besseren Konditionen, können »Mengenrabatte« erzielen und niedrigere Transaktionskosten realisieren. Dies kompensiert in der Regel ihre Managementgebühr und die Ausgabekosten.

Die Entwicklung zeigt, daß sich allmählich die Auffassung durchsetzt, daß mit Investmentfonds allen Anlegergruppen ein qualitativ hochwertiges und außerordentlich kostengünstiges Anlageinstrument zur Verfügung steht. Daher besteht gerade im Falle kleinerer und mittlerer Engagements kein Anlaß, den Weg eines in Direktanlagen unzureichend diversifizierten, risikoreicheren und letzten Endes auch teureren Portfolios zu wählen. Der bereits in Gang befindliche Trend zur Vermögensverwaltung mit Investmentfonds läßt vermuten, daß die Bedeutung und der Stellenwert der Fonds im Produktsortiment der Kreditinstitute weiter zunehmen wird, vor allem auch unter dem Gesichtspunkt der wettbewerbsbedingten Notwendigkeit, den Kunden stets unter Berücksichtigung der jeweiligen individuellen Wünsche und Möglichkeiten das Produkt mit der höchsten Rendite bieten zu müssen.

Strukturvertrieb und Investmentfonds

Reinfried Pohl

1992 kauften deutsche Privatanleger Investmentanteile im Wert von fast 63 Milliarden DM. Die Investmentfonds waren damit mit gut 20 Prozent an der privaten Ersparnisbildung beteiligt. Die Tendenz ist weiter steigend. Die deutsche Investmentbranche könnte zufrieden sein, gäbe es da nicht den internationalen Vergleich: Laut Statistik der europäischen Investmentvereinigung investiert jeder EG-Bürger durchschnittlich 3500 DM in Investmentfonds, der deutsche Bürger lediglich rund 1800 DM. Folgerichtig sucht die Branche nach weiteren Absatzchancen ihrer Publikumsfonds, also Fonds, die von Privatkunden erworben werden.

Stationärer versus mobiler Vertrieb

Nach Angaben von Branchenkennern werden in Deutschland die Investmentprodukte zu etwa 90 Prozent über den Bankenvertrieb, also stationär, verkauft. Dies liegt an der Struktur der Gesellschafter von Kapitalanlagegesellschaften, die sich überwiegend aus Kreditinstituten zusammensetzt. Über das Filial- und Zweigstellennetz der Gesellschafterbanken werden die Fondsanteile von den Anlage- und Wertpapierberatern plaziert. Dieser etablierte Bankenvertrieb hat zwar Volumen gebracht, für die dahinter stehende Investmentbank jedoch kaum neue Kunden gewonnen. Dieses Manko konnte man auch nicht durch Produktinnovationen, die vorübergehend Wettbewerbsvorteile brachten, ausgleichen. Die Konkurrenz zog in kurzer Zeit mit gleichen Fondstypen nach, wie man am Beispiel der neuen Fondskonstruktion »Laufzeitfonds« belegen kann. Unter dem Begriff »strukturierter Vertrieb« haben nun die Banken begonnen, den institutgebundenen Absatzweg für ihre Produkte zu modifizieren, indem sie Außendienste bilden. Diese angestellten Mitarbeiter, meist mit Zusatzprovisionen ausgestattet, arbeiten zielgruppenorientiert im Mengengeschäft mit standardisierten Produktangeboten. Ob dadurch für das Investmentgeschäft entscheidende Impulse ausgehen, bleibt fraglich; denn primär werden wohl über diese Schiene originäre Bankprodukte plaziert werden.

Bei den Versicherungsgesellschaften und Bausparkassen war der Außendienst schon immer die wichtigste Vertriebsgröße, um ihre Produkte an den Mann zu bringen. Um so erstaunlicher ist es, daß die Lebensversicherer relativ spät den Investmentmarkt als Chance nutzten, das Geld im eigenen Hause über sogenannte »Versicherungsablauffonds« zu halten. Hatte nicht schon die Methodik der IOS in den sechziger Jahren die Schwächen des etablierten und stationären Bankenvertriebs aufgedeckt und bewiesen, daß selbst vermögende Privatkunden viel Geld in deren Fonds investierten?

Nach Kooperationen mit bestehenden Kapitalanlagegesellschaften, die das Know-how und den Verwaltungsapparat mitbrachten, wurden eigene Investmentgesellschaften gegründet. Aufgrund der überproportional steigenden Versicherungsleistungen könnte der Vertriebsanteil des Fondsabsatzes via Versicherungsgesellschaft in Zukunft deutlich steigen. Die vielen hundert Einzelvermittler werden für die Investmentbranche nur eine Randgröße bleiben. Um als Marktfaktor wahrgenommen zu werden, müßten sie sich schon in Beratungssozietäten konzentrieren. Sie bleiben aus haftungsrechtlichen Überlegungen und auch aus Kostengründen, die sich aus dem verhältnismäßig hohen Aufwand für Produktschulung, laufende Produktinformationen und Prospektmaterial ergeben, wenig attraktiv. Allenfalls könnten sie für ausländische Investmentgesellschaften bedeutsam werden, weil für die ausländischen Gesellschaften die Vertriebswege in Deutschland institutionell belegt sind.

Allfinanz-Idee – Produkt- versus Ideenverkauf

In jüngster Zeit taucht im Finanzgewerbe der Begriff »Strukturvertrieb« immer häufiger auf. Sei es, daß eine Bank oder Versicherung gerade einen Strukturvertrieb erworben hat, über plaziertes Vertriebsvolumen kommentiert oder über die Qualifikation von Mitarbeitern nachgedacht wird. Vieles stimmt, was über Strukturvertriebe in den Medien berichtet wurde – viele Zusammenhänge sind jedoch falsch dargestellt worden. Tatsache ist, daß keine einheitliche Betrachtungsweise und damit gesamtheitliche Beurteilung möglich ist. Lediglich ihre Gründungen basieren auf einem Nenner: Auf der »Allfinanz-Idee«. Aber auch hier gilt eine einschränkende Definition: »Allfinanz» ist dann kein Modewort, sondern zukunftsweisende Strategie im Finanzgeschehen, wenn weit mehr

Voraussetzungen erfüllt sind, als heute offensichtlich viele Allfinanz-Planungsstrategen annehmen. Produkte aus dem Bank-, Versicherungs- und Bausparbereich sind eine Selbstverständlichkeit für ein Allfinanz-Angebot. Dieses allein ist aber kein Schlüssel zum Erfolg. Viele Voraussetzungen müssen zusätzlich erfüllt sein.

Vor der Idee hat man Finanzprodukte in strenger Arbeitsteilung zwischen Bank und Versicherung segmentgetreu dem Kunden angeboten. Der so praktizierte einseitige Produktverkauf hat immer dann seine Grenze erreicht, wenn entweder der Vorsorge-, Absicherungsbedarf, oder der Geld- bzw. Vermögensanlagebedarf des Kunden gedeckt war. Eine gesamtheitliche Lösung für den Kunden war dadurch nicht möglich. Erst die Allfinanz-Idee – Bank- und Versicherungsprodukte aus einer Hand – führte zum Ziel der umfassenden Beratung. Sie hat mittlerweile in der Öffentlichkeit eine breite Akzeptanz gefunden.

Die fondsgebundene Lebensversicherung, die gleichsam Versicherungsschutz und Fondsanlage bietet, kann als erstes Produkt der Allfinanz bezeichnet werden. Sukzessive wurde das Beratungskonzept gestaltet: Zentraler Inhalt ist die Beschränkung auf die Versorgung der Kunden mit Basisprodukten. Entsprechend wurde der Berater mit standardisierten Bank- und Versicherungsprodukten ausgestattet und ausgebildet. Die Geschäftspolitik der Deutsche Vermögensberatungs AG wird mit folgendem Bild erklärt: »Nahrungsmittel können Kaviar, Hummer und Sekt sein, aber vorwiegend sind es doch Fleisch, Brot und Butter. Auf die ersteren, die Delikatessen, kann man bekanntlich verzichten, auf die Grundnahrungsmittel nicht. Gleiches gilt aus unserer Sicht für den Finanzdienstleistungsmarkt. Wir haben uns auf die Grundnahrungsmittel im Finanzbereich beschränkt«.

Der Deutsche Unternehmensverband Finanzdienstleistungen e. V., dem sieben Strukturvertriebe angehören, hat die Beratungskonzeption wie folgt definiert: »Der Finanzdienstleister analysiert sorgfältig die persönliche und familiäre Einkommens-, Vermögens- und Versorgungslage, ermittelt die individuellen Wünsche und Lebensziele, berücksichtigt die aktuelle Situation und die Motive des Kunden, empfiehlt in angemessenem Umfang die erforderlichen vermögens- und vorsorgewirksamen Anlagen und vermittelt entsprechende Verträge. Über den Zeitpunkt des Abschlusses hinaus stellt er dauerhaft die Betreuung sicher«. Aus der Definition ergibt sich die Praxis der Vermögensberater: Jeder potentielle Privatkunde wird vorher gründlich »durchleuchtet«. Es ist schon erstaunlich, daß nach Feststellungen der Deutsche Vermögensberatung AG fast alle Personen im ersten Beratungsgespräch ihren Vermögensstatus offenlegen. Weiß man doch, daß viele Bankkunden mehrere Bankverbindungen unterhalten, ohne daß die eine Bank von der anderen weiß. Dies ist sicherlich ein Vertrauensbeweis für das Beratungskonzept. Ein weiterer Gesichtspunkt aus der Definition des Konzeptes: Nicht nur eine Zielgruppe – Gut- oder Besserverdiener, Beamter oder Akademiker, Angestellter oder Selbständiger –, sondern jede Privatperson wird »unter die Lupe genommen«. Im Gegensatz zu zielgruppenorientierten Vertrieben führt dies zu mehr potentiellen Kunden.

Naturgemäß erfolgen die meisten Vertragsabschlüsse im Breitengeschäft für die mittleren Einkommensbezieher. Dies schließt jedoch die Beratungsmöglichkeit vermögender Privatkunden nicht aus. An dieser Stelle ist die Frage nach der Qualifikation des Beraters angebracht: Die Einbeziehung aller Produktbereiche kann nicht heißen, daß jeder einzelne Vermittler auch dem Anspruch gerecht werden soll, alle Produkte perfekt zu beherrschen und vermitteln zu können. Dies ist weder in einer Bank noch in einer Versicherung möglich, auch nicht in einem Strukturvertrieb, obwohl einige große Strukturvertriebe enorme Investitionen in die Ausbildung ihrer Berater stecken. Das Grundwissen über die Bank- und Versicherungsprodukte, die Beratungstechnologie, die laufenden Produktinformationen, ermöglichen dennoch dem Berater eine objektive Betrachtungsweise des Kundenproblems und dessen Lösung. Detailfragen kann er mit Spezialisten im eigenen Unternehmen oder bei den Partnergesellschaften klären.

Perspektiven für das Investmentgeschäft

Über den Investmentabsatz aus dem Bereich aller Strukturvertriebe können – mangels zentraler Erfassung – leider keine exakten Zahlen ermittelt werden. Nach Schätzungen soll der Anteil am Gesamtabsatz etwa 5 Prozent betragen. Bei einem Mittelaufkommen der BVI Publikumsfonds von 63 Milliarden DM 1992 ergäbe sich ein Volumen von mehr als 3 Milliarden DM.

So hat beispielsweise die Deutsche Vermögensberatung AG 1992 im vermittelten Neugeschäft über Investmentkonten gut 1,2 Milliarden DM und über die Fondsgebundene Lebensversicherung 233 Millionen DM, also für insgesamt knapp 1,5 Milliarden DM Fondsanteile abgesetzt. Dies würde – wenn die oben genannte Schätzzahl von 5 Prozent richtig ist – einen Anteil von allein 46 Prozent aller Strukturvertriebe ausmachen. Für die Themenbehandlung ist jedoch die folgende Entwicklungstabelle aussagekräftiger (Zahlenangaben aus den Geschäftsberichten der Deutsche Vermögensberatung AG):

Vermitteltes Volumen					**Jährliches Prämienaufkommen**
Jahr	**Investment-konten**		**aus Fondsgebundener LV**	**gesamt**	**aus den vermittelten Kapital-LV**
	Stück	Mio. DM	Mio. DM	Mio. DM	Mio. DM
1988	50 675	384	–	384	363
1989	67 232	566	–	566	466
1990	135 382	690	91	781	618
1991	253 953	989	140	1 129	896
1992	200 690	1 232	234	1 466	1 177

Gegenüber 1988 hat sich 1992 die Anzahl der neu vermittelten Investmentkonten vervierfacht. Unterstellt man realistisch, daß mit zwei Konten ein neuer Kunde dem Investmenthaus/Bank vermittelt werden konnte, ergibt sich allein für 1992 ein neues Kundenpotential von mehr als 100 000. Etwa die Hälfte der Konten werden mit regelmäßigen Einzahlungen bedient: ein positiver Aspekt für das Fondsmanagement, das – im Gegensatz zum tendenzabhängigen Depotgeschäft – mit einem kontinuierlichen Mittelzufluß rechnen kann. Beinahe kongruent hat sich das jährlich neu vermittelte Fondsvolumen entwickelt. Auch hier hat sich bei kontinuierlichem Zuwachs das Neugeschäft fast vervierfacht. Das Fondsvermögen auf den Investmentkonten belief sich Ende März 1993 auf mehr als 3,3 Milliarden DM. Hinzu kommt das angesammelte Deckungskapital in der Fondsgebundene Lebensversicherung mit mehr als 1 Milliarde DM. Die Zahlen sind nicht zuletzt Ausdruck der Beratungskonzeption, die weniger auf spektakuläre hohe Anlagesummen ausgerichtet ist, sondern vielmehr moderat auf die Einkommensverhältnisse der Kunden Rücksicht nimmt.

Bei Gegenüberstellung der Investmentzahlen mit dem jährlichen Prämienaufkommen aus den bisher vermittelten Kapitallebensversicherungen fällt auf, daß die Kunden mehr Kapital für Investmentanlagen aufwenden als für ihre Lebensversicherungen. Auch wenn die Zahlenangaben der Deutsche Vermögensberatung AG natürlich nicht für alle übrigen Strukturvertriebe als repräsentativ gelten können, kann man aufgrund vergleichbarer Unternehmensstrukturen und Beratungskonzepte ähnliche Entwicklungstendenzen auch bei den Mitbewerbern unterstellen. Vor allem der oft geäußerten Kritik, »Mitarbeiter von Strukturvertrieben seien nur Versicherungsvertreter«, kann damit deutlich widersprochen werden.

Was kann der Vermögensberater bzw. Finanzdienstleister von seinem Investmentpartner erwarten? Auch diese Frage kann nicht für alle gleich beantwortet werden. Beispielsweise gibt es Stimmen, die sagen, es würden mindestens 100 Fonds in der Produktpalette erforderlich sein. Die Deutsche Vermögensberatung AG ist anderer Meinung: Sie arbeitet mit lediglich sechs Investmentgesellschaften zusammen. Das Investmentangebot erstreckt sich von den Offenen Immobilienfonds, über Aktien- und Rentenfonds, über alle Fondstypen und Fondskonstruktionen, die der Markt zu bieten hat. Rund 40 Fonds sind ausreichend, Anlageprobleme – sofern sie mittels Fonds gelöst werden können – abzudecken.

Abgesehen vom Verwaltungsaufwand muß der Vermögensberater in die Lage versetzt werden, laufend über die Zusammensetzung der Portefeuilles informiert zu sein. Dies ist die Voraussetzung dafür, daß er dem Kunden den richtigen Fonds zum richtigen Timing empfehlen kann. Im Gegenteil: Bei der Fülle des Fondsangebots von klassischen Fonds, Länderfonds und Spezialitätenfonds, deren Auflegung sich oftmals aus reiner Bankperspektive ergab, sind die unterschiedlichen Nuancen der Anlagepolitik und der sogenannten Benchmark kaum noch von den Wertpapierspezialisten der Hausbank erkennbar. Um so schwerer fällt die Übersicht einem Mitarbeiter des mobilen Vertriebs, dem oft die Kommunikationsmittel fehlen. Dagegen haben Produktinnovationen, wie beispielsweise die vor zwei Jahren aufgelegten Laufzeitfonds, dem Vertrieb, der Investmentgesellschaft und dem Kunden gleichsam Nutzen gebracht.

Kritisieren aus der Sicht des Vertriebes kann man dagegen die Auflegung bestimmter Länder- und Spezialitätenfonds. Sie haben eher zur Unübersichtlichkeit des Angebots beigetragen als Absatzvolumen bzw. Kundeninteresse gefördert. Aber, wenn man schon Spezialitäten an den Markt bringt, dann sollte man den Mut haben, dem Vertrieb klare Kauf- und Verkaufsempfehlungen zu geben, damit dem »Einzelkämpfer« die Auswahlkriterien nicht allein überlassen bleiben.

Was kann der Kunde von seiner Investmentgesellschaft erwarten? Einheitlich stellt die Investmentbranche fest, daß Aktien bzw. Aktienfonds auf längere Sicht die ertragsstärkste Anlageform ist. In den vergangenen zehn Jahren erbrachte z. B. der deutsche Aktienindex ein Plus von 10,8 Prozent p. a., deutsche Rentenwerte eine durchschnittliche Jahresrendite von 7,2 Prozent. Im nachsteuerlichen Ergebnis wird diese Distanz zwischen Aktien und festverzinslichen Anlagen noch deutlicher. Um so mehr überraschen die folgenden Zahlen: Laut BVI-Statistik haben zum 31.3.93 die Rentenfonds ein Volumen von 222 Milliarden DM, die Offenen Immobilienfonds von 32 Milliarden DM, die gemischten Fonds von 2 Milliarden DM und die Aktienfonds eine bescheidene Größe von 21 Milliarden DM oder rund 8 Prozent des Gesamtvolumens.

Wie erklärt sich dieses Phänomen? Eine These besagt, daß der deutsche Investor eine defensive Anlagecharakteristik – sprich Rentenfonds – bevorzugt. Sieht man genauer hin, so ergibt sich aus dem jährlichen Mittelaufkommen und den Anlageergebnissen der Aktienfonds zweierlei: Die Aussage, wonach die Aktie die Rente schlägt, stimmt aufgrund der Kursschübe in den Aktienkurszyklen nur temporär; dazwischen lagen lange »Durststrecken«, in denen die Aktienanlage deutlich schlechter abschnitt als Rentenwerte. Bei der Analyse des jährlichen Mittelaufkommens kann man den Schluß ziehen, daß die Anleger in Zeiten guter Anlageergebnisse ihre Fondsanteile zurückgaben, nachdem sich wieder die Einstandspreise eingestellt hatten. Dies jedoch auf ein reflektierendes Kundenverhalten abzustellen, wäre inkonsequent. Die Lösung für die Zukunft, die Aktienfonds den Kunden schmackhaft zu machen, liegt eindeutig in der Frage, wie das Timingproblem beim Kunden angegangen werden kann.

Auf einem Investmentkongreß in jüngster Zeit lautete eine Antwort auf diese Frage: »Aktienfonds mit Absicherung«, d. h. ein Fonds, der durch den Einsatz von Verkaufsoptionen das Aktienvermögen gegen Kursverluste absichert. Ob sich dieser sogenannte »Aktien-Laufzeitfonds« durchsetzen und dem Aktienfondsgeschäft neue Impulse bringen wird, bleibt abzuwarten. Es kann bezweifelt werden, ob der Anleger jemals das Konzept begreift und in welchem Maße er diesem Konzept vertraut. Die These – wie vorher schon aufgestellt –, den Berater rechtzeitig und zielgerichtet zu informieren, wird dem Investmentgeschäft deutlich mehr Impulse bringen als noch so kluge und wohlgemeinte Produktinnovationen. Auf dieser Basis können die seriösen Strukturvertriebe mit ihren vielen tausend Mitarbeitern dazu einen entscheidenden Beitrag leisten.

Förderung der Aktienanlage und die Rolle der Investmentfonds

Christian Humbert

Die Investmentfondsindustrie ist eine Wachstumsbranche. Waren die Volumenszuwächse von 1950 bis 1985 eher moderat, so sind die verwalteten Volumina seitdem explodiert: allein im Jahre 1992 ist mehr Geld in Fondsanteile geflossen als in dem ganzen Zeitraum von 35 Jahren. Einher ging diese Entwicklung mit einer Verdoppelung der Geldvermögen der privaten Haushalte in den achtziger Jahren; 1992 wurde ein Rekordvolumen von etwa 3,6 Billionen DM erreicht. Der Anteil von Fonds an der privaten Ersparnisbildung beträgt inzwischen 15 Prozent; dies bedeutet Platz zwei in Europa nach Frankreich. Das von deutschen Investmentfondsgesellschaften einschließlich ihrer Luxemburger Dependancen verwaltete Fondsvermögen betrug Ende 1992 rund 215 Milliarden DM. Dabei ist auffällig, daß die Gunst der deutschen Anleger überwiegend den in festverzinslichen Wertpapieren engagierten Fonds gehört, während nur 10 Prozent des gesamten Fondsvolumens auf Aktienfonds entfällt. In diesem Zusammenhang sei daran erinnert, daß der erste deutsche Aktienfonds, Fondak der ADIG, bereits im Oktober 1950 aufgelegt wurde; Rentenfonds wurden dagegen erst ab 1966 angeboten.

Welche Möglichkeiten bestehen nun, den Anteil der Aktien als Anlageinstrument im Rahmen der privaten Vermögensbildung zu steigern? Welche Aufgaben kommen dabei Investmentfondsgesellschaften zu? Diese Fragen sollen im weiteren beleuchtet werden.

Aktie und Aktienfonds als Anlagemedium

1992 erreichte der Absatz deutscher Wertpapier-Publikumsfondsgesellschaften einschließlich ihrer Luxemburger Töchter einen neuen Rekord: 56,8 Milliarden DM. Davon flossen aber nur 4,4 Prozent in Aktienfonds deutscher Kapitalanlagegesellschaften. Mit diesem geringen Anteil an der Ersparnisbildung stehen Aktienfonds aber nicht allein da. Insgesamt werden in Deutschland nur 5,5 Prozent des Aktienkapitals von Privatanlegern gehalten. Deshalb kritisierte die Deutsche Bundesbank auch unlängst, daß der Anteil der privaten Haushalte am Produktivkapital stetig sinkt. In Kenntnis dieser Volumensverhältnisse ist zu fragen, ob es für den Privatanleger keinerlei überzeugende Gründe gibt, sein Geld in Aktien oder Aktienfonds zu investieren.

Es scheint, daß vielen Privatinvestoren die Vorteilhaftigkeit einer Anlage in Aktienfonds nicht bewußt genug ist, obwohl die meisten Studien nachweisen, daß – auf Sicht betrachtet – Aktien Renten schlagen. So hat beispielsweise der Bundesverband Deutscher Investment-Gesellschaften (BV I) errechnet, daß Aktienfonds mit dem Anlageschwerpunkt Deutschland in den letzten fünf (zehn) Jahren im Durchschnitt eine Wertsteigerung von 68,5 Prozent (155,9 Prozent) aufweisen; dagegen stellen sich die entsprechenden Zahlen für deutsche Rentenfonds im Durchschnitt auf 44,8 Prozent (109,1 Prozent).

Mit steigender Steuerbelastung gewinnen steuerliche Überlegungen bei der Vermögensanlage eine wachsende Bedeutung. Da bei Aktienfonds grundsätzlich nur die laufenden Erträge in Form von Dividenden ausgeschüttet werden und diese in aller Regel unterhalb der Verzinsung festverzinslicher Wertpapiere liegen, Kursgewinne aber im Fondsvermögen verbleiben und somit zu einer Erhöhung des Investments beitragen, errechnen sich hieraus beträchtliche Unterschiede in der Rendite nach Steuern zwischen einer Aktien- und einer Rentenanlage. In diesem Zusammenhang ist der Hinweis wichtig, daß Dispositionen innerhalb der Aktienfonds nicht der sechsmonatigen Spekulationsfrist unterliegen – eine Frist, an die der Privatanleger bei einer Direktanlage gebunden ist und die ein schnelles Reagieren auf Hausse oder Baisse, auf Branchenrotation und Favoritenwechsel an den Börsen erschwert. Aktienfonds erlauben die Beteiligung an einem Aktienportfolio selbst bei nur geringen zur Verfügung stehenden Mitteln. Ein kontinuierlicher Vermögensaufbau wird so ermöglicht; ganz wesentlich tragen Investmentaufbaukonten über den Cost-Averaging-Effekt zum Erfolg bei.

Auch für aufgeschlossene Investoren, die ihr Vermögen selbständig aufteilen wollen, bieten auf einzelne Regionen, Länder oder Branchen spezialisierte Fonds interessante Perspektiven, da derartige Fonds die Risiken einer Einzelanlage erheblich reduzieren. Dies gilt ebenfalls für den Einsatz von Optionen und Futures zu Hedging-Zwecken, weil diese modernen Finanzierungsinstrumente ein umfangreiches Know-how und Anlagemittel in beträchtlichen Größenordnungen voraussetzen.

Kapitalanlagegesellschaften handeln nicht isoliert im Umfeld Aktie.

Daher erscheint es sinnvoll, das Verhalten und einige Möglichkeiten der wesentlichen Akteure an den Aktienmärkten zu beleuchten: Privatanleger als Geldgeber; Aktiengesellschaften als Anbieter von Aktien und Nachfrager von Kapital; Banken als Vertreiber von Aktien und Aktienfonds; schließlich der Staat, der den ordnungspolitischen Rahmen setzt. (An dieser Stelle sei darauf hingewiesen, daß im folgenden die Begriffe Aktie und Aktienfonds grundsätzlich synonym gebraucht werden.)

Akteure im Umfeld der Aktie

Womit ist die ablehnende Haltung der Anleger gegen Anlagen in Aktien zu erklären? Deutsche Privatanleger gelten als risikoavers; eine hohe Volatilität der Kurse ist nicht gewünscht. Diese als traditionell einzustufende Einstellung könnte sich aber ändern, wenn die Vorteile der Aktie als Kapitalanlage stärker in das Bewußtsein der Anleger dringen. Hinzu kommt die Generation der Erben, die, aufgeschlossener in Finanzfragen und risikofreudiger, die (Aufbau-)Generation der Sparer ablöst und ein Investment in Aktien nicht mehr als Anlage zweiter Klasse betrachtet. Eine Aktienanlage ist grundsätzlich ein Langfristengagement. Welcher Anleger hat aber einen persönlich vorstellbaren Zeithorizont von zehn oder mehr Jahren hinsichtlich des eigenen Handelns? Hier muß das Argument der Altersvorsorge stärker zum Tragen kommen. In diesem Zusammenhang ist erwähnenswert, daß die fondsgebundene Lebensversicherung tendenziell an Bedeutung gewinnt.

Ein interessanter Gesichtspunkt ist auch die sprachlich negative Verankerung des Aktiensparers in der deutschen Sprache, gilt er doch als »Spekulant«. Im angelsächsischen Sprachraum gibt es dagegen keinen Unterschied zwischen Anlegern in festverzinslichen Papieren oder Aktien. Das Wort »Investor« betrifft beide Gruppen von Anlegern. Welche Möglichkeiten bestehen, den Privatanleger zu veranlassen, Aktien stärker als in der Vergangenheit zu erwerben? Diese Frage wird im Zusammenhang mit den weiteren Akteuren am Aktienmarkt aufgegriffen, wobei an dieser Stelle nur einige Möglichkeiten der Förderung angerissen werden können.

Aktiengesellschaften stehen unter dem permanenten Zwang, die Börse als Kapitalbasis einer nachhaltigen Zukunftssicherung zu nutzen. Niemand muß so sehr an einer Förderung der Aktienanlage interessiert sein wie Unternehmen. In Deutschland gibt es bereits vielfältige Bemühungen auf dem Sektor Investors Relations, doch müssen diese speziell im Bereich der privaten Anleger erweitert werden. Die Beziehung zum Aktionär dauerhaft zu pflegen ist deshalb eine Aufgabe nicht nur in guten, sondern auch in schlechten Zeiten. Eine offene Informationspolitik kann viel dazu beitragen, das Vertrauen und Interesse der Anleger in das Medium Aktie zu stärken. Der Investor will ernstgenommen werden; er will nachvollziehen können, warum Unternehmensergebnisse – und damit Aktienkurse – schwanken.

In Deutschland entfallen rund 80 Prozent des Fondsmarktes auf fünf große Kapitalanlagegesellschaften: ADIG – Allgemeine Deutsche Investment Gesellschaft, DIT – Deutscher Investment Trust, DWS – Deutsche Gesellschaft für Wertpapiersparen, Deka – Deutsche Kapitalanlagegesellschaft und Union Investment. Hinter diesen Gesellschaften stehen im wesentlichen Banken als Vermittler der Fondsprodukte und damit Ansprechpartner der Privatanleger. Bisher ist in Beratungen das Thema Strukturanalyse bestehender Depots und Vermögen eher vernachlässigt worden. Statt einer ganzheitlichen Betrachtung wurde Wert gelegt auf die Einzelanlage. Der Vermögensaufbau erfordert aber eine ausgewogene Mischung von Asset-Klassen.

In Ländern mit einer hohen Eigenverantwortung für die Altersvorsorge sind die Anlagen in Aktien und Aktienfonds deutlich höher. Beispiele sind Großbritannien und die Vereinigten Staaten von Amerika. Das Argument Altersvorsorge sollte daher in den Marketinganstrengungen der Banken noch stärker zur Geltung kommen. Denkbar wäre ein dem Lebenszyklus des einzelnen Anlegers angepaßter Investitionsplan, der für jede Lebensdekade einen wünschenswerten Investitionsgrad in Aktien oder Aktienfonds aufweist und damit den Langfristcharakter erfolgreichen Aktiensparens unterstreicht. Ein solches Basiskonzept für Aktienanlagen sollte institutsübergreifend realisiert werden. Hinzu kommen muß ein stärkeres Engagement der Berater für die Aktie. Er ist gefordert, dem Kunden den grundsätzlichen Zusammenhang von Performance, Diversifikation und Zeithorizont bewußt zu machen. Ähnlich wie bei Privatanlegern hat das Thema Aktie bei so manchem Berater einen oft negativen, dennoch aber faszinierenden, spekulativen Beigeschmack, der nicht dem Sinn eines soliden Vermögensaufbaus mit Aktien entspricht. Der Trend muß weg vom reinen sogenannten Stockpicking und stärker auf eine zielgerichtete Allokation des Gesamtvermögens gerichtet sein.

Finanz- und wirtschaftspolitischer Rahmen

Seit Mitte 1989 ist ein Anstieg bei der Anlage vermögenswirksamer Leistungen in Aktien zu beobachten. Damals hatte der Gesetzgeber entschieden, nur noch Investitionen in Produktivkapital mit einem Höchstsatz von 20 Prozent zu fördern zuungunsten des bis dahin favorisierten Konten- und Versicherungssparens. Ende 1992 hatten rund 1,8 Millionen Arbeitnehmer bei deutschen Kapitalanlagegesellschaften vermögenswirksame Sparverträge abgeschlossen.

Die bisherige Erfahrung mit vermögenswirksamen Leistungen zeigt, daß sehr viele Sparer ihre Konten nach Ablauf der Festlegungsfrist von sieben Jahren auflösen, da die angesparten Summen nicht dem Vermögensaufbau dienen, sondern sehr häufig in den Konsum zur Restfinanzierung größerer Anschaffungen fließen. Dies gilt auch für das seit Anfang der achtziger Jahre bestehende Instrument der Aktienförderung im Rahmen des Paragraphen 19 a EStG, das vornehmlich bei der Überlassung von Belegschaftsaktien genutzt wird. Danach bleiben bis zur Hälfte der vom Arbeitgeber unentgeltlich oder verbilligt überlassenen Vermögensbeteiligung, maximal jedoch 500 DM jährlich, steuer- und sozialabgabenfrei. Obwohl es seit 1984 allen Unternehmen – gleich welcher Rechtsform – mittels Aktienfonds möglich ist, ihren Mitarbeitern die Vorteile des früheren »Belegschaftsaktienprivilegs« zukommen zu lassen, ist bei den deutschen Kapitalanlagegesellschaften derzeit lediglich ein Bestand von etwa 130000 Verträgen feststellbar.

Stellt man sich die Frage, wie das Beteiligungssparen vom Staat weiter ausgebaut werden könnte, so sind bei der derzeitigen Finanzsituation der öffentlichen Haushalte Forderungen nach einer höheren Subventionierung des vermögenswirksamen Sparens durch den Staat unrealistisch. Trotz steigender Bestandszahlen der staatlich geförderten Anlagen in Aktienfonds nach dem 5. Vermögensbildungsgesetz erscheint es sinnvoll, die derzeitigen Regelungen zur Förderung des Beteiligungssparens so fortzuentwickeln, daß für den Anleger ein deutlich höheres Endvermögen erzielbar ist. Ohne zusätzliche Kosten für die Beteiligten ist hier insbesondere an eine Verlängerung der Anspar- und Festlegungsfrist vermögenswirksamer Leistungen zu denken.

Ein Dauerthema ist die Herabsetzung des Nennbetrages von Aktien. Hierbei ist bereits von anderer Seite kritisch angemerkt worden, daß in diesem Fall der Zweck – eine stärkere Anlage in Aktien – nicht die Kosten heiligt, z. B. in Gestalt der Einrichtung von Minidepots, Kleinstorders, Schwierigkeiten beim Bezugsrechtshandel, drastisch höherem Aufwand bei der Vorbereitung von Hauptversammlungen und der Versendung von Geschäftsberichten. Es muß daran erinnert werden, daß die deutsche Investmentgesetzgebung neueren Produktentwicklungen eher hemmend gegenübersteht und deshalb ein Ausweichen auf andere Finanzplätze, wie z. B. Luxemburg, die wesentlich schneller und flexibler reagieren, geradezu herausfordert. So sollten insbesondere Laufzeitfonds, die überwiegend in Aktien anlegen, in Zukunft nicht mehr nur in Luxemburg möglich sein.

In der Beziehung zwischen Privatanlegern, den Geldgebern, und Unternehmen nehmen Banken die Position von Intermediären ein. Da in Deutschland rund 80 Prozent des Fondsmarktes von bankverbundenen Kapitalanlagegesellschaften bedient werden, fungieren Banken als Absatzstellen von Aktienfonds. Publikumsfondsgesellschaften stellen die erforderlichen Instrumente für das Asset-Management zur Verfügung. Wesentliche Teile der obengenannten Punkte zur Verbesserung der Motivation von Privatanlegern bei Investitionen in Aktienfonds haben indirekt auch Gültigkeit für die Investmentfondsindustrie. Insbesondere das Anlagemotiv Altersvorsorge muß stärker betont werden: Ein langer Zeithorizont, hohe Anforderungen an Risikominimierung und Ertragsstabilität, regelmäßige Anlage von Mitteln sind ideale Voraussetzungen für den erfolgreichen Einsatz von Publikumsaktienfonds. Dabei sollten Produktklarheit und -wahrheit noch stärker als in der Vergangenheit in die Marketingüberlegungen einbezogen werden. Der Anleger spart auf ein bestimmtes Ziel hin. Erreichen wird er es nur, wenn das von ihm gewünschte Vehikel mit der entsprechenden Konstellation von Risiko und Ertrag transparent zur Verfügung gestellt wird.

Letztendlich müssen die Fondsgesellschaften noch mehr als bisher die Überlegenheit eines Engagements in Aktienfonds gegenüber einer Direktanlage herausstreichen. Aktienfonds weisen grundsätzlich gegenüber einer Direktanlage bei gleichem Ertrag ein geringeres Risiko auf.

Aktienanlage im europäischen Ausland

In Europa waren Ende 1992 rund 1600 Milliarden DM in Wertpapierfonds investiert. Interessanter als eine Aufstellung der Fondsvermögen in absoluter Höhe sind Vergleiche der angelegten Gelder pro Kopf der Bevölkerung und – im Rahmen dieser Untersuchung – der auf Aktienfonds entfallende Anteil. Die nachstehende Aufstellung schließt jeweils die in Luxemburg aufgelegten Fonds ein.

		Pro Kopf	
	insgesamt	**insgesamt**	**davon Aktienfonds**
Deutschland	215 Mrd. DM	3 024 DM	303 DM
Frankreich	725 Mrd. DM	12 863 DM	1 415 DM
Großbritannien	146 Mrd. DM	2 560 DM	2 483 DM
USA	2 587 Mrd. DM	10 327 DM	3 098 DM

Stand: Ende 1992
Quelle: BVI

Die beiden wichtigsten Auslandsmärkte für Fondsprodukte in Europa sind Frankreich und Großbritannien. Frankreich ist beim Fondsabsatz pro Kopf der Bevölkerung die Nummer eins weltweit. Diese Stellung verdanken die französischen Anbieter vor allem Geldmarktfonds. Rund zwei Drittel aller Fonds sind Geldmarktfonds. Der Erfolg liegt begründet in einer steuerrechtlichen Bevorzugung: Geldmarktfonds sind thesaurierend; Wertsteigerungen werden mit einem günstigen Pauschalsteuersatz belegt. Die Anlage in Aktienfonds macht rund 11 Prozent aus. Bereits seit 1978 gibt es eine staatliche Förderung der Aktienanlage. Der als »Plan d'epargne populaire en actions« (P.E.A.) bekannte Rahmen von Vergünstigungen erlaubt es Anlegern, über einen Zeitraum von acht Jahren maximal 600 000 bzw. 1 200 000 Franc für Verheiratete als Direktinvestment in Aktien oder in Form von Aktienfonds zu sparen. Bei Fälligkeit sind Kursgewinne und Dividenden steuerfrei. Es ist möglich, den Sparplan vorzeitig zu kündigen. In diesem Fall fallen nach Anlagedauer gestaffelte Steuern an, wobei eine Halteperiode von fünf Jahren nicht unterschritten werden darf. Die neue Regierung unter Premierminister Balladur plant durch Einschnitte bei der steuerlichen Förderung von Geldmarktfonds die Aktienanlage weiter anzukurbeln. Ziel ist die Stärkung der eigenverantwortlichen Altersvorsorge.

In Großbritannien konzentrieren sich 97 Prozent aller in Wertpapierfonds angelegten Mittel auf Aktienfonds. Gefördert wird die Vermögensbildung durch sogenannte »Personal Equity Plans« (P.E.P.). Der Privatanleger darf bis zu 6000 Pfund pro Jahr in Publikumsfonds (unit trusts) investieren, die 50 Prozent oder mehr des von ihnen verwalteten Fondsvermögens in britischen oder europäischen Aktien anlegen müssen. Die aus den Anlageplänen resultierenden Kursgewinne und Dividendeneinnahmen sind steuerfrei. Personal-Equity-Plan-Programme machen rund 4,5 Prozent der angebotenen Publikumsfonds aus.

Vergleiche mit europäischen Nachbarländern zeigen, daß der staatlichen Vermögensförderung eine gewisse Anreizfunktion zukommt. Mehr als einen Impuls können solche Programme aber nicht geben, allein schon wegen der – weltweit – angespannten Staatshaushalte. Ohnehin verblassen die vorgebrachten Überlegungen vor dem Renditeargument: Mittel- bzw. langfristig ist die Anlage speziell in Aktienfonds anderen Anlageformen überlegen. Es gilt, diesen Punkt stärker als in der Vergangenheit deutlich zu machen.

Haben Spezialitätenpublikumsfonds einen Sinn?

Bryant C. Boyd

Der Innovationsvorsprung in der Finanzdienstleistungsbranche liegt seit Jahren unumstritten fest in angelsächsischer Hand. Die Kreativität der New Yorker und Londoner Finanzhäuser – gerade was neue Anlageprodukte betrifft – scheint oft keine Grenzen zu kennen. Und wenn aus der Sicht des deutschen Privatanlegers bei dem überwältigenden Angebot zuerst manchmal mehr die Komplexität als der Nutzen zu erkennen ist, sollte die nachgewiesene Vorreiterrolle dieser Märkte nicht unterschätzt werden. Denn aller Voraussicht nach wird eine weitere Übertragung der von amerikanischen Anlegern geschätzten Produktkonzeption nach Deutschland erfolgen. Dies gilt insbesondere für die sogenannten Spezialitäten unter den Investmentfonds, die bisher aus verschiedenen Gründen nur zögerlich ihren Auftritt auf dem deutschen Finanzmarkt gefunden haben. Gerade unter anspruchsvollen Anlegern ist mit einer weiter steigenden Akzeptanz dieser Produkte zu rechnen, denn mit dem richtigen Einsatz innerhalb einer »Asset Allocation«-Strategie und begleitender professioneller Betreuung stellen sie durchaus eine sinnvolle Bereicherung des Anlagespektrums dar.

Die ursprüngliche Grundsatzidee des Investmentfonds bestand darin, Kleinanlegern die Chancen von Wertpapiermärkten zu eröffnen, die bislang großen oder institutionellen Investoren vorbehalten waren. Der Kundenwunsch nach einem entsprechend attraktiven Ertragspotential mit überschaubaren Risiken sollte ohne großen Kapitaleinsatz unter Berücksichtigung breiter Risikostreuung durch eine Fondskonstruktion ermöglicht werden. Der Einsatz eines Fonds bietet den Anlegern aber auch die Möglichkeit, in Märkte und Wertpapiere mit höherem Ertragspotential, aber auch höherem Risiko zu investieren, ohne daß sie sich Spezialkenntnisse aneignen oder bei der Analyse von Einzelwerten einen hohen Zeitaufwand einsetzen müssen. Schon vor 125 Jahren hat die traditionsreiche Londoner Investmentmanagementgesellschaft Foreign & Colonial nach diesem Leitgedanken den ersten international ausgerichteten Investmentfonds der Welt konzipiert. Deklariertes Ziel des »Foreign & Colonial Trust« war schon damals: »To provide the investor of moderate means the same advantage as the large capitalists in diminishing risk in foreign and colonial stocks by spreading the investment over a number of stocks.«

Die allein auf diesem recht einfachen Grundsatz aufgebauten Fonds sprechen im wesentlichen ein Anlegersegment an, dessen vorrangiges Ziel der langfristige Vermögensaufbau bzw. die Sicherung eines regelmäßigen Einkommens ist. Die Fonds, die auf dieser Basis entwickelt wurden, sind für möglichst große Volumen angelegt, gleich ob renten-, aktien- oder geldmarktorientiert. Die Dienstleistung der Fondsverwaltungen ist entsprechend auf ein konservatives Chance-Risiko-Profil abgestimmt, das für kleine Anlegersummen auch heute nach wie vor ein optimales Anlagevehikel darstellt. Entsprechend erreichten diese Fonds den größten Marktanteil.

Angebote für den anspruchsvollen Klienten

Der Begriff »Spezialitätenfonds« ist weitgefaßt. Er beinhaltet aber im Grunde lediglich eine Weiterentwicklung der beschriebenen ursprünglichen Fondskonzeption. Auch hier wird ein Anlegerpool kreiert, in dem Investoren Anlagemöglichkeiten erschlossen werden, die mit Direktinvestitionen nur bedingt erreichbar sind. Es wird aber bewußt ausschließlich in einen bestimmten Markt oder in ein bestimmtes Marktsegment investiert. Somit ist der Einsatz solcher Fonds in erster Linie nicht als langfristiger Vermögensaufbau für den Kleinanleger gedacht, sondern vielmehr für den strategischen Einsatz als Portfoliobaustein im Rahmen einer bedarfsgerechten Anlagestrategie für den anspruchsvollen Klienten. Das vielfältige Universum von »Spezialitätenfonds« beinhaltet beispielsweise Aktienfonds, die nur Papiere bestimmter Branchen enthalten dürfen, wie etwa Biotechnologie oder Rohstoffe. Aber auch die Einschränkung auf Aktien bestimmter Länder, die teilweise sogar nur über Fonds zu erschließen sind (z. B. Korea), oder genau definierter Wirtschaftsräume, wie Asien, Lateinamerika oder Nordamerika, trägt einem solchen Fonds die Bezeichnung Spezialitätenfonds ein. Thematische Fondskonstruktionen genießen eine zunehmende Akzeptanz – etwa »Emerging Markets« – oder z. B. auch Umweltfonds bzw. ethische Fonds, in denen die Anlagepolitik nach entsprechenden Kriterien gewählt werden kann. Die Beschränkung eines Fonds in der Anlagepolitik auf z. B. kleinere Wachtumswerte läßt ebenfalls den Begriff Spezialität zu. Doch nicht nur Aktieninvestments fallen unter diese Konstruktion; reine Optionsscheinfonds, Rentenfonds, deren Anlagerichtlinie beispielsweise nur Nullkuponanleihen, Wandelanleihen, »Junkbonds« (Anleihen niedriger Bonitätsstufen) oder andere Anleihetypen in z. B. bestimmter Währung vorsehen, können ebenfalls in diese breite Kategorie fallen.

Neuere Entwicklungen sind Fonds, deren Anlagestrategie den aktiven Gebrauch von derivativen Produkten vorsieht. Hierunter fallen Aktienfonds, die Optionen zur Absicherung einsetzen, sogenannte »Ratchet«-Fonds mit automatisierter Absicherung einer positiven Wertentwicklung oder dynamische Rentenfonds mit einer Beimischung von Optionen. Index-Fonds sind eine weitere Variante, die zunehmend Akzeptanz sowohl bei institutionellen als auch privaten Anlegern genießen. Das Ziel dieser Fondsart wird mit der möglichst parallelen Wertentwicklung eines Aktien-, Anleihen- oder sonstigen Index (z. B. Deutscher Aktienindex DAX, Gold) gleichgesetzt und über den Einsatz derivativer Instrumente realisiert. Inzwischen gibt es sogar den »Reverse«-Index-Fonds, der bei fallendem Index im Wert steigt. Nicht zuletzt werden gerade in Amerika auch die reinen »Futures-Fonds« geschätzt, die privaten Anlegern den Zugang zu erfahrenen Vermögensverwaltern (Commodity Trading Advisors) im Terminmarkt eröffnen. Hierbei können die Risiken für Kapitalanleger in einem sehr spekulativen Marktsegment überschaubar gehalten werden.

Das führende US-Finanzmagazin »Barron's« berichtet vierteljährlich über die Wertentwicklung von fast 4000 bedeutenden amerikanischen Fondsprodukten – und der amerikanische Privatanleger investiert nicht zuletzt als Folge des vielfältigen Angebots inzwischen mehr in Fondsprodukte als mittels Direktinvestitionen. Das gesamte Fondsvolumen in den USA hat Ende 1992 rund 1600 Milliarden Dollar erreicht – umgerechnet etwa 2600 Milliarden DM – und verteilt sich jeweils zu einem Drittel auf Aktien-, Renten- und Geldmarktfonds. Das Volumen der von den deutschen Kapitalanlagegesellschaften angebotenen Wertpapierfonds fällt dagegen noch eher bescheiden aus. Aber das Beispiel USA muß nicht unbedingt als Vorbild für die künftige Entwicklung des Fondsangebotes in Deutschland dienen, denn der Nutzen vieler dieser Produkte scheint doch oft weniger im Vordergrund zu stehen als die Modeerscheinung und das geschickte Marketing. Nichtsdestotrotz deutet ein relativierender Volumenvergleich auf ein erhebliches Potential hin, das hierzulande u. a. erst mittels eines breiteren Angebots erschlossen werden kann.

Die bisher zögerliche Erscheinung von Spezialisierung und Innovation in der Palette der deutschen Kapitalanlagegesellschaften hat mehrere Gründe. Zum einen werden von einigen konservativen Marktteilnehmern solche Konstruktionen als »Verrat an der ursprünglichen Investmentfondsidee« angesehen. Der Unterschied zum Standardfonds liegt in der Einschränkung auf eine genau definierte Nische der Kapitalmärkte. Hier setzt der Hebel einiger Kritiker an. Dadurch, daß das Fondsmanagement auf diese zum Teil recht engen Marktsegmente eingeschränkt wird, steigt natürlich das Risiko dieser Produkte – einzeln betrachtet – stark an. Hierin wird von einigen Marktteilnehmern ein Widerspruch zur ursprünglichen Fondsidee gesehen. Dies muß aber nicht immer unbedingt zutreffen. Der Fondsgedanke basiert nämlich nicht nur auf dem Argument der Risikoreduktion, sondern auch auf der Möglichkeit der Renditesteigerung. Den Fondsanlegern wird durch den selektiven Einsatz von Spezialitätenfonds die Möglichkeit geboten, eine feinere Abstimmung auf ihr ganz persönliches Chance-Risiko-Profil zu finden. Vielmehr erlaubt die Anlage in Spezialitätenfonds nach eingehender Beratung eine Depotmischung, die den Bedürfnissen des anspruchsvollen Anlegers an Performance, Liquidität oder auch steuerlicher Effizienz erheblich mehr entsprechen kann.

Weitere natürliche Grenzen sind noch durch die Erfahrung und Expertise der Fondsverwaltungsgesellschaft gesetzt – denn nicht jede ist heute z. B. der Komplexität des Futures und des derivaten Marktes gewachsen. Nur wenige deutsche Kapitalanlagegesellschaften verfügen heute über die notwendigen Ressourcen, um etwa einen Schwellenländerfonds erfolgreich zu verwalten. Der Aufwand der Managementgesellschaft für z. B. Research, Abwicklung und Handel wird hier im Einzelfall wesentlich höher liegen als bei den Standardprodukten. Die Möglichkeit, externe Expertisen für Spezialitätenfonds in Anspruch zu nehmen – z. B. über einen Beratungsvertrag mit einer ausländischen Managementgesellschaft – wird bisher von den deutschen Kapitalanlagegesellschaften kaum genutzt. Nicht zuletzt muß erwähnt werden, daß die Voraussetzungen für die Wirtschaftlichkeit von spezialisierten Fonds nicht immer leicht zu erfüllen sind. Der Kreativität bei der Entwicklung von Spezialitätenfonds wird hierbei unter anderem von der Notwendigkeit eines vom Vertrieb generierten Mindestvolumens Grenzen gesetzt.

Aber insbesondere das strenge Zulassungsverfahren für Investmentfonds in Deutschland hat den zu Innovationen neigenden Anbietern erheblichen Hürden gesetzt. Gerade die Produkte mit derivatem Einsatz sind größtenteils nach deutscher Gesetzgebung nicht zulassungsfähig. Denn der Einsatz von z. B. Optionen, Devisen und Terminkontrakten unterliegt grundsätzlich den strengen Vorschriften des Gesetzes für Kapitalanlagegesellschaften (Paragraph 8 ff. KAGG). Diese Tatsache zwang die in Deutschland führenden Produktinitiatoren mit ihren modernen Konstruktionen in das weniger restriktive Luxemburg auszuweichen, wo sie inzwischen mehr als 135 Milliarden DM in etwa 150 Fondsprodukten verwalten – hauptsächlich für deutsche Kunden. Nicht zuletzt deshalb, weil im Rahmen der EG-Richtlinien eine Zulassung in Luxemburg den Vertrieb in Deutschland durch einfache Bescheinigung der zuständigen Luxemburger Behörde (IML) erlaubt. Auch die Vorbehalte der Bundesbank über eine Unterwanderung der Geldmengensteuerung, die gegen eine Zulassung von reinen Geldmarktfonds genannt worden sind, erscheinen im Hinblick auf die durchaus positiven Erfahrungen im Ausland unberechtigt. Die enorme Akzeptanz von über Luxemburg aufgelegten geldmarktnahen Fondsprodukten zeigt, wie hoch die Nachfrage unter Privatkunden hierfür ist. Ironischerweise ist die heute dominierende Stellung von Luxemburg im Fondsgeschäft somit in besonderem Ausmaß den deutschen Gesetzgebern zuzurechnen.

Insbesondere die steigende Nachfrage nach spezialisierten Produkten, die von Kapitalanlagegesellschaften deutscher Universalbanken in Luxemburg angeboten werden, bestätigt, daß die Ursache des mangelnden Angebots in Deutschland nicht an der fehlenden Nachfrage der deutschen Privatkunden liegen kann. Hier wird vielmehr mit aller Deutlichkeit auf die dringende Notwendigkeit einer Liberalisierung in den deutschen Zulassungsbestimmungen hingewiesen, um dem »Finanzplatz Deutschland« bei zunehmender Globalisierung und Spezialisierung im Fondsgeschäft eine Zukunft zu sichern.

Spezialitätenfonds als Spiegelbild der Anlegerinteressen

Die Entwicklung der Spezialitätenfonds sollte nicht ein Kunstprodukt der Investmentbranche werden, sondern vielmehr das Ergebnis einer ausgiebigen Beschäftigung mit den Bedürfnissen der Zielgruppe widerspiegeln. Die neue »Generation der Erben« – für die sich inzwischen fast jeder deutsche Finanzdienstleister attraktiv positionieren möchte – hat gegenüber der direkten Nachkriegsgeneration ein verändertes Bedürfnisprofil. Hier steht oft nicht allein der möglichst risikolose Vermögensaufbau, sondern auch eine dynamische Performanceerwartung im Mittelpunkt des Interesses. Heute ist der Wunsch vieler Anleger nicht mit dem üblichen Standardfonds, sondern nur mit einer Produktpalette zu erfüllen, die es ermöglicht, kreativ (und möglichst steuereffizient) mit dem Kapital zu arbeiten und in etwaigen Nischen verborgene Wertsteigerungsmöglichkeiten zu entdecken und gezielt auszunutzen. Die neue Anlegergeneration hat erkannt, daß das interessanteste Ertragspotential künftig nicht ausschließlich in den etablierten Märkten zu finden sein wird. Vielmehr deuten die hohen Wirtschaftswachstumsraten einiger Schwellenländer und die neuen Wachtumsindustrien, wie z. B. die Umwelttechnologie, aber auch die dynamischen Chancen von derivaten Produkten auf Segmente hin, die je nach Risikoprofil eventuell in einer Portfoliostrategie besondere Gewichtung verdienen. Diese Anleger sind allerdings auch dafür sensibilisiert, daß die erfolgreiche Auswahl von einzelnen Papieren in solchen spezialisierten Branchen oder wenig transparenten Märkten erheblichen Aufwand und entsprechende Ressourcen voraussetzt. Die Investition in solche Märkte stellt den Einzelanleger vor Hindernisse, die am besten durch die Inanspruchnahme eines professionellen Managements im Rahmen einer Spezialitätenfondskonstruktion bewältigt werden können.

Das Ergebnis einer Analyse der Kundenwünsche als Ausgangspunkt einer Fondsanlage spiegelt sich am ehesten im Konzept des »Umbrella-Fonds« (Dachfonds) wider. Diese Konstruktion, bei der ein Anleger aus einer gesamten Fondsfamilie sein individuelles Portefeuille kostengünstig zusammenstellen kann, ist das Ergebnis der Entwicklung vom Standardprodukt über den Spezialitätenfonds bis heute. Dem Anleger, der die Möglichkeit hat, auch nach der Erstinvestition innerhalb einer Fondsfamilie eine kontinuierliche und bedarfsgerechte Asset Allocation vorzunehmen, ohne daß dabei höhere Kosten als bei einzelnen Wertpapiertransaktionen entstehen, wird ein hohes Maß an Flexibilität zur Verfügung gestellt.

Diese Lösung erlaubt es nun, ein individuelles Fondsportfolio zusammenzustellen, das in seinem Chance-Risiko-Profil je nach Bedarf eher der diversifizierten, konservativen Anlageidee entspricht – dem ursprünglichen Grundgedanken des Standardfonds – oder einem auf dynamischen Wertzuwachs ausgerichteten Portfolio, in dem besonders interessante Nischen oder Märkte bewußt übergewichtet werden können. Obwohl der Begriff »Umbrella«-Fonds genau betrachtet einer bestimmten »SICAV« (Sociétée d'Investissement à Capital Variable)-Rechtskonstruktion zuzuordnen ist, die heute noch ausschließlich von ausländischen Anbietern offeriert wird, läßt sich der Nutzen einer solchen Gestaltung aus der Perspektive der deutschen Anleger mit dem in Luxemburg und Deutschland zusammengestellten Fondsangebot einiger deutscher Anbieter ohne weiteres auch realisieren. Entscheidend ist, daß es dem Anleger auf diese Weise ermöglicht wird, jederzeit bei Bedarf spesengünstig innerhalb einer breiten Familie unter hochqualitativen Fondsprodukten zu wechseln. Ein eindeutiger Trend in diese Richtung ist bei kleineren selbständigen Vermögensverwaltern festzustellen, die sich zunehmend auf die professionelle Auswahl und den Einsatz von spezialisierten Fondsprodukten in Kundenportfolios konzentrieren. Einige deutsche Großbanken haben bereits die Attraktivität dieser zukunftsträchtigen Gestaltung erkannt und bieten solche Konstellationen über ihre Luxemburger Tochtergesellschaften an.

Spezialisierungsgrad erhöht den Beratungsbedarf

Aufgrund des wachsenden Angebots spezialisierter Fonds und der immer kleiner werdenden Nischen, in denen sich die Fonds ansiedeln, entsteht ein erhöhter Bedarf an qualifizierter Beratung – nicht nur um eine objektive, bedarfsgerechte Auswahl aus dem breit gestreuten Angebot zu treffen, sondern auch um eine laufende Überwachung der Wertentwicklung und Anpassung der Portfoliostruktur zu gewährleisten. Denn mit der zunehmenden Spezialisierung einzelner Fondsprodukte steigen nicht nur die Ertragschancen. Auch das Risikoprofil verändert sich dahingehend, daß die Volatilität der Kursbewegung eine höhere Schwankungsbreite erfährt als bei einem »standardisierten« Publikumsfondsprodukt. Die hiermit verbundenen Risiken können nur mit einer Kombination aus mehreren Fondsprodukten und einer aktiven Überwachung der Wertentwicklung durch den Berater begrenzt werden. Dies setzt wiederum auch ein intensives Betreuungsverhältnis voraus. Für den sogenannten Strukturvertrieb erscheinen die Spezialitätenfonds daher weniger geeignet. Aber auch größere Fondsvertriebsorganisationen – hierunter fallen die im Fondsabsatz führenden Universalbanken – sind herausgefordert, für ein entsprechendes Ausbildungsniveau ihrer Vermögensanlageberater zu sorgen. Denn gerade bei Spezialitätenfonds kann es sich nicht mehr um die Abwicklung einer einmaligen Transaktion handeln. Selbst der Kauf eines gut gemanagten Fonds sollte nicht ohne Beratung und Überwachung professioneller Betreuer erfolgen. Hier kommt es auf die Mischung an – nicht auf den von Kunden oft gewünschten Totaleinstieg in den Hitlistenrenner vom Vorjahr. Das Rollenverständnis des Beraters muß dahingehend geändert werden, daß er seine wesentliche Aufgabe weder als passiver »Ordertaker« noch als aktiver »Stockpicker« betrachtet, sondern in der bedarfsgerechten Vermögensstrukturierung anhand einer breiten Produktpalette und der laufenden Performanceüberwachung sieht.

Eine Abhandlung über den richtigen Einsatz von Fondsprodukten innerhalb einer ganzheitlichen Vermögensanlagestrategie für den Privatkunden ohne Berücksichtigung des bedeutenden Themas »Steuern« wäre mehr als unvollkommen. Eine eingehende Diskussion der steuerlichen Thematik des Investmentfondsgeschäfts ist jedoch im Rahmen dieses Beitrags nicht möglich; hier wird vielmehr auf die Auskunft eines qualifizierten Wirtschaftsprüfers oder Steuerfachmanns verwiesen. Grundsätzlich wird heute die Beteiligung an einem inländischen Wertpapier-»Sondervermögen« analog zu einer Direktanlage von Wertpapieren im Privatvermögen versteuert. Vereinfacht dargestellt: Laufende Erträge, wie z. B. Ausschüttungen, sind als Einkünfte aus Kapitalvermögen zu versteuern. Bei sogenannten thesaurierenden Fonds, bei denen keine Ausschüttung, sondern eine Wiederanlage sämtlicher Erträge stattfindet, werden die ausgewiesenen Erträge – auch ohne Zufluß – von der Kapitalanlagegesellschaft jährlich mitgeteilt und vom Anleger nachträglich versteuert. Sofern aus dem Fondsvermögen bereits Körperschaftsteuer oder Kapitalertragsteuer gezahlt wurde, erhält der Anteilsbesitzer eine Bestätigung von der Kapitalanlagegesellschaft, mit der er eine Anrechnung in seiner Steuererklärung erwirken kann. Ein klarer Vorteil der Fondskonstruktion liegt darin, daß das »Sondervermögen« Kursgewinne ohne Berücksichtigung der Sechsmonatsfrist steuerfrei einnehmen kann. Für den Anleger wiederum sind Kursgewinne auf Anteile nach Ablauf der Sechsmonatsfrist steuerfrei. Es muß an dieser Stelle darauf hingewiesen werden, daß das sich noch in Vorbereitung befindliche »Gesetz zur Bekämpfung des Mißbrauches des Steuerrechts« hier eine wesentliche Änderung vorsieht. Danach sollen künftig Kursgewinne, die auf Kapitalerträge zurückzuführen sind, auch außerhalb der Sechsmonatsfrist steuerpflichtig werden.

Während das KAGG bestimmt, was bei inländischen Fonds rechtlich und steuerlich zu beachten ist, wird im Auslandsinvestmentgesetz die Vertriebszulassung und Ertragsbesteuerung von Auslandsinvestmentanteilen behandelt. Mit dem Investmentrichtliniengesetz von 1989 hat der deutsche Gesetzgeber einen wichtigen Schritt zur Harmonisierung des EG-Rechts für Investmentfonds geleistet. Hier wurden einheitliche Mindestanforderungen festgelegt, die sowohl für die Aufsicht und Zulassung von Fondsprodukten als auch für die Geschäftstätigkeit und Informationspflicht von Kapitalanlagegesellschaften gelten. Gemäß dieser Bestimmungen (Paragraph 15–18 AuslInvestmG) können Fondsprodukte, die in einem anderen EG-Land zugelassen sind, durch eine vereinfachte Prozedur mit deutschen Produkten steuerlich gleichgestellt und für den Vertrieb zugelassen werden. Die Vorlage einer einfachen Bescheinigung beim Bundesaufsichtsamt für Kreditwesen (BAK), in der die Aufsichtsbehörde des Ursprungslandes bestätigt, daß die EG-Richtlinien eingehalten wurden, sowie ins Deutsche übersetzte Vertragsunterlagen/Rechenschaftsberichte und die Ernennung eines inländischen Kreditinstituts als Zahlungsstelle sind ausreichend, um – nach einer Wartezeit von zwei Monaten – den Vertrieb aufzunehmen. Somit haben wenigstens die Produktinnovationen der Londoner City leichteren Zugang zum deutschen Markt, wenn auch der Vertriebserfolg bisher weit hinter den hochgesteckten Erwartungen – bzw. Befürchtungen – einiger Marktteilnehmer geblieben ist. Inzwischen sind jedenfalls knapp 280 Fondsprodukte aus den EG-Nachbarländern zum Vertrieb in Deutschland freigegeben. (Unter Berücksichtigung aller einzelnen Subfonds der zugelassenen Umbrella-Konstruktionen etwa 600.)

Bestimmte ausländische Fondskonstruktionen werden nach herrschender Expertenmeinung vom Auslandsinvestmentgesetz nicht erfaßt. Diese Gesetzgebung gilt für Sondervermögen, das nach dem Grundsatz der Risikomischung in Wertpapiere, Immobilien oder stille Beteiligungen angelegt wird (Paragraph 1 AuslInvestmG). Sofern eine ausländische Fondskonstruktion ausschließlich den Einsatz von Optionen, Futures oder Festgeldern vorsieht, findet das Auslandsinvestmentgesetz keine Anwendung. Die Besteuerung solcher Produkte durch den deutschen Privatkunden ist somit heute nicht eindeutig geregelt, kann unter Umständen im Ergebnis jedoch vorteilhaft sein.

Der zeitliche und finanzielle Aufwand für die Vertriebszulassung ausländischer Investmentanteile aus Nicht-EG-Ländern erklärt, warum einige namhafte Fondsanbieter, die international auf dem Gebiet der Spezialitätenfonds tätig sind, dem deutschen Markt bisher ferngeblieben sind. Das Gesetz (Paragraph 2–7 AuslInvestmG) schreibt hier vor, daß sämtliche relevanten Unterlagen – Depotbankverträge, Statuten, Gesellschaftsverträge, Verkaufsprospekte, Werbeschriften, Jahresbilanzen und Rechenschaftsberichte der letzten drei Jahre in deutscher Übersetzung – den Behörden (BAK) eingereicht werden müssen zusammen mit der Beantwortung eines weitreichenden Fragenkatalogs, in dem auch ausführliche Auskunft über Historie und Management der Verwaltungsgesellschaft verlangt wird. Falls die rechtliche Gestaltung nicht deutschen Gegebenheiten entspricht, kann sogar verlangt werden, daß eine Anpassung vorgenommen wird, die eventuell die Notwendigkeit einer Einberufung einer Aktionärsversammlung nach sich ziehen kann. Und nicht zuletzt muß außerdem ein inländischer Repräsentant genannt werden, der als ständiger Ansprechpartner für Anleger dient, den Fonds gegenüber den Behörden vertritt und sicherstellt, daß laufenden Publizitätsverpflichtungen nachgekommen wird. Nur wenn all diese Kriterien erfüllt sind, darf öffentlich vertrieben werden. Der somit zugelassene Fonds wird dann auch in der steuerlichen Behandlung für den Anleger den inländischen Produkten gleichgestellt. Das beschriebene Verfahren kann im Extremfall bis zu einem Jahr in Anspruch nehmen.

Es kommt vereinzelt vor, daß auch nicht zugelassene ausländische Fonds – in Unkenntnis der hiermit verbundenen steuerlichen Nachteile – von deutschen Privatkunden erworben werden. Anteile eines nicht für den Vertrieb zugelassenen Auslandsfonds im Privatvermögen kommen nicht in den Genuß einer steuerfreien Vereinnahmung von Kursgewinnen – auch nicht nach Ablauf der sechsmonatigen Spekulationsfrist –, sondern werden voll versteuert. Wenn der Fonds nicht einmal einen steuerlichen Repräsentanten nennt, der lediglich für deutsche Rechenschaftsberichte Sorge trägt, ist als zu versteuernder Ertrag neben der Ausschüttung zusätzlich 90 Prozent des jährlichen Mehrbetrags zu versteuern, der sich zwischen dem ersten und dem letzten im Kalenderjahr festgesetzten Rücknahmepreis ergibt (Paragraph 18 AuslInvestmG). Diese wohl den wenigsten Anlegern bekannten steuerlichen Regelungen machen wiederum den Beratungsbedarf in diesem Marktsegment deutlich. Dieses aufwendige Registrierungsverfahren, verbunden mit der steuerlichen Benachteiligung nicht zugelassener Fonds, wurde vor 25 Jahren mit dem Ziel eines aktiven Schutzes der deutschen Anleger eingeführt. Aber nicht zuletzt ein Blick auf die Vielzahl der keiner Zulassungsprozedur unterliegenden Finanzinnovationen, die parallel an die Zielgruppe Privatanleger vermarktet werden, deutet auf eine nicht mehr zeitgemäße Gesetzgebung hin. Konkurrenz belebt bekanntlich den Markt – und hier sollten den Amerikanern keine Hürden gesetzt werden, unter denen nicht zuletzt die deutsche Kundschaft leiden muß.

Ausblick

Zunehmende Spezialisierung, Globalisierung, Innovation und Performancetransparenz werden Merkmale der künftigen Entwicklung des Investmentfondsgeschäfts in Deutschland werden. Das bisher von Rentenfonds dominierte Geschäft mit dem in erster Linie durch pure Vertriebskraft bedingten Erfolg wird einen Wandel vollziehen, indem sich eine Sensibilisierung auf unterschiedliche Kundenbedürfnisse mit entsprechenden Anforderungen an eine erweiterte Produktpalette als Erfolgsvoraussetzung herauskristallisieren wird.

Parallel zu dieser Entwicklung werden die Ansprüche in bezug auf Art und Qualität der Vermögensbetreuung wachsen. Denn nur im Rahmen eines langfristig angelegten, intensiven und vertrauensvollen Betreuungsverhältnisses können zunehmend spezialisierte Fondsprodukte innerhalb einer umfassenden und bedarfsgerechten Gesamtstrategie ihr volles Potential für den Kunden realisieren. Die Herausforderung der deutschen Investmentfondsindustrie in den kommenden Jahren sind somit keinesfalls isoliert auf Innovation und Performance zu sehen, denn die Zufriedenheit des Verbrauchers wird zunehmend von der qualitativen Leistung des Vermögensbetreuers oder Vermögensverwalters geprägt.

Um diesen Anforderungen Rechnung zu tragen, ist zuerst in einigen Punkten eine Liberalisierung der deutschen Gesetzgebung notwendig, aber auch die Etablierung einer beruflichen Minimumqualifizierung in Verbindung mit einer rechtlich anerkannten Berufsbezeichnung für Vermögensanlageberater, wie schon in den USA und anderen EG-Ländern praktiziert, erscheint sinnvoll. Dies könnte dazu beitragen, daß Spezialitätenfonds, aber auch andere besonders anspruchsvolle Anlageprodukte im Rahmen einer professionellen und verantwortungsvollen Betreuung den richtigen Einsatz bei Kunden finden.

Spezialfonds aus Anlegersicht

Jürgen Bader

Begriff »Spezialfonds« und rechtliche Grundlagen

Seit 1968 existieren in Deutschland Spezialfonds. Hierunter versteht man Investmentfonds, die im Gegensatz zu Publikumsfonds nicht für eine breite Öffentlichkeit bestimmt sind, sondern in denen ein einzelner oder wenige institutionelle Anleger gemeinsam ein Sondervermögen auflegen, das von einer Kapitalanlagegesellschaft nach spezifischen Vorgaben des Anlegers bei gleichzeitiger Berücksichtigung einer Vielzahl gesetzlicher Anlagevorschriften gemanagt wird. Durch Reform des KAGG vom 1. März 1990 (»Gesetz über Kapitalanlagegesellschaften«) sind Spezialfonds nicht mehr nur ausschließlich einer treuhänderischen Verwaltung von sogenanntem Sozialkapital (z. B. Vermögen der Altersvorsorge und sozialen Absicherung) vorbehalten. Vielmehr können seitdem auch Industrieunternehmen freie Liquidität in Spezialfonds investieren. Für 1991 meldet der BVI (Bundesverband deutscher Investmentgesellschaften e. V.) 1 815 Spezialfonds mit einem Fondsvermögen von annähernd 140 Milliarden DM (zum Vergleich: 411 Publikumsfonds mit 144 Milliarden DM). Wenngleich das Gesetz die beiden unterschiedlichen Grundtypen Wertpapierspezialfonds und Immobilienspezialfonds unterscheidet, so muß man doch klar feststellen, daß Immobilienspezialfonds eine untergeordnete und vernachlässigbare Bedeutung zukommt. Sie sollen deshalb im weiteren auch nicht näher beleuchtet werden.

Wesentliche Merkmale von Spezialfonds aus der Sicht des institutionellen Investors

Externe Vermögensverwaltung als Alternative zur Direktanlage

Entscheidet sich ein Investor für die Auflegung eines Spezialfonds, so erwirbt er gegen Zahlung einer entsprechenden Managementgebühr (z. B. in Abhängigkeit vom verwalteten Fondsvolumen) von der ausgewählten Kapitalanlagegesellschaft die Dienstleistung einer professionellen Vermögensverwaltung. Dies erspart dem Investor die Beschäftigung kompetenter Anlageexperten in seiner eigenen Organisation oder aber ermöglicht zumindest, den eigenen Sachverstand auf der Kundenseite hinsichtlich Markteinschätzungen und Anlagekonzepten abzurunden bzw. zu kontrastieren. Die Vermögensanlage hat durch das Fondsmanagement unter Einhaltung strenger gesetzlicher Bestimmungen hinsichtlich der Anlagemöglichkeiten (Mischung und Streuung, zulässige Anlageobjekte) zu erfolgen. Im Rahmen der rechtlichen Vorgaben obliegt jedoch letztlich dem Investor die Festlegung seiner grundsätzlichen Anlageziele und -schwerpunkte, wie sie dann schließlich in den Vertragsbedingungen zwischen Kunde und Kapitalanlagegesellschaft schriftlich zu fixieren sind. Darüber hinausgehende Mitwirkungsrechte bestehen für den Investor in dem üblicherweise vertraglich verankerten Anlageausschuß, der – besetzt aus Vertretern des Investors und der Depotbank – die Anlagepolitik über ein Beratungsrecht dem Fondsmanagement gegenüber mitprägt. Die Depotbankfunktion (Verantwortlichkeit für die ordnungsgemäße administrative Betreuung des Wertpapiervermögens) wird in Deutschland für gewöhnlich von den Müttern der Kapitalanlagegesellschaften, zumindest soweit es sich um Adressen der Kreditwirtschaft handelt, wahrgenommen. Auf diese Weise ist über die Mitwirkung in den Anlageausschüssen weitere professionelle Expertise, häufig aus volkswirtschaftlichen oder Handelsabteilungen deutscher Banken, für den Anleger nutzbar.

Steuerliche Bedingtheiten von Spezialfonds

Der Spezialfonds ist ein steuerbefreites Sondervermögen und unterliegt selbst weder Körperschaft- noch Gewerbe- oder Vermögensteuer. Für körperschaftsteuerbefreite Investoren, z. B. Einrichtungen der Altersvorsorge und sozialen Absicherung, die als Direktanleger die 25prozentige Kapitalertragsteuer auf inländische Dividenden nur zur Hälfte erstattet bekommen, besteht im Fall einer Investition in deutsche Aktien über das Medium des Spezialfonds die Möglichkeit der Kapitalertragsteuerrückerstattung in voller Höhe. Ferner nutzen Investoren über Spezialfonds einen weiteren Vorteil, indem die anrechenbare Körperschaftsteuer bei inländischen Dividenden dem Fonds sofort zufließt, wohingegen sie bei der Direktanlage erst später angerechnet oder erstattet wird. Solange Fonds also mit dem Gegenwert der anrechenbaren Körperschaftsteuer arbeiten können, entsteht hieraus dem Anleger ein Zinsvorteil, der selbst im Fall des körperschaftsteuerbefreiten Investors zum Tragen kommt, bis letztlich nach Ablauf des Fondsgeschäftsjahres durch Abführung der Steueranrechnungsbetrag endgültig verloren geht.

Bilanzpolitische Gestaltungsspielräume des Spezialfondsinvestors

Gegenüber der eigenverwalteten Direktanlage erlaubt das Spezialfondsinvestment dem Anleger eine höhere Flexibilität hinsichtlich der Entscheidung, zu welchem Zeitpunkt er Gewinne in seiner eigenen Ergebnisrechnung zeigen will. Durch Festlegung von Gewinnvorträgen kann der Spezialfondsinvestor Ausschüttungen in spätere Jahre verlagern und damit Erträge generieren, ohne daß diese durch Wertpapierverkäufe in den jeweiligen Jahren zunächst realisiert werden müßten. Hinzu kommt, daß anstelle des bilanziellen Ausweises einer Vielzahl von Einzelwerten bei der eigenverwalteten Direktanlage, für die jeweils einzeln das bilanzielle Niederstwertprinzip zur Anwendung zu bringen ist, der Spezialfondsinvestor in seinen Büchern nur eine einzige Bilanzposition für den Wert des Sondervermögens auszuweisen hat, so daß es zunächst zu Kompensationsmöglichkeiten unterschiedlicher Wertentwicklungen der einzelnen Fondstitel untereinander kommt, bevor sich Auswirkungen im bilanziellen Ansatz beim Investor zeigen.

Spezialfondsanlage in der Vergangenheit

Wesensmerkmale der früheren Spezialfondsarbeit

Aus einer kürzlich durchgeführten Befragung eines internationalen Beratungs- und Marktforschungsunternehmens bei deutschen Spezialfondskunden sind folgende Ergebnisse bekannt geworden:

- Typisch für die Anfänge des Spezialfondsgeschäfts waren gemischte Fonds, in denen das Fondsmanagement nach eigenem Ermessen zwischen den Anlagesegmenten Aktien und Renten in Abhängigkeit der eigenen Markteinschätzung umschichten konnte. Gemessen an den isoliert in diesen einzelnen Anlagesegmenten erzielbaren Erfolgen führte dieser Anlagestil häufig jedoch nur zu mittelmäßigen Ergebnissen. Insgesamt beklagen viele Spezialfondskunden, daß aktives Spezialfondsmanagement in den vergangenen Jahren nicht zu einer sogenannten Outperformance der Wertpapiermärkte geführt hat.

- Häufig vereinbarte Beimischungen internationaler Wertpapiere führten ebenfalls zu unbefriedigenden Ergebnisse, zum einen, weil aufgrund nicht repräsentativer Ländergewichtungen in Anlehnung an die internationalen Börsenkapitalisierungen aus der internationalen Titelauswahl keine signifikanten Ergebnisbeiträge erzielt werden konnten, zum anderen aber auch, weil offenbar für den deutschen Spezialfondsmanager die Erzielung befriedigender Ergebnisse in Auslandmärkten noch schwieriger als im Heimatland ist.
- Unbefriedigende Ergebnisse resultierten möglicherweise auch aus zu kurzfristig ausgerichteten Anlageentscheidungen, wie sie beim Denken in Anlageausschußintervallen und dem damit verbundenen Performancedruck symptomatisch sind; bekannt ist auch ein die Gefahr der Mittelmäßigkeit beinhaltendes Anlageverhalten von Fondsmanagern, das im Hinblick auf die eingegangenen Risiken weniger darauf abzielt, überdurchschnittliche Ergebnisse zu erzielen, als vielmehr auf alle Fälle zu vermeiden, ins Feld der Schlußlichter zurückzufallen und auf diese Weise einen Mandatsverlust zu riskieren.
- Aufgrund der Vertraulichkeit von Spezialfondsmandaten waren Aussagen über erzielte Anlageerfolge öffentlich nicht verfügbar, so daß Kapitalanlagegesellschaften ihren Kunden gegenüber eigene Anlageerfolge durch Vergleich mit ähnlich strukturierten Publikumsfonds darzustellen versuchten. Hierbei handelt es sich um ein unbefriedigendes Vorgehen, weil die Anlageziele von Publikumsfonds hinsichtlich grundsätzlicher Investmentstrategien sowie Liquiditätshaltung doch gravierend im Einzelfall von denen eines Spezialfonds abweichen können und darüber hinaus ein derart pauschaler Ergebnisvergleich keine Aussagen zu leisten vermag bezüglich der eigentlichen Ergebnisbeiträge und Ursachen für Erfolg bzw. Mißerfolg.
- Insbesondere in den letzten Jahren geriet das Benchmark-Konzept in Mode. Hierunter versteht man die Vereinbarung einer Meßlatte, um den erzielten Anlageerfolg besser bewerten zu können. Für gewöhnlich werden für diesen Zweck Modellportfolios definiert, deren rechnerischer Erfolg dann mit dem tatsächlich erzielten des verwalteten Fonds verglichen wird. Häufig neigen in diesen Fällen Fondsmanager dazu, in ihren Anlageentscheidungen die Struktur der Benchmark

nachzubilden, um so das Risiko einer zu starken Negativabweichung in den erzielten Ergebnissen zu vermeiden. Der Preis für dieses Verhalten ist dann allerdings eine Tendenz zu verstärkter Konformität und dadurch bedingter Mittelwertigkeit der Anlageerfolge.

Frühere Formen der Zusammenarbeit zwischen Anleger und Fondsmanagement

Auf in der Regel zweimal im Jahr stattfindenden Anlageausschußsitzungen haben Anleger und Fondsmanagement gemeinsam um die richtigen Entscheidungen für die nächste Anlageperiode »gerungen«. Wenn der Investor aufgrund eigener Sichtweisen die Anlageentscheidungen dabei dominierte oder aber vom Fondsmanagement zum Zwecke der eigenen Exkulpation dazu quasi gedrängt wurde, kommt dies im Ergebnis einer vergebenen Chance gleich, die unbefangene Expertise eines professionellen externen Vermögensverwalters nutzbar zu machen.

Bei wachsendem verantwortetem Gesamtvermögen neigten Investoren aus Risikostreuungsüberlegungen dazu, mehrere Spezialfondsmandate zu vergeben, deren Anlagestrategie zunächst jedoch nicht unterschiedlich definiert wurde, was dann innerhalb der einzelnen Fonds häufig sich gegenseitig neutralisierende oder gar konterkarierende Anlageentscheidungen auslöste. So führt beispielsweise der Verkauf einer Aktie in einem Fonds bei gleichzeitigem Kauf derselben Aktie in einem zweiten Fonds aus Sicht des Investors zu keinem positiven Nutzen und verursacht darüber hinaus noch zusätzliche Transaktionskosten.

Gebühren und Transaktionskosten in den Anfängen des Spezialfondsgeschäfts

Spezialfondsinvestments wurden der deutschen Kundschaft zu Managementgebühren angeboten, für die nach übereinstimmender Ansage eine professionelle Vermögensverwaltung nicht erbracht werden kann. Für die Richtigkeit dieser Aussage spricht, daß zumindest im angelsächsischen Raum die üblicherweise entrichteten Managementgebühren deutlich höher sind als in Deutschland. Die Überlebensfähigkeit der deutschen Kapitalanlagegesellschaften konnte offenbar nur dadurch gesichert werden, daß die Mutterbanken das unrentable Geschäft ihrer

Töchter aus den Kommissionen für die durch die Kapitalanlagegesellschaft getätigten Wertpapierumsätze alimentierten. Ob der damit rasch aufkeimende Verdacht der Kunden, deutsche Fondsmanagements neigten zu hohen Wertpapierumsätzen, um an den verdienten Kommissionen zu partizipieren, begründet war, sei dahingestellt. Mittlerweile mehren sich jedenfalls auch in der deutschen Investorenkundschaft Stimmen, die für eine verbesserte Kostentransparenz – beispielsweise durch getrennten Ausweis der Einstandskurse und angefallenen Gebühren sowie der Umschlaghäufigkeit im Fonds – plädieren, wie es im angelsächsischen Raum durchaus üblich ist.

Aktuelle Herausforderungen der Spezialfondsanlage

Entwicklungstendenzen der heutigen Spezialfondsarbeit

In Umsetzung neuerer wissenschaftlicher Erkenntnisse zu moderner und effizienter Vermögensverwaltung gehen immer mehr Anleger dazu über – mitunter unter Einbeziehung externer Berater –, sich zunächst vertieften Aufschluß zu verschaffen über ihre eigenen Anlagestrategien und die vorgesehene Gewichtung sowie Dotierung einzelner Anlagesegmente (Festlegung der Asset Allocation, Portfoliooptimierung). Hinsichtlich des Beitrags, der dabei künftig Spezialfonds zukommt, sind unterschiedliche Strömungen erkennbar:

- Zum einen sind Investoren zu beobachten, die – sei es aus Überzeugung, sei es in Würdigung der von ihnen zur Vermögensanlage vorgesehenen Beträge – auch künftig konsequent auf den Aufbau von Fachabteilungen in ihren eigenen Organisationen verzichten wollen und hinsichtlich der Anlage in Wertpapiermärkte voll auf das externe Spezialfondsmanagement setzen. Tendenziell werden dabei jedoch nicht mehr einfach an mehreren Adressen undifferenzierte Fonds vergeben, sondern die einzelnen externen Manager im Bemühen um eine Risikodiversifikation mit höchst unterschiedlichen Zielsetzungen und Aufgabenstellungen betraut. Als typische Beispiele seien in diesem Zusammenhang die arbeitsteilige Fokussierung auf bestimmte Wertpapiergattungen, Investmentstile, Länder oder Regionen und damit unverkennbar die Ausrichtung auf Spezialitätenprodukte erwähnt.

Dabei ist besondere Aufmerksamkeit darauf zu verwenden, nicht mit den gesetzlichen Anlagebestimmungen, z. B. den Anlagequoten gemäß Paragraph 8 des KAGG, zu kollidieren. Erschwerte Anforderungen sind darüber hinaus jedoch zu erfüllen bei Vermögensanlagen, die nach Paragraph 54 a VAG (»Versicherungsaufsichtsgesetz«) dekkungsstockfähig sein sollen. Danach müssen Spezialfonds überwiegend (damit mit mindestens 50,1 Prozent) in inländisch börsennotierten Titeln (bzw. bestimmten im Inland ausgestellten, auf DM lautende Titel oder Bankguthaben) investiert sein. Die Vergabe beispielsweise eines reinen Auslandsfonds verbietet sich vor diesem Hintergrund. Positive Erfahrungen können allerdings berichtet werden mit der Hilfslösung, daß das Gesamtvermögen eines Spezialfonds unverändert unter der Verantwortung einer deutschen Kapitalanlagegesellschaft bleibt, dabei aber gedanklich in einzelne Teilsegmente aufgegliedert wird und für diese Subfonds zusätzliche Expertise von (ausländischen) Beratern oder Submanagern (Fonds im Fonds) nutzbar gemacht wird.

– Im Wissen um die bereits behandelten steuerlichen und bilanzpolitischen Vorteile des Spezialfondsvehikels legen andere Investoren auch Spezialfonds auf, nehmen aber über die vertraglich ausbedungenen Beratungsrechte im Anlageausschuß aufgrund vermeintlich ausreichend vorhandener eigener Expertise den gesetzlich weitestmöglichen Einfluß auf die einzelnen Anlageentscheidungen des Fondsmanagements (»Selbststeuerer«). Von hier aus ist – ausreichend große Vermögensvolumina vorausgesetzt – die Gründung einer eigenen Kapitalanlagegesellschaft, wie unlängst unter großer Medienaufmerksamkeit auch in Industriekreisen vollzogen, ein naheliegender nächster Schritt, um auch die angesprochene Kostenstruktur im Fondsgeschäft zu optimieren. Der Vollständigkeit halber sei allerdings darauf hingewiesen, daß gerade durch die medienwirksamen Gründungen von Kapitalanlagegesellschaften außerhalb der Kreditwirtschaft das beschriebene Steuerprivileg der Spezialfonds vor dem Hintergrund der aktuellen Staatsfinanzen (»Standortsicherungsgesetz«) in die politische Diskussion geraten ist und zumindest für Vermögenserträge außerhalb des Komplexes »Sozialkapital« in Frage gestellt wird.
– Eine dritte Gruppe von Investoren entscheidet sich neben der eigenverwalteten Direktanlage in Wertpapieren zur zusätzlichen Auflegung von Spezialfonds, um entweder arbeitsteilig die Anlageaufgaben zu

beordnen oder aber aus dem sportlichen Wettbewerb hinsichtlich der erzielten Ergebnisse den Ehrgeiz aller Beteiligten zu beflügeln.

Die vom Gesetzgeber in der KAGG-Reform 1990 freigegebenen Einsatzmöglichkeiten moderner Finanzinstrumente haben sich hinsichtlich der Bemühungen um Wertsicherung erzielter Anlageergebnisse als unzureichend erwiesen. Selbst der in keiner Weise spekulativ eingestellte, sondern ausschließlich um Sicherung eines einmal erzielten Ergebnisses besorgte Investor vermißt angesichts des Verbots des Einsatzes von Index-Options praktikable Instrumente. Bedauerlicherweise sieht es allerdings zur Zeit so aus, als führten auch die in der nächsten Gesetzesnovelle vorgesehenen zusätzlichen Liberalisierungen hinsichtlich des weitergehenden Einsatzes von Options nicht zum Ziel, weil offenbar eine Absicherung des gesamten Fondsvermögens über Options auch in Zukunft vom Gesetzgeber nicht erlaubt sein wird. Dies ist besonders verwunderlich, weil hinsichtlich des wertsichernden Einsatzes von modernen Finanzinstrumenten das VAG dem Investor im Rahmen seiner eigenverwalteten Direktanlage größere Freiräume erlaubt, als sie für die gleiche Anlage über Spezialfonds nach KAGG gestattet sind bzw. sein werden.

Zusammenarbeit zwischen Anleger und Fondsmanagement aktuell und künftig

Hinsichtlich des künftig erforderlichen Anlegerverhaltens in einer effizienten Zusammenarbeit mit Fondsmanagements sind die folgenden Punkte von großer Bedeutung:

- Das Fondsmanagement hat Anspruch auf klare Zielvereinbarungen (z. B. Vereinbarung eines bestimmten Investmentstils, einer Benchmark, bestimmter Anlagemärkte etc.).
- Ebenso wichtig sind Absprachen über den Anlagehorizont des Investors sowie die daraus resultierende Bereitschaft und Neigung des Anlegers, Risiken einzugehen.
- Hinsichtlich der erforderlichen Liquiditätsbereithaltung werden Ansagen zur vorgesehenen Ausschüttungspolitik gleichfalls benötigt.
- Gleichzeitig aber hat das Fondsmanagement auch ein Recht darauf, über einen hinreichend langen Betrachtungszeitraum (mindestens ei-

nen Konjunktur- bzw. Stilzyklus) seine Erfolge unter Beweis stellen zu dürfen; in Aussicht gestellte Mandatsverluste bei Ausbleiben des Erfolgs in halbjährigen Berichts- und Anlageausschußzeiträumen dürften nur schwerlich zu einem dauerhaften ordentlichen Investmenterfolg auf dem Boden der getroffenen Vereinbarungen führen.

Hinsichtlich der Möglichkeiten zur künftigen Erfolgsbeurteilung werden verbesserte Formen des Fondsreporting unerläßlich. Bei dem sich abzeichnenden Trend zur Vergabe von mehreren Spezialmandaten ist es aus der Sicht des Investors zwingend erforderlich, von den verschiedenen externen Vermögensverwaltern Berichte und Ergebnisdaten nach einem einheitlichen Standard zu bekommen, um aggregierte und konsolidierte Performanceanalysen über alle Fonds hinweg vornehmen zu können. Um so bedauerlicher ist es, wenn zumindest gegenwärtig davon ausgegangen werden muß, daß die deutschen Fondsmanagements sich hinsichtlich der Performancemessung nicht auf einen einheitlichen Standard haben einigen können, sondern bis auf weiteres mehrere Anbieter miteinander konkurrieren.

Gebühren und Transaktionskosten im Spezialfondsmanagement aktuell und künftig

Eine deutlich zunehmende Bereitschaft auf der Kundenseite ist zu spüren, für ordentliche Managementleistungen angemessene Verwaltungsgebühren zu entrichten. Nicht zuletzt die häufiger vergebenen Mandate an ausländische Investmentbanken haben hier vermutlich für eine gewisse Beweglichkeit auf der Kundenseite geführt. Um auf breiter Front die Akzeptanz für auskömmlichere Managementgebühren zu erleichtern, sollte verstärkt an die Möglichkeit der Vereinbarung von performanceabhängigen Managementgebühren gedacht werden.

Im Zusammenhang mit dem angesprochenen Unbehagen aus einer unzureichenden Transparenz der in Deutschland verbreiteten Mischkalkulation aus Wertpapierkommissionen und Verwaltungsgebühr werden Anlegerstimmen laut, denen analog zum angelsächsischen Vorbild die Einführung eines »global custody« vorschwebt. Die Vorgabe einer zentralen Depotbank für alle verschiedenen Fondsmanager eines Anlegers könnte in der Tat dazu führen, daß künftig Vermögensverwaltung und Wertpapierhandel konsequenter als bisher voneinander entkoppelt und nicht mehr unter dem einheitlichen Dach der Konzernzugehörigkeit zu einer Bank erfolgen.

Zusammenfassung und Ausblick

Unbefriedigende Ergebnisse aus Spezialfondsanlagen der frühen Jahre müssen nicht zwingend auf schlechte Managementleistungen zurückgeführt werden. Sie können ihre Ursachen auch im fehlerhaften Verhalten von Anlegern haben, die ihre Anlageziele und -erwartungen möglicherweise nicht ausreichend formulierten und sich in ihren Mitwirkungspflichten selbst nicht zielkonform verhielten, allzuhäufig ihre Vorgaben änderten oder in konkrete Anlageentscheidungen hereinredeten. Ohne Zweifel haben darüber hinaus die meisten Kapitalanlagegesellschaften in den vergangenen Jahren ihre personellen Ressourcen und damit verbunden ihre professionelle Expertise ständig ausgebaut.

In dieses Umfeld hinein ist unverkennbar eine Tendenz beim Anleger zu erkennen, Spezialfonds aufzulegen, die sich durch einen konzeptionellen und methodisch disziplinierten Investmentansatz auszeichnen. Besonderer Wert ist in diesem Zusammenhang darauf zu legen, daß Fondsmanagements zusammen mit dem Anleger den einmal vereinbarten Ansatz konsequent und konsistent – selbst in schwierigsten Zeiten – durchhalten. Statt des früher gesuchten alles beherrschenden, weltumfassend erfolgreichen Generalisten beginnen Spezialfondskunden offenbar, Spezialitätenmandate zu bevorzugen, und investieren gezielt in bestimmte Wertpapiergattungen, Managementstile, Regionen oder gar Länder. Selbst ausländische Expertise ist auf dem Weg über die Vergabe von Submanager-/Beratermandaten innerhalb von Spezialfonds auf dem Boden des geltenden deutschen Rechtes effizient nutzbar, so daß insgesamt auch für die kommenden Jahre im Spezialfonds ein wirksames Medium für den deutschen Investor gesehen wird, erfolgreich an den Entwicklungen der Wertpapiermärkte dieser Welt zu partizipieren.

Die Deutsche Terminbörse und Investmentfonds

Gerhard Eberstadt

Kapitalanlagegesellschaften haben seit Beginn des Handels an der Deutschen Terminbörse einen wesentlichen Einfluß auf das Handelsgeschehen und die Produktgestaltung ausgeübt. Ein wesentlicher Grund hierfür ist die Größenordnung der von deutschen Investmentgesellschaften verwalteten Sondervermögen in Höhe von mehr als 400 Milliarden DM; das Potential der Preisrisiken der gehaltenen Wertpapiere ist beträchtlich. Die logische Konsequenz hieraus ist der Bedarf und die Nutzung von Risikomanagementprodukten, z. B. Optionen oder Futures, die an der DTB gehandelt werden. Dabei ist der Einsatz von Sicherungsinstrumenten keineswegs ein Ausdruck von Risikoaversion, sondern die Erkenntnis, daß Risiko grundsätzlich wünschenswert ist; schließlich entsteht nur durch Risiko auch eine Gewinnchance. Risiken können aber nur dann bewußt eingegangen werden – und dies bezieht sich natürlich insbesondere auf die Verwaltung fremden Geldes –, wenn eine effiziente Kontrolle gewährleistet ist. Die Umsetzung eines solchen Risikomanagements ist der Kernpunkt dieses Beitrages; das Behandelte gilt dabei grundsätzlich gleichermaßen für Publikums- und Spezialfonds; Unterschiede existieren in diesem Zusammenhang lediglich in der individuellen Steuerung des Anlagevermögens; nicht in der allgemeinen Anwendung.

Im folgenden wird zunächst ein Überblick über die Einsatzmöglichkeiten derivativer Produkte im Fondsmanagement unter Beschreibung der gebräuchlichsten Strategien gegeben. Dies beinhaltet die Anwendungsfelder Risikomanagement, Positionshandel und Asset Allocation. Daran anschließend erfolgt eine Darstellung der gesetzlichen Rahmenbedingungen für den Einsatz von Optionen und Futures im Rahmen eines Investmentfonds. Diese Reihenfolge ist durchaus beabsichtigt, denn eine Einschätzung der Bedeutung der jeweiligen Rechtsvorschriften und -restriktionen für den Fondsmanager kann nur vor dem Hintergrund des Verständnisses von Derivativstrategien sinnvoll sein. Am Schluß dieses Beitrages wird ein Ausblick auf aktuelle und zukünftige Tendenzen sowie auf innovative Konzepte im Fondsmanagement in bezug auf Optionen und Futures stehen.

Einsatz von DTB-Produkten im Fondsmanagement

Dieser Abschnitt soll einen Überblick der strategischen Anwendungsmöglichkeiten derivativer Produkte im Fondsmanagement geben. Die dargestellten Strategien stammen aus der Praxis. Auf die Darstellung detaillierter Fallbeispiele wurde dabei bewußt verzichtet und der Schwerpunkt auf die Vermittlung der Struktur der angesprochenen Konzepte gelegt.

Know-how ist eine der wesentlichen Voraussetzungen für einen erfolgreichen Einsatz derivativer Produkte – dies gilt natürlich nicht nur für Investmentfonds. Ein wesentlicher Teil hiervon ist die Kenntnis der produktimmanenten finanzmathematischen Komponenten und Zusammenhänge, um die gehandelten Produkte richtig und vor allem erfolgreich einsetzen zu können. Ebenso wichtig ist aber auch die korrekte Abwicklung und Erfassung von Geschäften in Terminkontrakten, um eine effiziente Kontrolle aller in einem Portfolio bestehenden Risiken zu gewährleisten. Investmentfonds stellen dem Anleger dieses Know-how sowie die notwendige Infrastruktur zur Verfügung. Hierdurch wird der vielzitierte »Kleinanleger« in die Lage versetzt, vom Einsatz derivativer Produkte zu profitieren, ohne selbst die erforderlichen – umfangreichen – Kenntnisse erwerben zu müssen. Die im folgenden angesprochenen typischen Anwendungsstrategien lassen sich einteilen in:

- Risikomanagement bestehender Positionen,
- Fixierung geplanter Positionen/Erwerbsvorbereitung,
- Ertragsoptimierung,
- Kombinationsstrategien,
- Handelspositionen mit Futures,
- Asset Allocation.

Einige dieser Ansätze sind ausschließlich mit derivativen Instrumenten realisierbar; bei anderen bestehen Parallelen zu »traditionellen« Produkten. Eine ausführliche Gegenüberstellung dieser Parallelen würde den Rahmen dieses Beitrages sprengen; generell läßt sich aber feststellen, daß der Einsatz von Derivativen, beispielsweise im Vergleich zu Kasseinstrumenten, deutliche Kostenvorteile für das Fondsvermögen (z. B. durch Provisionen) aufweist und somit auch mit höherer Frequenz eingesetzt werden könnte.

Risikomanagement bestehender Positionen

In der Geschichte des Terminhandels ist die Absicherung gegen unerwünschte Preisentwicklungen das »klassische« Einsatzfeld von Terminkontrakten. Der Verkauf von Futures (»Short Futures« Position) ermöglicht die Etablierung einer gleichartigen, entgegengesetzten Position zu derjenigen, die abgesichert werden soll. Damit ist es beispielsweise möglich, das Risiko eines Portfolios zu reduzieren oder zu neutralisieren, ohne die Bestände selbst verändern zu müssen. Falls die befürchtete negative Kursentwicklung eintritt, werden die entstehenden Verluste der Kasseposition weitgehend durch entsprechende Gewinne aus der Terminposition ausgeglichen; man spricht hier auch von »Hedging«. Eine solche Strategie ist vor allem dann sinnvoll, wenn der erwartete Kursrückgang nur von relativ kurzer Dauer ist. Insbesondere angesichts der in einem Sondervermögen gehaltenen Volumina ist es oftmals unpraktikabel, Positionen glattzustellen, um einem kurzfristigen Risiko auszuweichen. Eine Futures-Absicherung läßt sich jedoch aufgrund der hohen Liquidität und Transparenz an der DTB schnell aufbauen und ebenso zügig wieder schließen, wenn die neutrale Position aufgegeben werden soll.

Die Stärke der Terminbörse – die Liquidität ihrer standardisierten Produkte – birgt in der hier angesprochenen Anwendung aber auch Probleme: An der DTB stehen drei verschiedene Futureskontrakte (Dax-Future sowie Futures auf langfristige bzw. mittelfristige Bundesanleihen) zur Verfügung; die in einem breit gefächerten Fondsvermögen gehaltenen Wertpapiere sind ungleich vielfältiger bezüglich deren Laufzeit und Bonität. Futuresabsicherungen bergen daher regelmäßig sogenannte Basisrisiken, die aus Abweichungen im Preisverhalten zwischen den abzusichernden Positionen und den derivativen Produkten selbst resultieren. Eine professionelle Handhabung solcher Strategien ermöglicht es jedoch, solche Basisrisiken einzuschätzen und mittels entsprechender Feinsteuerung der Instrumente deutlich zu reduzieren.

Nicht kompensieren läßt sich die fundamentale Tatsache, daß ein Ausschluß von Risiken die gegenüberstehenden Gewinnpotentiale ebenfalls neutralisiert. Auf den konkreten Fall bezogen: Durch den Verkauf von Futures zur Absicherung einer Position werden nicht nur die Risiken, sondern auch die Gewinnpotentiale dieser Position reduziert bzw. eliminiert; tritt statt des erwarteten Kursrückganges eine Kurssteigerung ein, entstehen Opportunitätsverluste, da in diesem Fall die Gewinne aus der Ursprungsposition durch Verluste auf der Futuresposition kompensiert werden. Eine Alternative zur Futuresabsicherung, die Gewinnpotentiale erhält, ist der Kauf von Verkaufsoptionen (»Long Put«). Hierbei wird das Recht erworben, die gehaltenen Wertpapiere im Falle von Kursverlusten zu einem vorher festgelegten Preis zu verkaufen; das Verlustpotential wird damit eingegrenzt. Gleichzeitig verbleibt das Gewinnpotential, reduziert um die Optionsprämie, erhalten, da keine Verpflichtung zur Ausübung dieser Option bei positiver Kursentwicklung besteht. Das Optimum liegt also in der Nichtausübung der Option. Eine solche Strategie verursacht allerdings nicht nur Kosten, sondern kann auch nur für begrenzte Zeit – für DTB-Optionen bis zu neun Monaten – abgeschlossen werden, danach wird eine neue Transaktion erforderlich.

Ein weiteres Einsatzfeld derivativer Instrumente im Fondsmanagement ist der Erwerb von Wertpapieren über Optionen. Der Vorteil gegenüber dem »direkten« Kauf liegt in den vielfältigen Gestaltungs- und Steuerungsmöglichkeiten für den Fondsmanager. Durch den Kauf von Kaufoptionen (»Long Call«) wird das Recht erworben, beispielsweise Aktien zu einem festgelegten Preis zu kaufen. Bei unerwartet negativer Kursentwicklung besteht keine Kaufverpflichtung; das Risiko aus dieser Strategie ist daher begrenzt – bei vollem Gewinnpotential. Analog dem Kauf von Puts zur Absicherung ist auch in diesem Fall eine Optionsprämie zu zahlen, die Laufzeit der Option ist ebenfalls begrenzt. Die Alternative zum Long Call ist der Verkauf von Verkaufsoptionen (»Short Put«), bei dem der Fondsmanager »dem Markt« das Recht zur Andienung der entsprechenden Wertpapiere, z. B. Aktien, einräumt. Bei dieser Strategie besteht – bedingt durch die Stillhaltereigenschaft – allerdings keine Gewißheit, diese Wertpapiere auch tatsächlich zu beziehen. Das Risiko der Short-Put-Position ist identisch mit dem Risiko des Aktienkaufs; der Unterschied zur »normalen« Kauforder besteht in der Tatsache, daß für den Verkauf der Put-Option eine entsprechende Prämie vereinnahmt werden kann, somit ein zusätzlicher Ertrag anfällt.

Stichwort »Zusatzertrag«: Oftmals werden Optionen zur Optimierung der Erträge eines Sondervermögens eingesetzt. Die hierzu regelmäßig eingesetzte Strategie ist der Verkauf einer Kaufoption auf gehaltene Bestände (»Covered Call Writing«), bei der im Portfolio gehaltene Bestände »veroptioniert« und Prämien vereinnahmt werden. Dieser Ertrag wird jedoch nur durch die Aufgabe des Gewinnpotentials erreicht – bei starken Kurssteigerungen werden die Calls vom Käufer ausgeübt und die zugrunde liegenden Wertpapiere müssen verkauft werden. Covered-Call-Strategien sind daher nur in Erwartung stagnierender bzw. leicht fallender Kurse sinnvoll. Quantitative Analysen zeigen allerdings, daß durch den strategischen, langfristigen Einsatz von Covered-Call-Strategien signifikante Performancevorteile erzielt werden können.

Trotz der im Vergleich zur »traditionellen« Anlage erheblich gesteigerten Flexibilität ist der Einsatz der bisher beschriebenen Einzelstrategien nicht immer optimal. Zu vielschichtig und mehrdimensional sind die Markterwartungen und -entwicklungen, als daß der Einsatz nur jeweils eines Risikomanagementinstrumentes immer zum gewünschten Ergebnis führen könnte. Ein weiteres Problem ergibt sich aus den Kosten der Kurssicherung: zu häufige Absicherungen würden die Aufwendungen für Prämien unverhältnismäßig in die Höhe treiben; derivative Produkte müssen daher zielgerecht und kostenoptimiert eingesetzt werden.

Eine Möglichkeit hierzu ist der sogenannte Low Premium Collar; dabei handelt es sich um die Absicherung einer Kasseposition mit Put-Optionen, kombiniert mit dem Verkauf gedeckter Call-Optionen auf die gleiche Position. (Der Basispreis des Put liegt unter dem des Calls, üblicherweise liegen beide »aus dem Geld«.) Die Absicherungskosten für den Put-Kauf werden also durch die Erlöse aus dem Call-Verkauf gewissermaßen »subventioniert«. Anders ausgedrückt: die Aufgabe des Gewinnpotentials (oberhalb des Call-Basispreises) verbilligt die Absicherungskosten. Eine Variante dieser Strategie ist die Low Premium Participation, die grundsätzlich gleich strukturiert ist. Durch den relativ höheren Verkaufserlös einer nur begrenzten Anzahl im Geld liegenden, damit teureren, gedeckten Call-Optionen wird der Kauf aller benötigten Put-Optionen finanziert. Im Unterschied zum Low Premium Collar bleibt das Gewinnpotential zwar erhalten, jedoch im Vergleich zur Entwicklung der reinen Kasseposition mit einer proportional verringerten Beteiligung an der Kursperformance. Unter der Voraussetzung präziser Erwartungen hinsichtlich der Kursentwicklung, bieten diese beiden Strategien dem Fondsmanager die Möglichkeit, Risikomanagement auch für kürzere Zeiträume zu betreiben, z. B. über Wochenenden, an denen marktrelevante Ereignisse erwartet werden.

Handelspositionen mit Futures

Innerhalb der Anlagestrategie von Investmentfonds lassen sich die einzelnen Handelsentscheidungen oftmals nach dem zugrunde liegenden Zeithorizont unterscheiden. Zur Umsetzung kurzfristiger Positionierungen ist der Futures-Handel besonders gut geeignet. Aufgrund der Marktstruktur der DTB (Transparenz, Liquidität, Anonymität) ist es möglich, Entscheidungen in Sekundenschnelle innerhalb enger Geld-/Brief-Spannen umzusetzen. Auch die im Vergleich zu Transaktionen im Kassemarkt deutlich geringeren Kosten spielen eine bedeutende Rolle. Ein weiterer wichtiger Gesichtspunkt ist die Feinsteuerung der Fondspositionen im Falle von Mittelzuflüssen bzw. -abflüssen bei Publikumsfonds. Mit Hilfe von Futures ist es möglich, einen Liquiditäts-»Puffer« für eventuelle Mittelabflüsse bei Beibehaltung eines hohen Investitionsgrades darzustellen bzw. die Investitionen aus Mittelzuflüssen zeitnah umzusetzen.

In ähnlicher weise wie beim händlerischen Einsatz von Futures spielen diese auch bei der strategischen Aufteilung der Anlagemittel eines Sondervermögens auf verschiedene Märkte bzw. Marktsegmente – der sogenannten Asset Allocation – eine große Rolle. Futures ermöglichen die Anpassung der Risikoprofile eines Portfolios, ohne dieses in seinem Aufbau verändern zu müssen. Strategische Umschichtungen können somit kostengünstig und schnell durchgeführt werden. Technisch bestehen solche Operationen meist aus zwei gleichzeitig ausgeführten Transaktionen, die einerseits eine teilweise oder völlige Neutralisierung des zugrunde liegenden Bestandes und andererseits eine Neupositionierung in einem anderen Instrument vornehmen. Ein reines Rentenportfolio kann beispielsweise durch den gleichzeitigen Verkauf von Bund-Futures und den Kauf von DAX-Futures teilweise zum Aktienportfolio werden, ohne eine einzige Anleihe verkaufen zu müssen. Ebenso schnell und effizient kann durch entsprechende Gegengeschäfte die ursprüngliche Situation wiederhergestellt werden. Diese Strategien werden sowohl zwischen verschiedenen Sektoren eines Kapitalmarktes (z. B. deutsche Renten/deutsche Aktien – Bund-Future/DAX-Future der DTB) als auch auf globaler Basis zur Performanceoptimierung (z. B. deutscher versus französischer Rentenmarkt – Bund-Future (DTB)/Notionnel-Future (MATIF)) eingesetzt. Gerade hier existieren signifikante Kostenvorteile gegenüber Kasseumschichtungen, die zudem in vergleichbarer Schnelligkeit kaum darstellbar sind.

Regulationen und Restriktionen

Trotz der hier beschriebenen, vielfältigen Einsatzmöglichkeiten sind die Manager von Investmentfonds natürlich nicht frei bei der Entscheidung über den Einsatz derivativer Produkte in der Steuerung des Sondervermögens. Die Bedingungen und Grenzen sind im Gesetz über Kapitalanlagegesellschaften (KAGG), vor allem in der am 1. März 1990 in Kraft getretenen Novelle, geregelt. Im folgenden wird ein kurzer Überblick gegeben, der nicht auf juristische Vollständigkeit abzielt. Vielmehr soll ein Eindruck vermittelt werden, inwieweit diese Restriktionen die Effektivität des Einsatzes von Futures und Optionen bei Investmentfonds beeinflussen und welche Veränderungen hierbei sinnvoll wären. Der Verkauf von Futures zu Absicherungszwecken darf bis zu maximal 100 Prozent des Fondsvolumens vorgenommen werden. Der Kauf oder Verkauf von Futures ohne Absicherungszweck darf, zusammen mit bereits abgeschlossenen Kontrakten, 20 Prozent des Fondsvolumens nicht überschreiten. Beim Einsatz von Optionen darf die Summe der Basispreise aller Kontrakte 20 Prozent des Fondsvolumens nicht überschreiten. Für Einzeltitel gilt – bezogen auf die Summe der Basispreise – eine Zwei-Prozent-Grenze. Zudem müssen beim Verkauf von Calls die dem Optionsgeschäft zugrunde liegenden Papiere gehalten werden; Puts dürfen nur dann gekauft werden, wenn zum Zeitpunkt des Kaufs die dadurch abzusichernden Papiere im Fondsvermögen enthalten sind. Weitere Restriktionen gelten für die Auswahl der Kontrakte. Auf die Produktpalette der DTB bezogen heißt dies, daß alle Futureskontrakte (Bund-, Bobl- und DAX-Future) genutzt werden können, nicht jedoch die ebenfalls an der DTB gehandelten Optionen auf diese Futures. Aktienoptionen dürfen eingesetzt werden; die Option auf den DAX – der erfolgreichste und liquideste DTB-Kontrakt – jedoch nicht.

Aufgrund dieser Beschränkungen sind einige der eingangs beschriebenen Strategien nicht bei allen von einem Investmentfonds gehaltenen Wertpapieren anwendbar. Bei Rentenfonds wird dies besonders deutlich: Bedingt durch die hohe Liquidität von Rentenfutures weisen auch Optionen auf diese Futures liquide Märkte auf. Optionen auf einzelne Anleihen würden die im Markt potentiell vorhandene Liquidität zu sehr fragmentieren und werden daher nicht bzw. nicht mehr gehandelt. Investmentfonds sind nun aufgrund der KAGG-Vorschriften zwar in der Lage, in Futures tätig zu werden, nicht aber in Optionen auf diese. Für den

Fondsmanager eines in festverzinslichen Wertpapieren engagierten Sondervermögens bedeutet dies, daß eine Hundert-Prozent-Absicherung – und damit eine vollständige Aufgabe von Kursgewinnen – möglich ist, nicht jedoch der Aufbau einer Sicherungsstrategie, die Risiken des gesamten Portfolios eingrenzt und zusätzliche Gewinnpotentiale erhält. Der Schutz des Anlegers dreht sich damit zu seiner Benachteiligung um. Ähnlich problematisch stellt sich die fehlende Zugriffsmöglichkeit auf Indexoptionen dar. Fondsvermögen, die indexnah strukturiert sind, könnten über diese Optionskontrakte auf den Gesamtmarkt (oder Teile davon) ein effizienteres Risikomanagement betreiben, müssen sich jedoch auf einzelne Aktienoptionen beschränken, mit negativen Auswirkungen auf die Ergebnisse solcher Operationen. Schließlich stellen die Anlagegrenzen für Optionen in der Praxis oftmals die wesentliche Hürde für einen professionellen Risikomanagement-Ansatz dar. Eine Absicherung nur von Teilen des gehaltenen Portfolios kann keine zufriedenstellenden Ergebnisse erbringen. Zudem ist die Messung der entsprechenden Positionen über den Basispreis praxisfremd; die Risikomessung derivativer Produkte über Sensitivitätskennzahlen (Deltafaktor u. ä.) ist hier Stand der Dinge.

Sicherlich ist es notwendig, den Einsatz derivativer Produkte im Interesse des Anlegerschutzes zu reglementieren und einzugrenzen; dies gilt natürlich in besonderem Maße für Publikumsfonds. Auch ist es angesichts der Komplexität derivativer Produkte und ihrer Strategien verständlich, daß die KAGG-Novelle von 1990 einen zunächst recht konservativen Ansatz wählte; die DTB steckte zu dieser Zeit noch »in den Kinderschuhen«. Zur Erhaltung der Wettbewerbsfähigkeit deutscher Investmentfonds im europäischen bzw. globalen Rahmen ist hier jedoch der Gesetzgeber gefordert, die entsprechenden Regelungen an die veränderten Marktgegebenheiten anzupassen.

Neue Konzepte

Die jüngste Vergangenheit ist von einem immer stärkeren Innovationsdrang auch und gerade in der Investmentbranche gekennzeichnet. Neue Strukturen, die dem anspruchsvollen Anleger eine präzise Umsetzung seiner Investmentziele ermöglichen, entstehen meist durch eine Kombination »klassischer« Anlageinstrumente mit derivativen Produkten.

Hierbei haben sich insbesondere die Neuerungen, die mit Garantien hinsichtlich der Erhaltung des eingesetzten Kapitals bzw. einer Mindestrendite ausgestattet sind, am Markt durchgesetzt. Hinter diesem Konzept stehen oftmals komplexe Strategien analog des oben dargestellten Low Premium Collars bzw. der Low Premium Participation. Aufgrund der rechtlichen Rahmenbedingungen werden solche innovativen Fondsstrukturen allerdings fast ausschließlich im Ausland aufgelegt, was insbesondere angesichts des mittlerweile bedeutenden Know-hows deutscher Kapitalanlagegesellschaften bedauerlich ist. Eine weitere Innovation hat ihren Ursprung in den Vereinigten Staaten und beginnt derzeit auch in Europa (insbesondere in Großbritannien) Fuß zu fassen: das Prinzip der sogenannten »Managed Futures Funds«. Hierbei setzt das Fondsmanagement ausschließlich derivative Produkte ein; die bei »normalen« Fonds als »Werkzeuge« eingesetzten Instrumente werden somit selbst zum Anlagemedium. Angesichts der hiermit verbundenen höheren Risiken sowie der entsprechenden Komplexität ist bei diesen Produkten eine äußerst genaue Beobachtung notwendig. Bei aller notwendigen kritischen Distanz hierzu sollten jedoch auch die Möglichkeiten solcher Futuresfonds im Rahmen der Diversifikation eines Portfolios nicht unbeachtet bleiben.

Die Vielfalt der Einsatzmöglichkeiten von Futures und Optionen unterstreicht die Bedeutung solcher Produkte für das Fondsmanagement. Gleichzeitig beweist die starke Marktstellung von Investmentfonds an der DTB, in welch großem Umfang derivative Instrumente bereits professionell eingesetzt werden; der Trend zeigt hier weiter nach oben. Zusätzlich nutzen immer mehr internationale Investmentfonds die Produkte der DTB. Bedenkt man, wie stark die einheimischen Kapitalanlagegesellschaften in der Nutzung derivativer Produkte eingeschränkt sind, kann man das noch vorhandene Potential ermessen. Eine Anpassung der diesbezüglichen Rechtsvorschriften an die Erfordernisse der Praxis – durchaus nicht als »Nachlassen« gesetzlicher Kontrolle, sondern als Steigerung der Effektivität derselben zu sehen – wird hier zu weiteren Verbesserungen für die Investmentfonds, vor allem aber für den Anleger, führen.

Fondsrating – Urteile über Wertpapiervermögen

Oliver Everling

Der Bedarf an Dienstleistungen von Ratingagenturen wächst. Die dafür maßgebenden Entwicklungstendenzen an den Finanzmärkten sind irreversibel: Die Globalisierung und zunehmende Verzahnung der Geld-, Kredit- und Kapitalmärkte führt zur Übertragung der amerikanischen Marktusancen bezüglich des Rating auf Europa. Verbriefungstendenzen bzw. »Securitizations« bedürfen der Flankierung durch Rating. Deregulierungs- und Liberalisierungsmaßnahmen heben Markteintrittsschranken auch für von der Bonität her zweifelhafte Adressen, über deren Kreditwürdigkeit das Rating klare Auskunft geben kann. Bestimmte Finanzinnovationen setzen Ratings voraus, beispielsweise Swaps oder Anleihen, deren Verzinsungshöhe an die Bonitätseinstufung gekoppelt ist (sogenannte Credit Sensitive Notes). Die Institutionalisierung und Internationalisierung der Kapitalanlage verlangen nach objektivierten Bonitätsbeurteilungen durch Ratingagenturen.

Die Überforderung der traditionellen Fachpresse mit einem unüberschaubaren, weltweiten Angebot von Finanztiteln, mangelhafte Folgepublizität, Sprachbarrieren und nationale Unterschiede in der Rechnungslegung trotz Harmonisierung lassen Portfoliomanager verstärkt auf den Service von Ratingagenturen zurückgreifen. Durch Ratings ausgedrückte Bonitätsbeurteilungen eignen sich hervorragend zur elektronischen Datenverarbeitung, sind im Portfoliomanagement einfach einzusetzen, bieten ein hohes Maß praktischer Verwendbarkeit, sind international leicht kommunizierbar, ermöglichen die Beobachtung einer großen Anzahl von Emittenten und schaffen Markttransparenz. Publikationen der Ratingagenturen genießen ein hohes Ansehen in Finanzkreisen. In Geschäftsberichten, Finanzanzeigen und an vielen anderen Stellen wird auf prestigeträchtige Ratings verwiesen. Die genaue Kenntnis und Nutzung der Ratingveröffentlichungen gehört in der Bundesrepublik Deutschland inzwischen ebenso zum Grundwissen eines Finanz- bzw. Investmentanalysten wie in den angelsächsischen Ländern.

Mit dem Ausdruck Rating wird grundsätzlich eine Vielzahl von Beurteilungsverfahren angesprochen, die in der Festlegung einer Wertungsaussage in der Art einer Zensur münden. Ein bestimmter Gegenstand ist für das Rating nicht begriffskonstituierend; Ratingverfahren können sich somit auf die verschiedensten Objekte beziehen. In der Praxis des Bank- und Börsenwesens wird dem Begriff »Rating« meist die Bedeutung des Credit Rating zugeordnet, oft spezieller noch bestimmte Beurteilungen von auf das Rating handelbarer Finanztitel spezialisierter Institute. Während das Credit Rating im weiteren Sinne jede Bonitätsbeurteilung von Forderungstiteln bezeichnet, die durch definierte Ratingsymbole formuliert wird, also auch etwa die Vergabe von Urteilen über die Qualität von Kreditnehmern im Konsumentenkreditgeschäft der Banken, bezieht sich das Credit Rating im engeren Sinne lediglich auf Bonitätsurteile, die entweder über Anleihen und andere, Forderungsrechte verbriefende Wertpapiere oder über deren Emittenten abgegeben werden.

Urteile über Wertpapiervermögen

Ratings der letztgenannten Art werden – wie auch Fondsratings – von spezialisierten Unternehmen ermittelt, sogenannten Ratingagenturen, die durch Bestimmung von Ratings eine marktfähige Leistung erbringen. Der Markt für Ratings wird neben einer europäischen von zwei Agenturen dominiert, die ihren Sitz in den USA haben. Außer den marktführenden Agenturen IBCA, Standard & Poor's und Moody's Investors Service gibt es eine Reihe weiterer Agenturen, die jedoch – von Ausnahmen abgesehen – nur von lokaler Bedeutung sind. In den USA haben Fondsratings als Bonitätsurteile über »mutual funds« und »money market funds« bereits große Bedeutung erlangt. Als »mutual funds« werden in den USA juristische Personen bezeichnet, die ihr Vermögen in Forderungs- oder Beteiligungstiteln anlegen und selbst im Eigentum von institutionellen Investoren oder Privatanlegern stehen. Diese Fonds werden in der Regel von einem Treuhandgremium (board of trustees) geleitet, das von den Gesellschaftern bestellt wird und einen Fondsmanager mit der Verwaltung des Fondsvermögens beauftragt. Während die offenen Investmentfonds (in Großbritannien als »unit trusts« bezeichnet) jeweils bei der Aufnahme von Anteilseignern neue Anteile begeben, ist die Anzahl der Anteile an geschlossenen Investmentfonds (»investment trusts«) begrenzt. Die Anteile letzterer Fonds werden vielfach an der Börse gehandelt.

Deutsche Investmentfonds wurden von den zum Teil schon kurz nach der Jahrhundertwende gegründeten US-amerikanischen Agenturen bisher nicht mit Ratings versehen. In den USA und in anderen Ländern haben die führenden Agenturen jedoch bereits zahlreiche Fonds beurteilt. Die Agenturen IBCA, S & P's und Moody's vergaben schon Mitte 1991 auch Ratings für OPCVM (Organismes de Placement Collectif en Valeurs Mobilières). Dem Anleger steht daher in Europa der Service von insgesamt drei international renommierten und von der U. S. Securities and Exchange Commission, dem japanischen Finanzministerium sowie anderen Aufsichtsinstanzen anerkannten Agenturen zur Verfügung: IBCA, S & P's und Moody's.

Die Ratingagenturen verstehen unter einem Rating eine Meinung über die Fähigkeit und die rechtliche Bindung eines Emittenten, die mit einem bestimmten Finanztitel verbundenen Zahlungsverpflichtungen rechtzeitig und in vollem Umfang zu erfüllen. Ratings werden – wie gesagt – nicht nur für Investmentfonds und von Unternehmen emittierte Rentenpapiere vergeben, sondern auch für solche öffentlicher Körperschaften oder von Staaten. In das Rating können Einschätzungen emissionsspezifischer Besonderheiten einfließen, so daß es nicht lediglich eine Aussage über die Insolvenzwahrscheinlichkeit eines Emittenten inkorporiert, sondern auch die relative Stellung des Gläubigers im Insolvenzfall berücksichtigt. Da die Bonitätseinstufungen stets nach den gleichen Grundkategorien vorgenommen werden, ermöglicht das Rating nicht nur einen Vergleich zwischen der Qualität verschiedener Investmentfonds oder zwischen verschiedenen Rentenpapieren, sondern in bestimmten Grenzen auch etwa zwischen Investmentfonds und Rentenpapieren oder anderen Forderungstiteln.

Die Ratingagenturen bedienen sich charakteristischer Ratingsymbole, die den Abstufungen einer ordinalen Skala gleichkommen. Eine erstklassige Bonität kommt in dem Symbol *AAA* (IBCA, S & P's) bzw. *Aaa* (Moody's) zum Ausdruck, während das Symbol *AA* bzw. *Aa* bereits eine nicht mehr ganz so überragende Kreditwürdigkeit signalisiert. Die Skala von IBCA und S & P's umfaßt die Symbole *AAA, AA, A, BBB, ..., CC, C, D,* während sich Moody's der Symbole *Aaa, Aa, A, Baa, ..., Ca, C* bedient. Die niedrigste Bonitätsstufe wird somit durch die Symbole *D* respektive *C* kenntlich gemacht. Die Einstufungen werden – mit Ausnahmen – von IBCA und S & P's durch die Modifikatoren +/–, von Moody's durch die Modifikatoren 1, 2 und 3 nuanciert. Unabhängig von diesen für Anleihen konzipierten Ratingsymbolen werden für das Rating kurzfristiger Titel, in der Regel Geldmarktpapiere, besondere, reduzierte Skalen verwendet, die meist nur vier oder sechs Stufen umfassen. Die Agenturen verwenden zur Klassifizierung von Rentenfonds die Skala des langfristigen Rating, zur Klassifizierung von Geldmarktfonds die Skala des kurzfristigen Rating. Standard & Poor's fügt dem Ratingsymbol den Buchstaben *m* zu, um kenntlich zu machen, daß sich das Rating auf einen »mutual Fund« bezieht. Werden mindestens 85 Prozent des Fondsvermögens in US-Staatspapieren angelegt, wird dem Ratingsymbol der obersten Kategorie der Buchstabe *G* nachgestellt.

Funktionen des Fondsrating

Das Fondsrating nimmt sowohl für Anleger als auch für die Fondsgesellschaften verschiedene Funktionen wahr. Wichtigste Funktion des Rating aus Anlegersicht ist die Information über die absolute und relative Bonität des Fonds. Bei jeder Entscheidung über eine Kapitalanlage in Investmentanteilen ist eine Vielzahl von Faktoren zu berücksichtigen, zu denen auch die Wahrscheinlichkeit zählt, daß der Fonds die versprochenen Zahlungen zu leisten vermag. *Ceteris Paribus* bevorzugen Anleger Anteile solcher Fonds, deren Bonität als besonders gut beurteilt wird. Neben der Funktion der Information über die Bonität kann das Fondsrating auch instrumentelle Funktionen im Rahmen der Rentenmarktanalyse wahrnehmen, z. B. zur Identifikation von Gelegenheiten für Arbitrageoperationen. In verschiedenen Rechtsordnungen (insbesondere in den USA und in Japan) wurde das Rating aufsichtsrechtlich implementiert, d. h., manche Marktaufsichtsinstitutionen bedienen sich des Rating zur Wahrnehmung ihrer Aufgaben. So ist beispielsweise bestimmten US-amerikanischen institutionellen Anlegern die Kapitalanlage in Wertpapieren untersagt, die – gemessen am Rating – nicht von Investmentqualität sind, z. B. ein Rating *BB* aufweisen. Um ihre Emissionen auch an diese Anleger plazieren zu können, benötigen Emittenten das Rating anerkannter Agenturen.

US-amerikanisches Recht (Investment Company Act von 1940) hindert Investmentgesellschaften am Erwerb von Wertpapieren bei einer Wertpapieremission, die primär von einem verbundenen Unternehmen der Investmentgesellschaft als »underwriter« getragen wird. Von dieser

Regel sind jedoch kommunale Schuldverschreibungen ausgenommen, die in eine der obersten vier Ratingkategorien oder – falls der Emittent dieser Anleihen noch nicht seit wenigstens drei Jahren existiert – in eine der obersten drei Kategorien einer anerkannten Ratingagentur – die US-Juristen benutzen den Ausdruck »nationally recognized statistical rating organization« – eingestuft wurden. Die Vorschrift wird damit begründet, daß für Schuldverschreibungen der genannten Qualität die Marktgängigkeit hinreichend gewährleistet sei. Eine weitere Regel des US-amerikanischen Rechts betrifft die Kalkulation des Anteilspreises von Geldmarktfonds. Besteht das Portefeuille des Geldmarktfonds aus Wertpapieren, die in eine der beiden höchsten Ratingkategorien einer Ratingagentur fallen, dann kann der Anteil nach vereinfachenden Regeln bewertet werden. Andernfalls ist der Inventarwert des Anteils anhand von Marktkursen zu ermitteln, die in Abhängigkeit von der Zinsentwicklung variieren und zu unterschiedlichen Wertansätzen im Zeitablauf führen können. Daraus würden für den Fonds Nachteile in Form einer verminderten Marktgängigkeit seiner Anteile resultieren.

Das Verfahren zur Generierung eines Rating wird meist von der Kapitalanlagegesellschaft beantragt, kann aber auch von der Ratingagentur ohne Auftrag im Anlegerinteresse initiiert werden. Die Gesellschaften lassen sich gewöhnlich vor der ersten Kontaktaufnahme mit der Ratingagentur von ihrer Hausbank bezüglich der geeigneten Vorgehensweise beraten. Da auch die Ratingagenturen an einem reibungslosen Ablauf des Ratingverfahrens interessiert sind, liefern auch sie dem Emittenten vorab umfangreiche Informationen zum Wesen und Ziel des Ratingverfahrens.

Das eigentliche Ratingverfahren nimmt in der formalen Antragstellung seinen Anfang. Der Antrag wird von der Ratingagentur abgelehnt, wenn die informationelle Basis für die Bestimmung eines Rating als ungenügend betrachtet werden muß. Erscheint das Verfahren durchführbar, nimmt die Agentur den Fonds in das Beurteilungs- und Überwachungssystem auf und teilt ihm ein Analystenteam zu, das zu einer ersten Orientierung über die wirtschaftliche und rechtliche Stellung des Emittenten unter Nutzung der hauseigenen Bibliothek sowie diverser Datenbanken eine interne Recherche vornimmt. Die Analysten der Agentur stellen wiederholt Anfragen an das Fondsmanagement, die meist mit Zusendungen von bereits veröffentlichtem Informationsmaterial beantwortet werden. Die Bestimmung des Umfangs und des Inhalts des zugesandten Datenmaterials liegt weitgehend im Ermessen des Fonds; da jedoch das Analystenteam bereits eine vorläufige Einschätzung des Fonds anhand der bereitgestellten Unterlagen vornimmt, zeigt sich das Fondsmanagement aufgrund seines Interesses an einem günstigen Rating meist kooperativ.

Von zentraler Bedeutung für die Bestimmung eines Rating ist die Zusammenkunft von Analysten der Ratingagentur und des Managements des Investmentfonds. Das Treffen findet üblicherweise am Ort der Zentrale des Fondsmanagements statt und kann ein bis zwei Tage dauern. In dieser Begegnung werden oft auch (noch) vertrauliche Informationen weitergegeben. Daran schließt sich eine Phase detaillierter Analyse an, die in der Darstellung der Untersuchungsergebnisse des Analystenteams vor dem aus besonders erfahrenen Analysten zusammengesetzten Ratingkomitee ihren Abschluß findet. In der Sitzung des Ratingkomitees werden alle für die Entscheidung über das Rating relevanten Tatbestände erörtert und schließlich das Rating beschlossen.

Über das Rating und über die Bestimmungsgründe der Entscheidung wird dann das Fondsmanagement benachrichtigt. Die Ratingagenturen geben dem Emittenten Gelegenheit, zu der Beurteilung Stellung zu nehmen und gegebenenfalls eine Gegendarstellung zu liefern. Erscheint eine Revidierung des Rating auf der Basis der zusätzlich vom Emittenten gelieferten Information wahrscheinlich, wird eine erneute Sitzung des Ratingkomitees anberaumt und eine endgültige Entscheidung getroffen. Nach der Festsetzung des Rating wird es in Publikationen der Agentur sowie in Pressemitteilungen veröffentlicht. Das Rating wird von den Analysten der Agentur überwacht, d. h., Veränderungen der wirtschaftlichen Verhältnisse mit der eventuellen Konsequenz eines »up-« oder »downgrading« können zu einer Wiederaufnahme des gesamten Verfahrens führen, die mit einem Vermerk in der sogenannten »Watchlist« angekündigt wird. Mit der Publizierung des Fondsrating ist die Tätigkeit der Ratingagentur nicht beendet. Da sich die Zusammensetzung des Fondsvermögens laufend ändern kann, sind Fondsratings einer besonders intensiven Überwachung ausgesetzt. Um den Informationsanforderungen der Agenturen zu entsprechen, hat die Verwaltung eines Geldmarktfonds z. B. wöchentlich die nach einer Liste der Ratingagentur vorgeschriebenen Unterlagen zu erstellen und rechtzeitig abzuliefern. Entsprechen die eingereichten Daten nicht den Erwartungen der Ratinganalysten oder versäumt das Fondsmanagement die Erteilung wesentlicher Angaben, kann dies zu einer Herabstufung des Rating führen mit entsprechenden Konsequenzen für das Standing der Fondsverwaltung, für die Liquidität und Marktbewertung der Anteile bzw. für die Entwicklung des Mittelaufkommens. Für Rentenfonds genügt es in der Regel, vierzehntägig die erforderliche Dokumentation zu erstellen sowie der Agentur vorzulegen und zwischenzeitlich nur über wichtige Dispositionen zu informieren. Die Analysten der Ratingagenturen bedienen sich zur Urteilsbildung nur in geringem Umfang rein mathematisch-statistischer Verfahren, vielmehr stützen sie sich auf eine mehr oder weniger subjektive Verknüpfung von Ratingkriterien.

Rechtliche Rahmenbedingungen und Verkaufsprospekt

Da auch Kapitalanlagegesellschaften einer weitreichenden Gesetzgebung unterliegen, ist für die Analysten der Ratingagenturen das Verständnis der rechtlichen Rahmenbedingungen des zu beurteilenden Fonds elementar. Zu den beurteilungsrelevanten Angaben, die meist bereits aus dem Verkaufsprospekt ersichtlich sind, gehören insbesondere

- die Namen der beteiligten Institutionen,
- die historische Entwicklung des Fondsvermögens,
- die Anlagepolitik,
- die Differenz zwischen Verkaufs- und Rücknahmepreis der Anteile,
- der Verwaltungsaufwand,
- eine Liste der Vermögensgegenstände.

Die Agenturen beurteilen bei geschlossenen Fonds nicht die Wahrscheinlichkeit einer Marktpreisveränderung oder die Liquidität der Anteile im Sekundärmarkt. Das Rating gibt auch keine Auskunft über die erwartete Rendite eines Fonds.

Das Rating des Investmentfonds wird vielmehr von zwei Aspekten bestimmt. Zum einen wird die Qualität der Anlagegegenstände geprüft, die Teil des Fondsvermögens sind, und zum anderen wird die Qualifikation des Fondsmanagements beurteilt. Im Gegensatz zu Anleihen oder Commercial Paper gibt es bei Investmentfonds in der Regel kein festgelegtes Rückzahlungsdatum. Ebenso ist die Höhe der laufenden Ausschüttungen meist nicht fixiert. Da reine Eigenkapitalpositionen nicht von den Agenturen beurteilt werden, kann sich das Rating nur auf Renten- und

Geldmarktfonds beziehen, nicht aber auf Aktienfonds. Zur Einstufung der Qualität des Fondsvermögens rekurrieren die Agenturen auf die Ratings der in ihm enthaltenen Renten- oder Geldmarktpapiere.

Da sich die Zusammensetzung des Fondsvermögens oft täglich ändert, reicht zur Festlegung des Rating die bloße Untersuchung der Fondszusammensetzung nicht aus. In vielen Fällen sind den Dispositionsmöglichkeiten des Fondsmanagements jedoch statutarisch oder gesetzlich enge Grenzen gesetzt. So werden etwa in den USA viele Geldmarktfonds auf Investments in Geldmarktpapiere festgelegt, die von einer oder mehreren Agenturen, die zu den »nationally recognized statistical rating organizations« zählen, in die obersten Kategorien eingestuft wurden. Eine solche Festlegung kann dann angezeigt sein, wenn für den Fonds selbst ein oberstes Rating angestrebt wird. Voraussetzung zur Erlangung eines Prime-1-Fondsrating von Moody's ist beispielsweise die Anlage des Fondsvermögens ausschließlich in solche Geldmarktpapiere, die von Moody's mit Prime-1 beurteilt wurden. Bei Rentenfonds stützen sich die Analysten auf einen gewichteten Durchschnitt, der aus den Parikursen der im Portefeuille enthaltenen Rentenpapiere und den statistischen Ausfallhäufigkeiten in der jeweiligen Ratingkategorie gebildet wird. Da die Ausfallhäufigkeit mit sinkendem Rating exponentiell wächst, wird durch den gewogenen Mittelwert im Vergleich zum einfachen arithmetischen Mittel die Bonitätseinstufung eines Fonds deutlich nach »unten« korrigiert.

Die Untersuchung der »durchschnittlichen« Bonität eines Wertpapierportefeuilles ergibt innerhalb der Systematik der Ratingagenturen nur dann eine für sich genommen verwertbare Aussage, wenn die Portefeuillezusammensetzung nicht geändert wird. Weil aber für das Management der meisten Investmentfonds aktive Anlagestrategien kennzeichnend sind, muß auch die Fondsverwaltung beurteilt werden. Die Agenturen befassen sich daher mit Fragen der rechtlichen Bindung des Fondsmanagements an festgelegte Anlagegrundsätze, mit dem Verhalten der Fondsverwaltung in der Vergangenheit sowie mit der Wahrscheinlichkeit, daß die Portefeuillequalität auch unter verschlechterten ökonomischen Rahmenbedingungen aufrechterhalten werden kann. Zu den wichtigsten Beurteilungsaspekten gehören:

- die Seriosität, die Erfahrung und das Ausbildungsniveau der Fondsmanager,
- der Umfang, der Anspruch, die Zeitnähe und die Unabhängigkeit des Primär- und Sekundärresearch,
- die Ausgestaltung der internen Kontrollsysteme,
- die Funktionsfähigkeit und die Aktualität der übrigen Informationssysteme.

Von der Prüfung zum Bestätigungsvermerk

Dieter Fuchs

Ausgangspunkt der Betrachtung ist das Gesetz für Kapitalanlagegesellschaften (KAGG), welches regelt, daß die Kapitalanlagegesellschaft für jedes Sondervermögen am Ende eines jeden Geschäftsjahres einen Rechenschaftsbericht zu erstatten hat. Der Rechenschaftsbericht für das Sondervermögen ist vom Abschlußprüfer zu prüfen (Paragraph 24 a Abs. 1). In Paragraph 1 dieses Gesetzes wird das Investmentgeschäft näher beschrieben, das wiederum gemäß den Vorschriften des Kreditwesengesetzes (KWG) ein Bankgeschäft darstellt, das in Deutschland nur von Kreditinstituten betrieben werden darf. Die deutschen Kapitalanlagegesellschaften haben als Kreditinstitute daher unabhängig von ihrer Größe ebenfalls ihren Jahresabschluß und den Lagebericht prüfen zu lassen. Weitere Grundlagen der Prüfung sowohl des Rechenschaftsberichts für das Sondervermögen als auch des Jahresabschlusses der Kapitalanlagegesellschaft sind die hierzu ergangenen Anordnungen des Bundesaufsichtsamts für das Kreditwesen (BAK). Das Fachgutachten 1/1988 des Instituts der Wirtschaftsprüfer betreffend »Grundsätze ordnungsgemäßer Durchführung von Abschlußprüfungen« ist, sinngemäß, auch für die Prüfung des Rechenschaftsberichts des Sondervermögens zu beachten. Als Ergebnis der Prüfung erteilt der Wirtschaftsprüfer einen sogenannten Bestätigungsvermerk, der zum Ausdruck bringt, daß die Buchführung und der Rechenschaftsbericht dem Gesetz und den Vertragsbedingungen entsprechen und daß bei der Verwaltung des Sondervermögens das Kapitalanlagegesetz und die Vertragsbedingungen beachtet worden sind; der Vermerk ist mit seinem vollen Wortlaut im Rechenschaftsbericht wiederzugeben. Der Einfachheit halber wird hier auf die Wertpapiersondervermögen abgestellt; im Grundsatz gelten die weiteren Ausführungen aber auch für Immobilienfonds. Außerdem soll von einem einheitlichen Fondsbegriff ausgegangen werden, der sowohl Publikumsfonds als auch Spezialfonds umfaßt; letztere werden aufgrund spezieller Vereinbarungen zwischen der Kapitalanlagegesellschaft und einem oder bis zu zehn bestimmten Anlegern aufgelegt. Diese Spezialfonds sind insbesondere von Regelungen ausgenommen, die, wie z. B. bei Publikumsfonds, dem Schutz anonymer Anleger dienen.

Prüfungen, die sich direkt aus dem KAGG ergeben

Der Abschlußprüfer hat, wie eingangs erwähnt, den Rechenschaftsbericht des Sondervermögens zu prüfen. Hier ist zunächst festzustellen, ob der Rechenschaftsbericht alle im Gesetz vorgesehenen Bestandteile enthält. Grundsätzlich muß er einen Bericht über die Tätigkeit der Kapitalanlagegesellschaft (Tätigkeitsbericht) im Geschäftsjahr, über das zu berichten ist, und alle wesentlichen Angaben enthalten, die es den Anteilinhabern ermöglichen, sich ein Urteil über die Tätigkeit des Managements und die Ergebnisse des Sondervermögens zu bilden. Im einzelnen ist dann als ein wesentlicher Bestandteil des Rechenschaftsberichts die Vermögensaufstellung zu prüfen. Art und Umfang der einzelnen Vermögensteile, die in der Vermögensaufstellung voneinander getrennt aufzuführen sind, sowie Verbindlichkeiten (z. B. aus Kreditaufnahmen) müssen in der im Gesetz beschriebenen Form dargestellt werden. Außerdem sind für jeden Posten der Wertpapiere und Schuldscheindarlehen auch die während des Berichtszeitraums getätigten Käufe und Verkäufe nach Nennbetrag oder Zahl aufzuführen. Auch die während des Berichtszeitraums abgeschlossenen Optionsgeschäfte, Devisentermingeschäfte und Finanzterminkontrakte, soweit sie nicht mehr in der Vermögensaufstellung erscheinen, sind anzugeben.

Ein weiterer gesetzlicher Bestandteil ist die Ertrags- und Aufwandsrechnung, die nach Art der Erträge und Aufwendungen so zu gliedern ist, daß aus ihr Erträge aus Anlagen, sonstige Erträge, Aufwendungen für die Verwaltung des Sondervermögens, für die Depotbank sowie sonstige Aufwendungen und Gebühren ersichtlich sind. Außerdem muß der Nettoertrag beziffert werden. Als dritte größere Darstellung muß der Rechenschaftsbericht eine Übersicht über die Entwicklung des Sondervermögens während des Berichtszeitraums enthalten. Auch hier sind die einzelnen Angaben über die ausgeschütteten und wiederangelegten Erträge, die durch Veräußerungsgeschäfte oder Einlösung von festverzinslichen Wertpapieren sowie aus Options-, Devisentermingeschäften und aus Finanzterminkontrakten realisierten Gewinne und Verluste, die Veränderungen der nicht realisierten Gewinne und Verluste bei den ausgewiesenen Vermögensgegenständen sowie die Mittelzuflüsse und -abflüsse aus Anteilscheinverkäufen und -rücknahmen in die Prüfung einzubeziehen. Bei Fonds, bei denen ein Ertragsausgleich gerechnet wird, ist auch dessen Berechnung nachzuvollziehen.

Schließlich sind weitere Angaben im Rechenschaftsbericht zu überprüfen, so die Anzahl der am Abschlußstichtag umlaufenden Anteile und der Wert eines Anteils, wie er sich aus der Teilung des Werts des Sondervermögens durch die Zahl der in den Verkehr gelangten Anteile ergibt. Auch die vergleichende Übersicht der letzten drei Geschäftsjahre – wobei zum Ende jeden Geschäftsjahres der Wert des Sondervermögens und der Wert eines Anteils anzugeben sind – unterliegt der Prüfung.

Während die Prüfung des Rechenschaftsberichts eine stichtagsbezogene Prüfung ist, gilt bei der Prüfung der Verwaltung des Sondervermögens, daß alle im Geschäftsjahr getätigten Umsätze der Prüfung unterliegen (Zeitraumprüfung). Dabei gilt für die Prüfung der Verwaltung des Sondervermögens der Grundsatz, daß die Kapitalanlagegesellschaft die Verwaltung mit der Sorgfalt eines ordentlichen Kaufmanns betreiben muß und ihre Aufgaben unabhängig und im Interesse der Anteilsinhaber wahrnehmen soll. Ein ganz wesentlicher Bereich der Verwaltung des Sondervermögens, der der Prüfung unterliegt, ist die Einhaltung zulässiger Anlagemöglichkeiten und Anlagegrenzen. Diese sind in den Paragraphen 8 bis 8 f. KAGG abschließend geregelt, wobei man allerdings berücksichtigen muß, daß sie durch weitere gesetzliche Novellierungen erweitert werden.

Die zulässigen Anlageformen betreffen zur Zeit:

- Wertpapiere, die innerhalb (Paragraph 8 Abs. 1 Nr. 1 und 2) oder außerhalb (Paragraph 8 Abs. 1 Nr. 3 und 4) der EG zum amtlichen Handel an einer Börse zugelassen sind oder an einem anderen organisierten Markt gehandelt werden bzw. deren Zulassung zum amtlichen Börsenhandel oder deren Einbeziehung in einen anderen organisierten Markt nach den Ausgabebedingungen zu beantragen ist,
- Wertpapiere, die nicht zum amtlichen Handel an einer Börse zugelassen oder in einen anderen organisierten Markt einbezogen sind (Paragraph 8 Abs. 2 Nr. 1),
- Schuldscheindarlehen, die bestimmten Bedingungen genügen (Paragraph 8 Abs. 2 Nr. 2),
- Bankguthaben, Geldmarktpapiere (Paragraph 8 Abs. 3),
- Anteile von Sondervermögen (Paragraph 8 b),
- Wertpapieroptionsgeschäfte (Paragraph 8 d),
- Devisentermingeschäfte (Paragraph 8 e),

- Finanzterminkontrakte zur Absicherung von Vermögensgegenständen (Paragraph 8 f Abs. 1) und
- spekulative Finanzterminkontrakte (Paragraph 8 f Abs. 2).

Für diese Anlageformen bestehen auf das Sondervermögen bezogene Anlagegrenzen, die in allgemeingültige und in besondere Grenzen unterteilt werden können. Hinzu kommen bei einigen Anlageformen außerdem auf den Emittenten bezogene Anlagegrenzen sowie vereinzelt auch wieder Ausnahmen. Die Komplexität der gesetzlichen Regelungen läßt sich am Beispiel der Wertpapieroptionsgeschäfte besonders anschaulich darstellen.

Nach der allgemeingültigen Grenze dürfen die Basispreise sämtlicher Kauf- und Verkaufsoptionen 20 Prozent des Sondervermögens nicht übersteigen (Paragraph 8 d Abs. 1, Satz 2). Darüber hinaus dürfen nach den auf das Sondervermögen bezogenen besonderen Anlagegrenzen Kaufoptionen nur verkauft werden, wenn sich die betreffenden Papiere bereits im Bestand befinden. Die Papiere dürfen während der Laufzeit der Option nicht veräußert werden (Paragraph 8 d Abs. 3). Verkaufsoptionen dürfen nur gekauft werden, wenn sich die betreffenden Papiere schon im Bestand befinden (Paragraph 8 d Abs. 4). Außerdem muß in den Vertragsbedingungen der betreffenden Sondervermögen angegeben sein, ob und in welchem Umfang Wertpapieroptionsgeschäfte abgeschlossen werden können. Die auf den Emittenten bezogene Anlagegrenze regelt, daß die Basispreise sämtlicher Kauf- und Verkaufsoptionen für Wertpapiere desselben Ausstellers 2 Prozent des Sondervermögens nicht übersteigen dürfen (Paragraph 8 d Abs. 2, Satz 1). Die Ausnahmeregelung wiederum besteht darin, daß, wenn ein für Rechnung des Sondervermögens abgeschlossenes Optionsgeschäft durch ein Gegengeschäft geschlossen wird, beide Geschäfte nicht auf die Grenzen des Paragraph 8 d Abs. 1, Satz 2 (20-Prozent-Grenze) bzw. Paragraph 8 d Abs. 2, Satz 1 (2-Prozent-Grenze) anzurechnen sind (Paragraph 8 d Abs. 1 und 2, jeweils letzter Satz). All diese Anlagemöglichkeiten und -grenzen sind von dem Abschlußprüfer für den der Prüfung unterliegenden Zeitraum in angemessener Weise zu prüfen. Weitere Prüfungsbereiche betreffen die Frage der zulässigen Wertpapierumsätze einschließlich der Kauf- und Verkaufskurse sowie Art und Umfang eventuell durchgeführter Kreditaufnahmen.

Die Vertragsbedingungen des Sondervermögens können die vom Gesetz vorgesehenen Anlageformen und -grenzen weiter einschränken. Wie bereits erwähnt, müssen außerdem gesetzlich zulässige Anlageformen – etwa der Abschluß von Wertpapieroptionsgeschäften, aber auch der von Finanzterminkontrakten und Devisentermingeschäften – ausdrücklich in den Vertragsbedingungen vorgesehen sein, bevor sie getätigt werden können. Die Erfassung und Einhaltung der sich aus den Vertragsbedingungen ergebenden Anlagebeschränkungen sind ebenfalls zu prüfen. Bei der Prüfung von Spezialfonds besteht die Besonderheit, daß die Prüfung sich zusätzlich auf die Übereinstimmung der Vertragsbedingungen mit den Vorschriften des KAGG zu erstrecken hat.

Aufgaben der Depotbank

Gemäß Paragraph 12 Abs. 1 KAGG hat die Kapitalanlagegesellschaft ein anderes Kreditinstitut mit der Verwahrung der Vermögenswerte der Sondervermögen sowie mit der Ausgabe und Rücknahme von Anteilscheinen zu beauftragen (Depotbankfunktion). Die Depotbankfunktion ist Teil des Effekten- und Depotgeschäfts der Depotbank und unterliegt gemäß Paragraph 30 Abs. 1 KWG einmal jährlich der Depotprüfung. Einige der zur Gewährleistung einer ordnungsgemäßen Abwicklung der Verwaltung von Sondervermögen erforderlichen Tätigkeiten der Depotbank sind daneben Prüfungsgegenstand bei der Kapitalanlagegesellschaft selbst. Hierzu gehören beispielsweise die ordnungsgemäße Buchung der Abrechnungen über die für Rechnung der Sondervermögen getätigten Wertpapierkäufe und -verkäufe sowie die mengenmäßige Abstimmung der bei der Kapitalanlagegesellschaft gebuchten Wertpapiere mit den Depotauszügen der Depotbank. Von ganz besonderer Bedeutung ist die Feststellung der Wertpapier- und Devisenkurse zur Bewertung des Sondervermögens an den Bewertungsstichtagen sowie der börsentäglichen Ermittlung und Veröffentlichung der Ausgabe- und Rücknahmepreise der Anteilscheine und der Verkauf und die Rücknahme von Anteilen. (Die Vertragsbedingungen von Spezialfonds können die Zahl der Börsentage zur Ermittlung der Anteilswerte begrenzen.) Diese laufende Bewertung des Sondervermögens sowie die zutreffende Berechnung der Ausgabe- und Rücknahmepreise der Anteilscheine sind vom Abschlußprüfer des Sondervermögens in Stichproben, d. h. zumindest für mehrere Börsentage, zu prüfen.

Meldepflichten

Auch Meldepflichten der Kapitalanlagegesellschaften, die aufgrund des KAGG und der Anordnungen des BAK bestehen, sind vom Abschlußprüfer entsprechend zu prüfen. Neben den in Paragraph 8 g angegebenen Überschreitungen der oben erwähnten Anlagegrenzen bestehen gegenüber der Bankaufsichtsbehörde und der Deutschen Bundesbank (LZB) weitere Meldepflichten, die im einzelnen darzustellen zu weitgehend wäre. Hinzuweisen ist aber beispielsweise auf die Anordnung des BAK vom 18. Juli 1990 zur Unterrichtung über wesentliche Vorgänge bei Sondervermögen. Von besonderer Bedeutung scheint mir in dieser Anordnung die Mitteilung an das BAK und die LZB über Beeinträchtigungen des Sondervermögens durch notleidend werdende Vermögensgegenstände zu sein, soweit deren Anteil am Sondervermögen vor dem Vermögensverfall bestimmte Grenzen überschreitet.

Prüfungsvorgehen

Aufgrund der Vielzahl der von der Kapitalanlagegesellschaft bei der Verwaltung von Sondervermögen zu beachtenden Vorschriften und Regelungen, deren Einhaltung wiederum Gegenstand der Prüfung durch den Abschlußprüfer ist, läßt sich ermessen, daß schon bei einer Kapitalanlagegesellschaft, die wenige Fonds mit jeweils geringem Fondsvolumen verwaltet, der Abschlußprüfer eine vollständige Einzelfallprüfung nicht durchführen kann. Es bietet sich daher an, bei der Prüfung der Sondervermögen nur ausgewählte Geschäftsvorfälle in angemessenen Stichproben zu prüfen und sich ansonsten bei der Prüfung weitgehend auf das von der Kapitalanlagegesellschaft errichtete Interne Kontrollsystem (IKS) zu stützen. Dies bedeutet, daß die Prüfung des IKS im Vordergrund steht, wobei insbesondere die regelmäßig vorhandenen EDV-Systeme auf Zuverlässigkeit und Ordnungsmäßigkeit der Verarbeitung untersucht werden müssen. Daneben hat es sich wegen des Aufbaus umfassender Dateien mit relevanten Informationen über Wertpapiere oder wesentlichen Informationen aus den Vertragsbedingungen der von der Kapitalgesellschaft verwalteten Sondervermögen als sinnvoll erwiesen, eine Prüfung mit Hilfe eigener Prüfer-PCs durchzuführen. So läßt sich z. B. bei großen Fondsvolumina die Prüfung der Wertpapierkurse zur Bewertung der Sondervermögen mit Unterstützung der EDV besonders effizient durchführen. Als Bestandteil des IKS sind sowohl die Interne Revision als auch ein möglicherweise eingerichtetes Compliance Office ebenfalls Gegenstand der Prüfung.

Innenrevision

Das Schreiben des BAK vom 28. Mai 1976 legt die Anforderungen für die Ausgestaltung der Innenrevision fest, wobei in einem weiteren Schreiben darauf hingewiesen wird, daß bei der Beurteilung der Betriebsgröße einer Kapitalanlagegesellschaft nicht ihre Bilanzsumme, sondern die Größe der verwalteten Sondervermögen maßgeblich sei. Als Maßstab zur Beurteilung der Angemessenheit der Größe der Innenrevision hat sich das Verhältnis von einem Revisor auf ca. 50 Beschäftigte eines Kreditinstituts herausgebildet. Diese Verhältniszahl kann auch auf Kapitalanlagegesellschaften übertragen werden. Ob die Ausgestaltung der Innenrevision den Anforderungen des BAK-Schreibens genügt, hat der Abschlußprüfer in seinem Prüfungsbericht über die Prüfung des Jahresabschlusses der Kapitalanlagegesellschaft darzulegen.

Compliance Office

Im Frühjahr 1992 hat eine deutsche Großbank als erste ein Compliance-System errichtet. Andere Banken, insbesondere Kapitalanlagegesellschaften, haben ebenfalls zusätzlich zu der Innenrevision Compliance-Abteilungen eingerichtet, die sich bisher bewährt haben. Compliance bedeutet nach angelsächsischem Verständnis, daß Firmen angemessene Managementkontrollen errichten, die sicherstellen, daß die Geschäftstätigkeiten in Übereinstimmung mit den gesetzlichen Erfordernissen durchgeführt werden, wobei die gesetzlichen Erfordernisse sich bei Finanzinstituten auf moralische Komponenten, wie z. B. das Einhalten von Insider-Regeln, beziehen. Im wesentlichen wird darauf abgestellt zu verhindern, daß Kenntnisse, die bei der Erbringung von Finanzdienstleistungen für Kunden erlangt werden, zum Vorteil der Leistungserbringenden und/oder zum Nachteil der Kunden verwendet werden. Übertragen auf die Kapitalanlagegesellschaften und die von ihr verwalteten Sondervermögen ist der Begriff »Compliance« zusätzlich auch technisch zu sehen, d. h., Dispositionen, die zu Verstößen gegen die gesetzlichen Vorschriften bzw. Vertragsbedingungen oder bei Spezialfonds gegen Kundenwünsche führen könnten, sollen bereits vor ihrer Auswirkung auf das Sondervermögen verhindert werden. Somit steht nicht das Aufdecken, sondern das Verhindern von Fehldispositionen im Vordergrund. Der Abschlußprüfer wird bei der Festlegung seiner Prüfungsstrategie das Vorhandensein einer wirksamen Compliance-Abteilung berücksichtigen und dementsprechend seine Prüfungshandlungen bestimmen.

Marketing für Investmentfonds als Managementaufgabe

Manfred Müller

Zunächst sprach man noch zaghaft von der zunehmenden Zinsempfindlichkeit des Sparers, später schon lautstärker vom mündigen, renditeorientierten Investor. Damit begann eine zunächst kaum wahrnehmbare, dann jedoch nicht mehr zu übersehende Umorientierung im Anlageverhalten. Ein Prozeß, der von Sondereinflüssen, beispielsweise von der über lange Perioden vorherrschenden inversen Zinsstruktur oder von fiskalischen Eingriffen (Zinsabschlagsteuer) begünstigt, teils auch forciert wurde. Unverkennbar ist doch, daß sich die Struktur der Geldvermögensbildung nachhaltig verändert hat. Die Favoriten von gestern, allen voran das Sparbuch, der Klassiker der Geldvermögensbildung, gerieten ins Abseits. Zwar ist das Sparbuch allen voreiligen Unkenrufen zum Trotz nicht tot, doch hat das Sparkonto in der Vermögensdisposition der privaten Haushalte eine andere Qualität gewonnen. Das Sparkonto ist in den letzten Jahren – wie das vor gut zwei Jahrzehnten der ehemalige Bundesbankpräsident Karl Klasen gleichsam im Vorgriff auf künftige Entwicklungen einmal formulierte – mehr und mehr in die Rolle eines Sichtkontos des privaten Haushaltes hineingewachsen. Ein Liquiditätspolster für die Wechselfälle des Lebens, ein Sockelbetrag auch für kurzfristige Sparziele. Daß sich der Bestand an Sparguthaben halten konnte und noch immer eine stattliche Größenordnung darstellt, erklärt sich damit, daß die Kreditinstitute, allen voran die Sparkassen, große Anstrengungen machen, um das traditionelle Sparbuch aufzuwerten und die Auszehrung des Bestandes zu stoppen. Mit der Kreation mannigfacher Sondersparformen ist das dann auch gelungen; zwar sind die Zuwächse auf den Sparkonten inzwischen bescheiden, doch konnte mit dem Vordringen der Sondersparformen der Bestand weitgehend stabilisiert werden.

Das Wachstum der Geldvermögensbildung vollzog sich indessen auf anderen Feldern, und zwar vornehmlich bei festverzinslichen Wertpapieren. Betrachtet man beispielsweise die Zunahme der privaten Geldvermögen im Jahr 1991, dann entfielen von der Neuersparnis in der Größenordnung von rund 220 Milliarden DM allein knapp 81 Milliarden DM oder 37 Prozent auf festverzinsliche Titel, während Spareinlagen gerade auf eine Milliarde DM kamen. Und dieser Prozeß hat sich 1992 fortgesetzt. Und was in diesem Zusammenhang noch auffälliger ist: Die Geldvermögen, die inzwischen eine Größenordnung von etwa 3,6 Billionen DM erreichen, besitzen eine hohe Eigendynamik. Ihre Zunahme liegt seit langen Jahren weit über dem Zuwachs des Bruttosozialproduktes. Der Grund: Ein beträchtlicher Teil der Geldvermögensbildung resultiert aus der Selbstalimentation der vorhandenen Bestände, also der Wiederanlage von Zinszahlungen. So wurden 1990 knapp 50 Prozent der neu in festverzinsliche Wertpapiere investierten Mittel aus den Zinsen des Altbestandes an Rentenwerten gespeist. Nicht zuletzt dieser »Zinseffekt« hat kräftig dazu beigetragen, daß sich das Volumen der Geldvermögen seit 1981 mehr als verdoppelt hat. Eine weitere Verdopplung auf 7 Billionen DM im Jahr 2000 ist mehr oder weniger programmiert. Einen überproportionalen Anteil gewinnen dabei seit Jahren die Wertpapiere, vornehmlich die Renten. Und innerhalb des Wertpapiersegments profitierte vor allem das Investmentsparen, das als standardisiertes Depotmanagement im Trend liegt und dank seines Variantenreichtums und der Innovationsfreudigkeit von Jahr zu Jahr an Bedeutung gewinnt. Wenn auch 1992 aufgrund der fiskalischen Nachhilfe per Zinsabschlagsteuer mit einem Nettomittelaufkommen der Wertpapierfonds von 57 Milliarden DM eher ein Ausnahmeergebnis bescherte, so ist eines doch unverkennbar: Das mehr denn je markt- und damit kundenorientierte Investmentsparen hat heute in der privaten Vermögensbildung einen festen Platz, mit einem freilich noch längst nicht ausgeschöpften Potential. Und genau dort muß die Marketingstrategie ansetzen.

In den »Gründerjahren« mit Argwohn bedacht

In den »Gründerjahren« der deutschen Kapitalanlagegesellschaften vor annähernd vier Jahrzehnten war das noch ganz anders. Mitte der fünfziger Jahre, als diese angelsächsische »Importware« noch mit einigem Argwohn aufgenommen wurde, ging es vor allem darum, den sogenannten kleinen Mann – was immer man darunter auch verstand – für das Wertpapier, insbesondere die Aktie, zu gewinnen. Mit kleinem Einsatz und nicht allzuhoch gestecktem Anspruch glaubte man, wertpapierscheue Anleger mobilisieren zu können. Im Ansatz ein wohl richtiges, aber letztlich doch schmalspuriges Konzept, das den Kritikern zudem das Argument lieferte, Investmentfonds seien »Billigprodukte von der Stange«, jedenfalls kaum etwas für anspruchsvolle Anleger. Die Fondsmanager hatten dann auch einige Mühe – die Absatzzahlen der ersten Jahre sind ein Indiz dafür –, dieses Vorurteil ab- und ein qualifiziertes Produktprofil aufzubauen. Unentbehrliche Hilfestellung leistete dabei ein konsequentes Marketing, das Bemühen, die Vorzüge dieser Anlageform überzeugend an den Mann (und selbstverständlich auch an die Frau) zu bringen. Anstöße dazu gaben der Markt, das immer komplexer werdende Angebot, die Vielzahl der Fonds, die Welle der Innovationen. Etwas überspitzt könnte man geradezu von einer Revolutionierung der Märkte sprechen. Eine Entwicklung, die das Fondsmanagement herausfordert, zugleich aber auch die Kapitalanlagegesellschaften zumindest insofern besser ins Spiel brachte, als damit das Investmentgeschäft eine völlig neue Qualität gewann.

Das allerdings erforderte auch im Fondsmanagement ein Umdenken. Verstand man früher Investmentfonds primär als Kapitalsammelstelle mit dem Ziel, einem breiteren Publikum die Beteiligung an Produktivkapital schmackhaft zu machen, so steht heute die professionelle Vermögensverwaltung (Asset Management) im Vordergrund. Ein Service, der allein schon aus Kostengründen nur bei einem großen Depot zu realisieren ist. Für »Einzelkämpfer« reduzieren sich deshalb die Chancen, zumal die internationale Diversifizierung und die Optimierungsmöglichkeiten über die innovativen Finanzinstrumente, insbesondere an den Terminmärkten, die Zugangshürden immer höher werden lassen. Sie müssen das Feld mehr und mehr den Profis überlassen.

Den Investmentgesellschaften bietet sich damit die Chance, über ein variantenreiches Angebot und ein kompetentes Fondsmanagement auch den anspruchsvollen Investor zu gewinnen, der sich in der Eigenregie seiner Vermögensanlage zunehmend überfordert sieht. Dem heutigen Risiko-Chancen-Potential der Finanzmärkte werden selbstgestrickte Anlagedispositionen nicht mehr gerecht. Investmentgesellschaften bieten da Vorteile, die sich dem »Einzelkämpfer« entweder völlig verschließen (wie beispielsweise der Vorzug des Großeinkaufs, der hohen Auflage) oder von ihm nur begrenzt wahrgenommen werden können, weil er in aller Regel mit den Möglichkeiten eines professionellen Managements nicht mithalten kann. Oder anders herum: Ein Engagement in Investmentfonds sichert die Chancengleichheit mit dem Großanleger. Und das weiß der Kunde mehr und mehr zu nutzen. Das Fondsmanagement muß dem durch qualifizierte Produkte Rechnung tragen. Der anspruchsvolle Kunde erwartet ein intelligentes und phantasiereiches Fondsmanagement. In dem Produkt müssen die Merkmale einer qualifizierten Geldanlage – in einer ausgewogenen, auf den jeweiligen Anlegertyp (Zielgruppe) zugeschnittenen Mischung – vereinigt sein. Vorrangig zählen dazu fünf Kriterien:

- hohe Sicherheit,
- attraktive Rentabilität,
- rasche Verfügbarkeit (Liquidität),
- steuerliche Vorteile,
- Service-Qualität.

Diese »Meßlatten« sind nicht unbedingt neu. Unverkennbar ist, daß neben der nach wie vor hochangesiedelten Sicherheit zwei Merkmale zunehmend an Gewicht gewinnen: die Rentabilität und die Besteuerung. Der im Ausmaß überraschende Boom der Offenen Immobilienfonds ist ein eindrucksvoller Beleg dafür, daß beim Anleger neben dem Kriterium der Sicherheit vor allem die Rentabilität, und zwar insbesondere unter Berücksichtigung steuerlicher Aspekte, den Ausschlag gibt.

Eine Reaktion auf die Herausforderungen des Marktes

Der Erfolg der Offenen Immobilienfonds ist zudem ein Beweis mehr dafür, daß die Zeiten, da Investmentfonds in der Geldanlage als Lückenbüßer betrachtet wurden, ein für allemal der Vergangenheit angehören. Zwar ist auch das Investmentzertifikat der neunziger Jahre ein standardisiertes Produkt, das aber in Reaktion auf die sich immer differenzierter präsentierenden Märkte in einer Vielfalt, die die individuellen Vorstellungen optimal berücksichtigt und damit auch höchsten Ansprüchen genügt. Das Fondswachstum, die Innovationswelle, ist nichts anderes als die Antwort auf die vom Markt zunehmend verlangten und im internationalen Maßstab diversifizierten Produkte.

Daß man mit der Strategie des höherqualifizierten Investmentsparens (Stichworte: Generation der Erben, die neuen Reichen) auf dem richtigen

Wege ist, bestätigen die Fakten. So konnten die Sparkassen-Fonds, die in ihren Vertriebskanälen größere Barrieren gegen das Wertpapiersparen zu überwinden hatten als die meisten ihrer Konkurrenten, in den letzten Jahren eindrucksvolle Marktanteilsgewinne verbuchen. Von der privaten Ersparnis bei den westdeutschen Sparkassen im Jahre 1992 in Höhe von rund 43 Milliarden DM absorbierten die Sparkassen-Fonds allein ein Drittel. Gewiß, diese Zahlen müssen im Zusammenhang mit den bereits angesprochenen Sondereinflüssen bewertet werden. Sie dokumentieren aber doch eindrucksvoll die deutlich verbesserte Akzeptanz des Produktes Investment.

Es gab Zeiten, da fanden die Fondsmanager noch Gefallen daran, bei der Erläuterung der Jahresergebnisse den vergleichsweise hohen Anteil der Hausfrauen am Absatz eines Fonds herauszustellen. Doch das waren Begleiterscheinungen der Frühzeit, als das Investmentsparen hierzulande noch einige Mühe hatte, seinen Standort zu finden. Das marktstrategische Ziel reduzierte sich damals darauf, Sparer für diese Anlageform zu ermuntern, die bis dahin dem Wertpapier fern standen. Ein Vehikel zur Popularisierung einer alles andere als populären Sparform. Nicht von ungefähr erfolgte der Start der Investmentfonds in Deutschland mit Aktienfonds.

Die Aktie ist allerdings in Deutschland auch nach mehr als einem Vierteljahrhundert noch weit von der Popularität entfernt, die sich die Förderer dieser Anlageform seit langem wünschen und die im gesamtwirtschaftlichen Interesse erstrebenswert wäre. Um so auffälliger gewannen die festverzinslichen Wertpapiere in der Gunst der Sparer an Boden. Der vielbestaunte Boom des Investmentsparens ist vor allem ein Boom der Rentenfonds, wenn auch mit wechselnden Favoriten. Das wiederum ist ein Reflex der kräftigen Expansion des Emissionsgeschäfts. Während der Nettoabsatz festverzinslicher DM-Titel in den achtziger Jahren deutlich unter der Marke von 100 Milliarden DM blieb – die höchste Nettoplazierung wurde 1987 mit knapp 93 Milliarden DM erzielt –, ist mit Beginn der neunziger Jahre die dreistellige Milliardendimension die Norm: 1990 lag der Nettoabsatz an DM-Renten bei annähernd 277 Milliarden DM, ein Jahr später noch etwas höher und 1992 schließlich bei 304 Milliarden DM.

Das festverzinsliche Wertpapier hat jedenfalls gegenüber der Aktie einen beträchtlichen Popularitätsvorsprung. Ein Reflex dessen sind auch die Absatzzahlen der deutschen Rentenfonds einschließlich ihrer Luxemburger »Ableger«. Mit insgesamt 194 Milliarden DM Fondsvermögen entfielen auf die Rentenfonds Ende 1992 rund 90 Prozent des Gesamtvermögens aller deutschen Wertpapierpublikumsfonds. Der Vormarsch der festverzinslichen Wertpapiere stellt der Leistungsfähigkeit des deutschen Rentenmarktes das beste Zeugnis aus. Um es im Jargon zu sagen: Festverzinsliche sind »in«. Und das aus gutem Grund. Denn kaum eine andere Anlage bietet eine so ausgewogene Kombination von Sicherheit und Rendite. Und das so »verpackt«, daß die Vorteile nicht erst erklärt werden müssen. Dennoch hat auch der Markt der festverzinslichen Papiere seine »Tücken«, national, erst recht aber international. Es gibt Kurz- und Langläufer, eine immer buntere Palette an Fremdwährungsanleihen, Floatern, Zerobonds und vieles andere mehr. Das wiederum erschwert die Orientierung. Da kommt es darauf an, die Fremdwährungsrisiken richtig einzuschätzen, die Fristigkeitsstrukturen auszuloten und die Zinszyklen zu nutzen, und das in einem Markt, der sich immer internationaler präsentiert, in dem Finanzinnovationen, bevorzugt an den Terminmärkten, sich geradezu in Quantensprüngen entwickeln.

Die Eigenregie eines Anlegers reicht da als Rüstzeug bei weitem nicht mehr aus, um das Risiko-Chance-Verhältnis optimal zu nutzen. Die intelligente Rentenanlage ist für »do-it-yourself« kaum geeignet. Sie erfordert ein professionelles Management, eingebettet in eine Marketingstrategie, wie sie die Kapitalanlagegesellschaften heute praktizieren. Denn ungeachtet des verstärkt auf Vermögensbildung und Altersvorsorge ausgerichteten Anlageinteresses der Sparer ist doch zu beobachten, daß die unkomplizierte Geldanlage eindeutig favorisiert wird. Unkompliziert freilich nur in der Präsentation für den Sparer, jedoch kompliziert – oder richtiger gesagt: intelligent – in der Konstruktion, nämlich mit dem Anspruch, die gegebenen Möglichkeiten optimal zu nutzen. Der Investor erwartet geradezu, daß das Fondsmanagement für ihn das übernimmt, wozu er sich selbst nicht in der Lage sieht: das professionelle Agieren auf volatilen Märkten, auf denen die Profis längst die Richtung bestimmen.

Die Marketingstrategie muß einem doppelten Anspruch genügen

Dem Fondsmanagement wird dabei eine zweigleisige Marktstrategie abverlangt. Zum einen müssen die angebotenen Produkte dem hochgesteckten Erwartungssoll eines (aufgeklärten) Investors entsprechen, zum anderen agieren die Fondsmanager im Wettbewerb mit einer größer werdenden Konkurrenz. Die Marketingstrategie muß daher so angelegt sein, daß sie diesem doppelten Anspruch gerecht wird. D. h.: Die Fondsmanager stehen vor der Aufgabe, das veränderte Anspruchsniveau der Anleger mit den veränderten Gegebenheiten des Marktes in Einklang zu bringen: Die ausgewogene Kombination macht den Erfolg. Das setzt voraus, daß vom Fondsmanagement Strukturveränderung des Marktes – oder zutreffender noch: der Märkte – rechtzeitig erkannt und in die Fondsstrategie einbezogen und schließlich in die Produktgestaltung umgesetzt werden. Dabei zeigt sich freilich immer wieder – und da geht es der Investmentbranche nicht anders als anderen Sparten –, daß ein Produktvorsprung nur auf Zeit behauptet werden kann. Allerdings zahlt es sich aus, zuweilen die Nase vorn zu haben, wenn auch ein allzu häufiger »Modellwechsel« den Anleger eher irritiert.

Zur Produktvielfalt zwingt indessen schon die zunehmende Internationalisierung des Fondsgeschäfts. Die Öffnung der Märkte, das vielzitierte »Spiel ohne Grenzen« hat auch hier neue Daten gesetzt. Die deutschen Wertpapierfonds haben hier gegenüber ihren ausländischen Konkurrenten sogar einen deutlichen Vorsprung. So legen die deutschen Wertpapierfonds einschließlich der Luxemburger Töchter etwa 50 Prozent ihres Vermögens in internationale Titel an. Bei britischen Fonds liegt die internationale Quote nur bei 40 Prozent, in Frankreich gar nur bei annähernd 25 Prozent. Das Gefälle erklärt sich allerdings zu einem großen Teil aus der unterschiedlichen Fondsstruktur: Bei deutschen Fonds erreicht der Anteil der Rentenfonds nahezu 90 Prozent, in Großbritannien dominieren dagegen Aktienfonds, in Frankreich haben die Geldmarktfonds ein vergleichsweise starkes Gewicht. Die Internationalität der deutschen Fonds ist auch ein Indiz dafür, daß vom Fondsmanagement die Vorteile einer internationalen Streuung konsequent genutzt werden; das verbessert die Produktqualität. Ein modernes Fondsmanagement muß daher die internationale Diversifikation voll in die Strategie integrieren. Alles andere wäre ein leichtfertiger Verzicht auf die Chancenoptimierung auf internationalen Märkten.

Das gilt allerdings auch für den »Gegenverkehr«, für das Engagement ausländischer Fonds auf dem deutschen Markt. Seit der (verspäteten) Umsetzung der EG-Linie in deutsches Recht im März 1990 kann ein in einem der Mitgliedsländer der Zwölfergemeinschaft zugelassener Fonds auch in Deutschland seine Zertifikate offerieren. Mit der EG-Richtlinie wurde für Investmentfonds der Binnenmarkt realisiert, und davon machen immer mehr Fonds Gebrauch. Doch trotz der hohen Zahl der zugelassenen ausländischen Fonds – nach der Statistik sind das mehr als 600, wovon allerdings 140 zu »bereinigen« sind, da es sich um Emissionen Luxemburger Tochtergesellschaften deutscher Gesellschaften handelt – sind die Absatzzahlen auffällig bescheiden. Der Marktanteil der Ausländer erreicht schätzungsweise bestenfalls 5 Prozent. Die magere Quote erklärt sich damit, daß der Verkauf in Deutschland zu etwa 85 bis 90 Prozent über Banken und Sparkassen erfolgt und sich damit in festen Händen befindet. In Großbritannien z. B. ist es genau umgekehrt. Dort läuft der Absatz bevorzugt über freie unabhängige Vertriebsschienen. Der Direktabsatz über Banken spielt dagegen nur eine untergeordnete Rolle. Die traditionelle Verankerung der deutschen Fonds im Kreditgewerbe ist allerdings kein Ruhekissen. Die ausländische Konkurrenz darf in der Marketingstrategie nicht vernachlässigt werden. Der Export deutscher Investmentfonds ist vorerst noch unterentwickelt. Der Hinweis auf den großen Erfolg der Luxemburger Fonds liefert in diesem Fall kaum Beweismaterial, da es sich dabei zum weitaus überwiegenden Teil um deutsche Zeichner handelt, so daß man zutreffender von Reimporten oder Recycling sprechen sollte. Die sicher aussichtsreichen Märkte in den USA und Japan sind deutschen Fonds vorerst noch durch hohe Hürden verstellt. Als Fazit bleibt, daß in Sachen »Exportförderung« in der deutschen Investmentbranche durchaus Nachholbedarf besteht.

In einem bereits 1991 publizierten Buch (»Investmentfonds – Wege zum Reichtum«) wurde in einem Kapitel mit dem Titel: »Beginn der Blütezeit« gleichsam die Investmentzukunft vorweggenommen, indem der Autor Investmentfonds als »die lukrativste Anlageform der neunziger Jahre« apostrophierte. Tatsächlich wurde auf diesem Markt noch nie so viel »bewegt« – und das im wahrsten Sinne des Wortes – wie seit Beginn der neunziger Jahre. Das gilt für die Qualität der neukreierten Fonds, das trifft erst recht auf das Plazierungsvolumen zu. Das eine wie andere spricht dafür, daß es das Fondsmanagement verstanden hat, kundenorientierte Produkte zu entwickeln. Man könnte es auch so sagen: eine intelligente Antwort auf die Herausforderungen des Marktes. Der zunehmend performanceorientierte Kunde hat heute eine reiche Auswahl an maßgerechten Produkten mit hoher Transparenz (Laufzeitfonds) bei gleichzeitiger Berücksichtigung steuerlicher Gesichtspunkte, so beispielsweise durch die Thesaurierung der Erträge steuerfreier Kursgewinne oder die Konzentration auf Anleihen mit niedrigen Nominalzinsen. Das alles geschieht mit dem Ziel, dem Anleger bei der Vermögensbildung eine Hilfestellung zu leisten und das Angebot auf dieses Kundensegment abzustellen. Das bedingt gleichermaßen ein flexibles Marktverhalten und eine kreative Produktpolitik. Die zwangsläufige Folge dessen ist eine Beschleunigung der Produktzyklen, die den Vertrieb dazu zwingt, stets auf der Höhe der Zeit zu bleiben. Denn so gut ein Fonds auch konzipiert sein mag, der (Absatz-)Erfolg ist erst dann gesichert, wenn das Marketing die Vorteile dem Kunden unmißverständlich vermittelt. Auf die Beratungsqualität kommt es also mehr und mehr an. Anders gesagt: Mit der Vielfalt der Fondspalette wächst auch der Informationsbedarf. Der Kunde will heute mehr denn je wissen, was ihn erwartet und womit er rechnen kann.

Die großen Plazierungserfolge zeigen, daß die Investmentfonds ihre Kunden und damit ihre Marktchancen richtig einschätzen. Die enorme Steigerung des Mittelzuflusses ist aber nicht nur eine Bestätigung dafür, die richtigen Produkte zur rechten Zeit auf den Markt gebracht zu haben. Die Erfolge sind zugleich eine Verpflichtung, die in das jeweilige Produkt gesetzten Erwartungen zu erfüllen. Der Drang zu Innovationen muß daher stets mit einem hohen Qualitätsanspruch gekoppelt sein. Und noch etwas: auch Fondsneuheiten altern. D. h. nichts anderes, als daß sich auch die Investmentbranche nicht auf den Erfolgen von gestern ausruhen kann. Die Innovationsphantasie kann sich nicht auf die Kreation von Laufzeitfonds und von geldmarktnahen Fonds beschränken.

Das Management einer Kapitalanlagegesellschaft muß daher eine Vorwärtsstrategie betreiben. Das setzt voraus, aus Veränderungen im nationalen wie internationalen Umfeld die richtigen Schlüsse zu ziehen, nach Möglichkeiten der Ertragsoptimierung zu suchen, sich durch antizyklisches Verhalten tunlichst einen Wettbewerbsvorsprung zu sichern und – last but not least – neue Instrumente der Vermögensverwaltung zu nutzen. Dabei darf nicht übersehen werden, daß die spezifischen Bedürfnisstrukturen der Kunden zielgruppengerechte Angebote erfordern. Bei aller technischen, aus Kostengründen unverzichtbaren Standardisierung muß doch der Variantenreichtum der Fonds maßgeschneiderten Angeboten möglichst nahekommen. So ist es nur konsequent, daß sich die Investmentindustrie in Richtung »Vermögensverwaltung mit Fonds« öffnet. Eine zielgruppenorientierte Mixtur von Fonds, die über Umschichtungen die jeweils »passenden« Marktsegmente präferiert, ist am ehesten geeignet, die Beratungslücke im Privatkundengeschäft zu schließen. Hier liegen noch große Chancen.

Zielgruppenorientiertes Angebot

Was wird die Entwicklung des Investmentgeschäfts in den neunziger Jahren prägen? Wohin tendiert der Markt und welche Marketingschwerpunkte leiten sich daraus ab? Hier abschließend der Versuch, thesenhaft verkürzt einige Markierungen zu setzen:

1. Investment bleibt auch in den neunziger Jahren ein Wachstumsmarkt. Dafür sorgt schon die nachhaltige Umorientierung im Anlegerverhalten. Die Wertpapieranlage kann ihre Favoritenrolle tendenziell noch ausbauen.
2. Die Wertpapiermärkte stehen, was Internationalisierung und Diversifikation angeht, eher noch am Anfang. Das Innovationstempo wird sich weiter beschleunigen. Damit wächst zwangsläufig die Komplexität.
3. In komplexeren Märkten erhöhen sich die Zugangshürden für den privaten Anleger. Zugleich wird der Anleger noch anspruchsvoller. Konsequenz: Der Beratungsbedarf steigt sprunghaft an.
4. Individuelle Vermögensberatung ist aber allein schon aus Kostengründen nur bei hohen Anlagesummen machbar. Die geradezu ideale Antwort auf die zwangsläufig entstehende Beratungslücke heißt Investment.
5. Auch die Investmentnachfrage wird anspruchsvoller. Diversifikation bei internationaler Streuung und Made-to-Measure-Angebote sind mehr und mehr gefragt. Das zielgruppenorientierte Marketing gewinnt weiter an Boden.
6. Die Produktpolitik der Investmentindustrie wird noch variantenreicher werden müssen. Eine weitere Beschleunigung der Produktzyklen ist programmiert.
7. Damit gewinnt die Beratung- und Servicequalität einen noch höheren Stellenwert. »Gebrauchsanweisungen« in punkto Investment sind gefragt. Produktbündelungen, Portfoliokonzepte und Paketlösungen bieten Ansätze.

8. Muster-Fonds-Depots- und Vermögensverwaltung mit Fonds sind konsequente Antworten auf die anspruchsvollere Nachfrage. Hier könnte sich ein Marketingschwerpunkt entwickeln.
9. Wie in jedem Wachstumsmarkt wird auch im Investmentgeschäft der Wettbewerbsdruck stärker. Dabei werden – beschleunigt durch den EG-Binnenmarkt – die ausländischen Anbieter schrittweise an Gewicht gewinnen. Der zunehmende Wettbewerb erhöht das Innovationstempo und führt tendenziell zu Margendruck.
10. Trotz des stärkeren Wettbewerbs werden die Banken und Sparkassen ihre dominierende Stellung im Investmentgeschäft weitgehend behaupten können. Anderen Vertriebskanälen fällt es schwer, Boden zu gewinnen. Sie werden jedoch Teilerfolge erzielen.

Werbung und Öffentlichkeitsarbeit für Investmentfonds

Heinrich J. Durstewitz

Die deutsche Investmentbranche hat die Instrumente der Öffentlichkeitsarbeit und Werbung erst verhältnismäßig spät entdeckt und professionell eingesetzt. Nur so ist es zu erklären, daß sich im Bewußtsein vieler Anleger die unselige und längst von der Bildfläche verschwundene Investors Overseas Services (IOS) bis heute nicht nur als eine der bekanntesten Investmentgesellschaften zeigt, sondern die Fondsidee noch immer mit dem seinerzeit durch die betrügerischen Machenschaften Bernie Cornfields entstandenen schlechten Image zu kämpfen hat. Nach wie vor muß sich die deutsche Investmentfondsbranche mit Vorbehalten gegenüber ihren Produkten von – meist allerdings älteren – Anlegern und Anlageberatern auseinandersetzen.

Die Beseitigung von Informationsdefiziten

Mit ihrer gestiegenen Bedeutung im Produktsortiment der Kreditinstitute wuchs neben dem Informationsbedarf einer breiten Öffentlichkeit in den vergangenen Jahren allerdings auch das Selbstbewußtsein der Investmentgesellschaften. Die Branche verfügt seit 1970 über einen aktiven eigenen Verband, den Bundesverband Deutscher Investment-Gesellschaften e. V. (BVI). Ende 1992 gehörten ihm von 59 existierenden deutschen Kapitalanlagegesellschaften 57 als Mitglieder an. Eine der Aufgaben des Verbandes ist es, den Investmentgedanken sowohl unter werblichen Gesichtspunkten als auch im Bereich der Public Relations in der Öffentlichkeit zu verankern, also auf die Beseitigung der Informationsdefizite hinsichtlich der Investmentanlage zu zielen. So hat sich innerhalb des Verbandes eine »Initiative Investmentanlagen« gegründet, die sich der Förderung der Wertpapieranlage im allgemeinen und dem Aktienfonds im besonderen widmet. Sie stellt über eine systematische, umfassende Aufklärungsarbeit ganzheitlich das Wertpapier, vor allem aber die Aktie und den Aktienfonds, in den Mittelpunkt ihrer Arbeit. Ihrer Absatzwerbung und Öffentlichkeitsarbeit kommt somit eine auch wirtschafts- und gesellschaftspolitische Dimension zu. Der BVI und die »Initiative« setzen im Rahmen ihrer Marktbearbeitung ein umfassendes Instrumentarium von Maßnahmen ein: Presseinformationen, Pressekonferenzen, Redaktionssymposien, Artikeldienste, Beteiligung an Messen und Anzeigenwerbung. Diese übergeordneten Aktivitäten ergänzen die Öffentlichkeitsarbeit der einzelnen Gesellschaften.

In dem Maße, wie sich die Gesellschaften von eher im Schatten der Mutterbank agierenden kleinen »unscheinbaren« Tochtergesellschaften zu stattlichem – auch lukrativem – »Nachwuchs« entwickelten und folglich geschäftspolitisch und –strategisch eine größere Bedeutung einnahmen, haben sie auch ihre Öffentlichkeitsarbeit intensiviert. Zumindest die großen Gesellschaften verfügen sowohl über eigene Pressestellen als auch über Werbeabteilungen, die personell den gestiegenen Anforderungen und dem gewachsenen Stellenwert entsprechend mit Fachleuten besetzt sind. Ausgebildete Werbefachleute sind dabei ebenso selbstverständlich wie Presseverantwortliche mit journalistischem Hintergrund. In den Instituten hat man erkannt, wie wichtig für den nachhaltigen Markterfolg eine gut informierte Öffentlichkeit ist. Verständnis und Vertrauen für das zugegebenermaßen nicht unkomplizierte Produkt zu erreichen sind deshalb die bedeutendsten Kommunikationsziele der Öffentlichkeitsarbeiter in den Investmentgesellschaften. Für Werbung und Pressearbeit stehen ihnen, den unbestritten notwendigen Zielen entsprechend, ansehnliche Jahresetats zur Verfügung. So investierten allein 1992 die fünf größten deutschen Gesellschaften – DWS, DIT, ADIG, DEKA und UNION – schätzungsweise rund 22 Millionen DM in werbliche Aktivitäten. Während die Gesellschaften ihre Werbung ausnahmslos über Werbeagenturen steuern, sind im Bereich der Pressearbeit Kooperationen mit PR-Agenturen eher die Ausnahme. Statt dessen übernimmt die Pressestelle in den meisten Fällen die Öffentlichkeitsarbeit.

Die Kommunikationsinstrumente unterscheiden sich dabei kaum von jenen, die andere Finanzdienstleistungsunternehmen einsetzen. Sie werden ebenso professionell und koordiniert angewandt, wie in anderen Bereichen auch, um die Zielgruppen – Berater, Anleger, Journalisten und die allgemeine Öffentlichkeit – adäquat zu erreichen. Dennoch bestehen einige Besonderheiten, die bei einer erfolgreichen Arbeit für das Produktinvestment beachtet werden sollten.

Dreh- und Angelpunkt ist der Berater

Im Gegensatz zu den meisten Konsumgütern sind Investmentfonds, wie im übrigen nahezu alle Produkte der Finanzdienstleistungsbranche, vergleichsweise beratungsintensiv. Daher ist der Anlageberater Dreh- und Angelpunkt im Netz der Aktivitäten, seien es Werbe- oder Public-Relations-Maßnahmen. Nur wenn er selbst Vertrauen in die Fonds hat, ist er auch bereit, diese in seiner Anlageberatung angemessen zu berücksichtigen, sie also seiner Klientel als Problemlösung für deren Anlagebedarf zu empfehlen. Für die Öffentlichkeitsarbeit der Fondsgesellschaften bedeutet dies, daß sie einen gut funktionierenden – sprich: aktuellen – Informationskanal mit einer hohen Informationsdichte zu den Beratern der Fonds verkaufenden Banken und zu deren übrigen Vertriebspartnern aufbauen müssen.

Es ist unumgänglich, daß der Berater alle Facetten der Fonds kennt und die Details beherrscht, um seinem Kunden gegenüber kompetent auftreten zu können. Dabei sind nicht nur Informationen über die Performanceergebnisse erforderlich; Inhalte, wie Anlagegrundsätze und die neuesten Fondszusammensetzungen, Produkt- und Managementphilosophien sind ebenso unerläßlich wie die aktuellen Einschätzungen der Märkte, damit er seinem Kunden das richtige Produkt empfehlen kann. Nur so lassen sich Enttäuschungen der Anleger weitgehend vermeiden, die letzten Endes den Berater treffen würden. Es ist beispielsweise ein Unterschied, ob einem risikoaversen Anleger ein Aktienfonds oder ein Rentenfonds empfohlen wird. Seit einiger Zeit veröffentlichen deshalb einige Investmentgesellschaften für ihre Fonds Risikokennziffern, um dem Anlegerbedürfnis nach Transparenz bei der Risikoeinschätzung entgegenzukommen. Die Informationen an den Berater werden von Pressearbeit und Werbung für die allgemeine Öffentlichkeit flankiert. So werden neue Fonds nicht nur in den Medien – mitunter sogar mit Fernsehspots – beworben, sondern auch durch Informationen über Printmedien bekannt gemacht. Nicht zuletzt erleichtert ein vorinformierter Anleger die Beratung: Öffentlichkeitsarbeit als sogenannte »Türöffnerfunktion«. Gerade im Fondsgeschäft hat sich immer wieder herausgestellt, daß zwar der Anleger weitgehend den Empfehlungen seines Beraters folgt, es aber den Absatz eines Fonds erheblich erschwert, wenn dem Kunden das Produkt und dessen Funktionsweise gänzlich unbekannt ist.

Es ist zudem selbstverständlich, daß der Beratung entsprechendes

Broschürenmaterial zur Verfügung gestellt werden muß – zur Auslage in der Geschäftstelle, zur direkten Ansprache von Kunden und für Direct-Mail-Aktionen, die übrigens immer größeres Gewicht für die Akquisitionsstrategien erhalten. Auf diesem Wege können konkrete Zielgruppen nahezu ohne Streuverluste angesprochen werden und der Erfolg einer Maßnahme läßt sich direkt messen. Dabei ist es keineswegs mit einer »locker-flockigen« Ansprache der Zielgruppen getan. Allein schon die für alle deutschen Kapitalanlagegesellschaften geltenden Vorschriften sehen im Sinne des Anlegerschutzes für die Werbung der Investmentfonds eine Vielzahl von Bestimmungen vor, die das Bundesaufsichtsamt für das Kreditwesen strikt überwacht. So kann beispielsweise nicht mit willkürlichen Performanceangaben geworben werden, sondern deren Berechnungsmethode muß ausführlich erläutert werden, und Werbung für Fondsanteile muß auf den Verkaufsprospekt und die Stellen hinweisen, wo dieser erhältlich ist.

Das starke Wachstum der Fonds war mit einer beträchtlichen Ausweitung der Produktpalette verbunden. Die neue Fondsvielfalt kommt dem Wunsch vieler Investoren nach einer individuellen Problemlösung entgegen, mit dem Erfolg, daß neue Anlegerkreise mit zum Teil ganz unterschiedlichen Ansprüchen und Vorstellungen sich heute den Fondsgesellschaften öffnen. Die Gesellschaften müssen ihre Marketingaktivitäten nun wesentlich stärker auf die verschiedenen Bedürfnisse und Anlegermentalitäten ausrichten und ihre Produkte entsprechend differenziert darstellen. Marktforschungsstudien weisen nach, daß sich überproportional viele Fondsbesitzer in den gehobenen Zielgruppen finden, beispielsweise als Selbständige, Freiberufler, leitende Angestellte und Beamte. Daraus ergibt sich für die Öffentlichkeitsarbeit der Fondsgesellschaften nahezu zwangsläufig das Erfordernis, ihre Maßnahmen nicht als Rundumschlag einzusetzen, sondern auf die jeweilige Zielgruppe abzustellen. Es ist leicht einzusehen, daß für einen Arzt z. B. das Thema Altersvorsorge eine stärkere Bedeutung hat als für einen leitenden Angestellten oder gar einen Beamten oder daß ein jüngerer Familienvater andere Sparziele verfolgt als eine alleinstehende Witwe.

Diese daraus abzuleitende zielgruppenorientierte Öffentlichkeitsarbeit erfordert eine nach Medien getrennte Ansprache der Anleger. Mittlerweile nehmen deshalb Zeitschriften und Zeitungen, die sich an bestimmte Berufsgruppen wenden, einen breiten Raum bei den strategischen Überlegungen der Investmentgesellschaften ein. Beispielsweise

Ärzte- und Handwerkerzeitschriften, aber auch »Special-Interest-Titel«, gewinnen als Plattform für gezielte Öffentlichkeitsarbeit zunehmend an Gewicht. Entsprechend der unterschiedlichen Bedürfnisse der einzelnen Zielgruppen tritt mehr als bei früheren Marketingüberlegungen die Vermittlung eines Nutzeffektes in den Mittelpunkt der Öffentlichkeitsarbeit. Die Investmentanlage muß ihre Problemlösungen für z. B. Altersversorgung, Zielsparen, Vermögensaufbau oder auch Vermögensnutzung stärker als bisher herausstellen. Die Darstellung des Anlegernutzens ist bei der strategischen Ausrichtung, ohne die Öffentlichkeitsarbeit generell nicht auskommt, einer der tragenden Kommunikationsinhalte.

Neben der Werbung bildet demnach die Medienarbeit, also die Betreuung von Journalisten als Transporteure von Botschaften, den zweiten Schwerpunkt der Öffentlichkeitsarbeit der Investmentgesellschaften. Beide Instrumente sollten jedoch strikt auseinandergehalten werden: Während Werbung über die informative Ebene hinaus auch Emotionen wecken darf und soll, sind im Bereich der Pressearbeit sachliche Informationen gefragt. Pressearbeit ist nicht, wie oft unzutreffend verstanden, Werbung mit anderen Mitteln. Sollte sie derart mißbraucht oder falsch eingesetzt werden, erleidet sie unweigerlich einen Vertrauensverlust, wird also unglaubwürdig. Dementsprechend kann z. B. eine Pressekonferenz, eines der elementarsten Instrumente der Pressearbeit, nicht als Werbeveranstaltung strapaziert werden. Vielmehr steht dabei sachliche Informationsvermittlung im Vordergrund.

Erfolgreiche Öffentlichkeitsarbeit muß bei ihrer Informationspolitik allerdings den teilweise beträchtlich differierenden Informationsbedarf der unterschiedlichen Medien berücksichtigen. Es ist leicht einzusehen, daß ein Lokalredakteur mit der Pressemeldung über die aktuelle Konjunkturentwicklung nicht nur die falsche Adresse, sondern ebenso überfordert ist wie die Redaktion einer Modezeitschrift mit langen Abhandlungen über die jüngsten Performancezahlen im Vergleich zu den jeweiligen Indizes oder mit den Einschätzungen des Fondsmanagements zur Politik der Notenbank. Auch hier entscheidet die zielgruppengerechte Aufbereitung der Informationen über den Erfolg einer Botschaft und deren Berücksichtigung in der Berichterstattung. Demgemäß muß sich die Pressestelle als Mittler – oder »Kundendienst« – zwischen den Medien und dem Unternehmen verstehen. Sie koordiniert, informiert und vermittelt dabei im Sinne eines Moderators.

Eine anhaltend starke Aufwärtsentwicklung der Investmentfondsbranche ist absehbar. Steigende Geldvermögen, aufgeklärte Verbraucher und die zusammenwachsenden Volkswirtschaften und Kapitalmärkte lassen auch den Informationsbedarf über dieses spezielle Segment der Geldanlage zunehmen. Immer mehr Geldvermögen sucht auch unter steuerlichen Aspekten nach geeigneten Anlagemöglichkeiten; die Anleger zeigen sich aufgeschlossener gegenüber intelligenten Investitionsalternativen und ziehen dabei zunehmend international orientierte Anlageformen in Erwägung. Die Investmentgesellschaften sind ständig gefordert, ihre Informationspolitik den steigenden Ansprüchen der Öffentlichkeit anzupassen, um neue Anlegerkreise zu gewinnen, um die bisherigen zu halten und sich gegenüber alternativen Angeboten, aber auch gegenüber der internationalen Konkurrenz zu profilieren, die ihre Marktchancen auf dem deutschen Markt nicht ungenutzt lassen will.

Elektronische Medien bestimmen die Öffentlichkeitsarbeit der Zukunft

Für den nachhaltigen Erfolg wird es entscheidend sein, in welchem Maße und wie schnell es den Fondsgesellschaften gelingt, ihr Image einer Geldanlage für den »kleinen Mann« abzulegen. In der Tat hat sich Investment, allein schon aufgrund der vielen innovativen Produkte – wie Laufzeitfonds, Garantiefonds, Money-Back-Fonds, Spezialitätenfonds –, zu einer hochwertigen Anlageform entwickelt, die – richtig eingesetzt – wichtige Anlegerziele wesentlich besser abdecken kann als die meisten Alternativen auf direktem Wege.

Hier ist der Öffentlichkeitsarbeiter in der Gesellschaft gefordert, die geeigneten Mittel zu rekrutieren und die richtigen Wege zu finden, um die Anliegen der einzelnen Gesellschaften, aber auch der Branche insgesamt in die Allgemeinheit zu transportieren. Dabei ist er ständig angehalten, auch neue Instrumente einzusetzen. Allein schon die rasante technische Entwicklung im Bereich der elektronischen Medien erfordert von ihm Flexibilität und unkonventionelles Denken. Sollte es der Investmentbranche in den nächsten Jahren gelingen, die letzten Reste des unseligen IOS-Images zu beseitigen, dann sind Prognosen nicht aus der Luft gegriffen, die dem schon heute expansivsten Produkt im Finanzdienstleistungsgewerbe weitere rasante Entwicklungssprünge attestieren.

Geldmarktfonds und Geldpolitik

Hermann Remsperger/Uwe Angenendt

In der Bundesrepublik Deutschland wird seit einiger Zeit intensiv über die eventuelle Zulassung von Geldmarktfonds diskutiert. Die Debatten gehen mit zwei »europa-initiierten« Entwicklungen einher: Zum einen ist von der EG-Kommission eine Ergänzungsrichtlinie zum europäischen Investmentrecht auf den Weg gebracht worden, die unter anderem den Europaß für reine Geldmarktfonds umfaßt. Sollte dieser Vorschlag den Ministerrat passieren und wie vorgesehen bis Mitte 1994 in nationales Recht transformiert worden sein, wäre der Vertrieb von »reinen« Geldmarktfonds in Deutschland erlaubt. Zum anderen hat die Deutsche Bundesbank mit der Mindestreservesatzsenkung vom 1. März 1993 dem verschärften Wettbewerb zwischen den europäischen Finanzmärkten Rechnung getragen. Mit diesem Schritt ist nicht nur eines der gewichtigsten Argumente der Deutschen Bundesbank gegen die Einführung von reinen Geldmarktfonds in Deutschland ins Wanken geraten, vielmehr wurde zugleich auch ein bedeutender Nachteil für die Kreditinstitute im Wettbewerb mit den Geldmarktfonds abgemildert.

Rechtslage und Marktentwicklung

Reine Geldmarktfonds, die ihr Vermögen überwiegend oder ganz in Geldmarktpapiere investieren, sind in der Bundesrepublik Deutschland bisher nicht erlaubt. Zugelassen sind hingegen sogenannte geldmarktnahe bzw. Quasi-Geldmarktfonds. Die Auflegung solcher Fondstypen ist seit der Neufassung des Gesetzes über Kapitalanlagegesellschaften (KAGG) im März 1990 möglich, mit der eine entsprechende EG-Harmonisierungsrichtlinie aus dem Jahre 1985 in das deutsche Investmentrecht übertragen wurde. Der in der EG-Richtlinie erweiterte Anlagekatalog ist dabei weitgehend in das deutsche Investmentrecht übernommen worden. Nach den neuen Anlagevorschriften können 10 Prozent des Sondervermögens in nicht-notierte Wertpapiere oder Schuldscheine und 49 Prozent in Liquiditätsanlagen, wie Bankguthaben und Einlagezertifikate von Kreditinstituten, unverzinsliche Schatzanweisungen und Schatzwechsel sowie vergleichbare Papiere anderer OECD-Staaten mit einer Restlaufzeit von höchstens zwölf Monaten, angelegt werden. Die verbleibenden 41 Prozent des Fondsvermögens sind in börsennotierte Wertpapiere zu investieren.[1]

Mit diesen erweiterten Anlagemöglichkeiten und dem Einsatz innovativer Finanzmarktinstrumente lassen sich durchschnittliche Laufzeiten der Wertpapierportefeuilles von weit unter einem Jahr erreichen. Solche Fonds weisen daher einen geldmarktähnlichen Charakter auf.[2] Die Verbreitung von in der Bundesrepublik aufgelegten geldmarktnahen Fonds hat sich bisher aber sehr in Grenzen gehalten. Hierzu dürfte in erster Linie die Einführung der Zinsabschlagsteuer und die im Vergleich zu anderen Ländern eher restriktive Auslegung des Investmentrechts in Deutschland beigetragen haben. Aus diesem Grund werden geldmarktnahe DM-Fonds von deutschen Kapitalanlagegesellschaften fast ausschließlich in Luxemburg aufgelegt. Zum einen läßt sich für deutsche Anleger auf diesem Wege die Zinsabschlagsteuer vermeiden. Der Investmentsparer erzielt somit einen Steueraufschub, der mit Zins- und Liquiditätsvorteilen verbunden ist. Zum anderen können die thesaurierenden geldmarktnahen Fonds die mit der faktischen Quellenbesteuerung verbundenen Nachteile umgehen. Im Gegensatz zu Deutschland, wo nur 70 Prozent der zinsabschlagsteuerpflichtigen Erträge wieder zinsbringend investiert werden können, ist die Wiederanlage in Luxemburg zu 100 Prozent möglich. Die liberaleren rechtlichen Rahmenbedingungen in Luxemburg erlauben es zudem, die Fonds besser auf die Anlegerbedürfnisse auszurichten.[3] Selbst wenn also echte Geldmarktfonds zugelassen würden, wäre allein aufgrund der Unterschiede in der Kapitalertragsbesteuerung eine stärkere Verbreitung von in Deutschland aufgelegten Fonds fraglich. Zur Beurteilung der Marktchancen von echten Geldmarktfonds ist die »Standortfrage« aber letztlich weniger entscheidend. Dem Anleger in Deutschland, der Fondsanteile von Geldmarktfonds über inländische Vertriebswege erwirbt, dürfte es jedenfalls gleich sein, ob es sich dabei um Anteilscheine von inländischen Investmentfonds oder um Anteilscheine von Luxemburger Investmenttöchtern deutscher Kreditinstitute handelt.

Das rasche Wachstum der Wertpapierfonds deutscher Kapitalanlagegesellschaften in Luxemburg in den vergangenen drei Jahren hat gezeigt, daß die Auslagerung aus dem heimischen Finanzraum technisch gesehen kein größeres Problem darstellt. Das Fondsvermögen der Luxemburger

Publikumsfonds deutscher Provenienz überschritt Ende März 1993 mit 129 Milliarden DM sogar erstmals das entsprechende Volumen inländischer Wertpapierfonds. Mit 32,5 Milliarden DM entfiel dabei nach Angaben des BVI ein Viertel dieses Gesamtbetrages auf geldmarktnahe Fonds. Ihr Anteil am Vermögen aller Rentenfonds deutscher Investmentgesellschaften betrug damit schon 15 Prozent. Die Absatzzahlen für die geldmarktnahen Fonds erklären sich nicht zuletzt aus der inversen Zinsstruktur. Nimmt man andere innovative Fondskonstruktionen, wie beispielsweise Garantie-, Kurzläufer- und Laufzeitfonds hinzu, so hat sich entsprechend den Anlegerbedürfnissen sowohl die Fondspalette als auch das Fondsvolumen im kurzfristigen Bereich während der zurückliegenden Hochzinsphase beträchtlich ausgeweitet.

Auch aus makroökonomischer Sicht verdienen solche zyklischen Erscheinungen durchaus Aufmerksamkeit. Noch wichtiger aber ist die Frage, ob die geldmarktnahen Fonds bzw. die Zulassung der echten Geldmarktfonds möglicherweise dauerhafte Vermögensumschichtungen auslösen, die die Funktionsweise und die Struktur des finanziellen Sektors nachhaltig beeinflussen könnten, so wie dies beispielsweise in den Vereinigten Staaten und in Frankreich zu beobachten ist. In den USA wurden Ende 1992 trotz des historisch sehr niedrigen Zinsniveaus am Geldmarkt 545 Milliarden Dollar in Money Market Funds gehalten. Sie erreichten damit einen Anteil von 15 Prozent an der Geldmenge M2. In Deutschland ist die Relation zwischen den Quasi-Geldmarktfonds und M2 mit unter 3 Prozent zwar noch gering, doch ist zu beachten, daß es sich bei diesem Fondstyp um ein relativ junges Produkt handelt. Mißt man die Bedeutung der geldmarktnahen Fonds am Wachstum der Termingelder von über 210 Milliarden DM in den zurückliegenden knapp drei Jahren, haben sie immerhin schon eine Relation von 16 Prozent erreichen können. Andere kurzfristige Investmentprodukte, die von der Laufzeit her betrachtet termingeldähnlichen Charakter besitzen und ebenfalls eine beachtliche Größenordnung aufweisen, sind in diese Rechnung nicht einmal eingeschlossen.

Geldmarktfonds aus der Sicht der Anleger

Hinweise darauf, ob sich durch eine eventuelle Zulassung von reinen Geldmarktfonds weitere Vermögensumschichtungen ergeben könnten, kann ein Blick auf die potentiellen Anbieter und Nachfrager dieses Anlagemediums geben. Geldmarktfonds eröffnen dem Anleger die Möglichkeit, trotz relativ kleiner Anlagebeträge Renditen zu erzielen, die den Konditionen auf dem Geldmarkt recht nahe kommen. Durch das jederzeitige Rückgaberecht der Anteilscheine besitzen sie darüber hinaus einen sehr hohen Liquiditätsgrad bei gleichzeitig überschaubarem Kursrisiko. Sie eignen sich aus diesem Grund hervorragend zum »Parken« kurzfristiger Mittel, die jederzeit verfügbar sein sollen. Geldmarktfonds konkurrieren daher mit Bankeinlagen. Hinsichtlich der Renditehöhe und des Anlagehorizontes bestehen zwischen Termineinlagen und Geldmarktfondsanteilen sicherlich die engsten Substitutionsbeziehungen. Wegen des geringen Risikos und des hohen Liquiditätsgrades käme dieses Anlageinstrument aber ebenso als Substitut für Spareinlagen und bedingt auch für Sichteinlagen in Betracht. Im Gegensatz zu Einlagen bei Banken gibt es für Geldmarktfonds allerdings kein Einlagensicherungssystem.

Wenn es bisher noch nicht zu größeren Anlageumschichtungen von Bankeinlagen in die bereits erlaubten geldmarktnahen Fonds – die trotz der Anlagebeschränkungen kaum gravierende Unterschiede zu reinen Geldmarktfonds aufweisen[4] – gekommen ist, hat das verschiedene Gründe: Neben steuerlichen Aspekten sind die Wettbewerbsbedingungen um die Kundentermingelder in der Bundesrepublik Deutschland bereits sehr intensiv. Gerade für die renditeorientierten Großanleger werden Termingeldsätze gezahlt, die nur wenig unter den repräsentativen Geldmarktsätzen liegen. Das gilt insbesondere nach der Senkung der Mindestreserve im März 1993, die den Renditenachteil gegenüber reservefreien Anlagen beim damaligen Zinsniveau von 35 auf 15 Basispunkte reduziert hat. Geldmarktnahe Fonds als Anlagealternative bieten in diesem Marktsegment unter Abzug des Ausgabeaufgeldes und der Verwaltungskosten bisher kaum bessere Konditionen. Die Wettbewerbsintensität um die kurzfristigen Anlagegelder hat nicht zuletzt auch deshalb zugenommen, weil bei einer größer werdenden Palette von Geldmarktpapieren einer breiten Anlegerschicht auch die Direktanlage in Geldmarktpapiere (Bulis, CP, Floater) offensteht. Damit ist auch eine bessere Markttransparenz verbunden.

Stärkere Bedeutung könnten die Geldmarktfonds in jenem Marktsegment erlangen, in dem vor allem die vermögenden Privatkunden und kleinere mittelständische Unternehmen zu finden sind. In diesem Bereich kommt die von Geldmarktfonds vorgenommene Losgrößentransformation, in dem sie »kleinere« Anlagebeträge poolen und damit Renditen erzielen, die über denen von alternativen Anlageformen liegen, stärker zur Geltung. Zudem wird bei den Geldmarktfonds im Unterschied zu den geldmarktnahen Fonds kein Ausgabeaufgeld erhoben. Derzeit macht sich diese Form der Gebührenerhebung – insbesondere bei kurzer Anlagedauer und bei niedrigem Zinsniveau – noch erheblich renditemindernd bemerkbar. Aus der Sicht der Sparer dürften Anlagen in Geldmarktfonds daher eine attraktive Alternative zur Festgeldanlage bei den Banken sein.

Die jederzeitige Liquidierbarkeit der Fondsanteile macht Geldmarktfonds auch zu einer ernsten Konkurrenz für die Spareinlagen. Das gilt natürlich besonders in Zeiten einer inversen Zinsstruktur, in denen sich auch die Geldmarktfonds als Instrument einer »verkappten« Geldkapitalbildung eignen. Aber auch in Phasen, in denen die längerfristigen über den kurzfristigen Zinsen liegen, dürfte dies zutreffen. Für die rasche Verfügbarkeit von Spareinlagen akzeptieren die Sparer nämlich teilweise erhebliche Zinseinbußen, obwohl die Anlagen vom Charakter her langfristig sind. Nimmt man beispielsweise den für die Spareinlagen mit gesetzlicher Kündigungsfrist gültigen Spareckzins, der geradezu eine »betonhafte« Unbeweglichkeit aufweist, so ließen sich in der Vergangenheit sicherlich lange Zeiträume finden, in denen die Geldmarktsätze deutlich höher gelegen haben. Geldmarktfonds wären in diesen Fällen die eindeutig bessere Alternative gewesen. Daraus sollte man allerdings nicht den Schluß ziehen, daß mit der Zulassung von reinen Geldmarktfonds nun der gesamte Betrag an Spareinlagen inländischer Nichtbanken mit dreimonatiger Kündigungsfrist – er betrug im März 1993 rund 537 Milliarden DM – als Umschichtungspotential zu betrachten wäre. Zum einen sind die einzelnen Sparbeträge, die auf solchen Konten schlummern, in der Regel zu gering, als daß sie für die Fonds von Interesse sein könnten. Zum anderen wird vieles von dem, was heute noch unter Spareinlagen mit dreimonatiger Kündigungsfrist firmiert, mit höheren als den Regelsätzen verzinst. Die Kreditinstitute haben nämlich bereits längst auf die wachsende Zinssensibilität ihrer Kunden und den damit drohenden Abzug der Einlagen reagiert. Das ist auch der Grund für die immer mehr ins Schwimmen geratenden Grenzen zwischen Termin- und Spareinlagen. Von der Höhe der Verzinsung her betrachtet könnte mit der Zulassung der Geldmarktfonds die Grenzziehung zwischen Sicht- und Termineinlage aber ebenfalls zunehmend schwieriger werden. Die Wettbewerbs- intensität um die Bankeinlagen dürfte sich daher weiter erhöhen.

Geldmarktfonds aus der Sicht der Anbieter

Der Wettbewerbsdruck, der bisher von den geldmarktnahen Fonds auf die Bankeinlagen ausgeht, hält sich vor allem auch deshalb in Grenzen, weil die Anbieter aus dem Nichtbankenbereich und dem Ausland nicht über ausreichende Absatzkanäle verfügen. In Deutschland gewinnen bankunabhängige Vertriebsformen zwar zunehmend an Bedeutung, derzeit werden aber schätzungsweise bis zu 90 Prozent der Fondsprodukte von Investmentfirmen über die Bankschalter vertrieben.[5] Für Ausländer bzw. Nichtbanken ist es recht schwer, im deutschen Investmentmarkt Fuß zu fassen. Die Kreditinstitute ihrerseits zeigen hingegen nur ein eingeschränktes Interesse, die Ausdehnung der Geldmarktfondsaktivitäten ihrer Kapitalanlagegesellschaften aktiv zu fördern. Teile der Kreditwirtschaft, etwa die Sparkassen, fürchten vor allem, daß Umschichtungen zu Geldmarktfonds erfolgen würden, die ihre kostengünstige Refinanzierungsbasis schmälerten, oder daß höhere Zinsen gezahlt werden müßten, um den Abzug von Spar- und Termingeldern zu verhindern.[6] Für die Banken besteht zwar grundsätzlich die Möglichkeit, sich über das Instrument der Einlagenzertifikate neue Refinanzierungsquellen zu erschließen. Allerdings ließe sich auch das nur zu höheren Kosten bewerkstelligen. Sollte die Verbriefung der Passivseite der Bankbilanzen sogar ein größeres Ausmaß annehmen, könnte das eine Verkürzung der durchschnittlichen Laufzeit des Passivgeschäfts zur Folge haben. Bei unveränderter Fristenstruktur im Aktivgeschäft stünden die Banken dann vor dem Problem – bei tendenziell abnehmender Ertragskraft –, verstärkt Fristentransformation leisten oder entsprechende Anpassungen in der Laufzeitstruktur des Aktivgeschäfts vornehmen zu müssen.[7] Zudem dürften Einbußen im Zinsgeschäft kaum durch entsprechende Provisionseinnahmen der Kapitalanlagetöchter der Banken ausgeglichen werden. Alle diese Argumente sind zwar nicht ganz von der Hand zu weisen, sie dürften empirisch aber nur relevant werden, wenn es zu einem explosionsartigen Wachstum bei den Geldmarktfonds käme. Damit ist angesichts des zuvor erörterten begrenzten Umschichtungspotentials aber nicht zu rechnen.

Ein intensiverer Wettbewerb darf kein Argument für die Verhinderung von Geldmarktfonds sein. Problematisch ist jedoch, daß mit der Einführung von mindestreservefreien Geldmarktfonds eine Diskriminierung des reservepflichtigen Einlagengeschäfts verbunden wäre. Dieser Wettbewerbsnachteil hat sich durch die Mindestreservesatzsenkung zwar deutlich reduziert, doch können in einem verschärften Wettbewerbsumfeld auch geringe Unterschiede zu beträchtlichen Wettbewerbsverzerrungen führen. Die Geldmarktfonds, die nicht der Mindestreservepflicht unterliegen, können diesen Vorteil für sich nutzen, indem sie die ihnen anvertrauten Mittel in mindestreservefreie Anlagen investieren. Während die Fonds dabei früher sozusagen in einen »Anlagenotstand«[8] geraten wären, hat die konsequente Förderung des deutschen Finanzmarktes die Anlagepalette am Geldmarkt breiter und tiefer werden lassen. Die beabsichtigte Auflegung von sogenannten Bu-Bills, also unterjährige Schuldtitel des Staates, dürfte diesen Reifungsprozeß noch beschleunigen. Die Kreditinstitute wären in diesem Prozeß insofern benachteiligt, als ihre Einlagenzertifikate mindestreservebelastet sind und somit aus der Sicht des Anlegers nur als »zweite Wahl« gelten dürften. Mit der Zulassung von reinen Geldmarktfonds müßten diese Wettbewerbsnachteile beseitigt werden. Dies wäre besonders dringlich, wenn die Geldmarktfonds – was hier nicht weiter ausgeführt werden kann – auch zunehmend in den Zahlungsverkehr eindringen würden und somit als Substitut für die Sichteinlagen in Frage kämen.

Faßt man die bisherigen Argumente zusammen, so läßt sich festhalten, daß ein Potential für Geldmarktfondsprodukte in der Bundesrepublik sicherlich vorhanden ist. Im Unterschied zu anderen Ländern, in denen die Geldmarktfonds ein außergewöhnlich starkes Wachstum verzeichnen konnten, gibt es in Deutschland jedoch keine Regulierungen, die das Wachstum solcher Fonds »künstlich« fördern würden. Zu beachten sind allerdings steuerliche Gestaltungsmöglichkeiten, die aus der Sicht des Anlegers Anlagen in Geldmarktfonds attraktiver erscheinen lassen können als in Festgelder. Insgesamt betrachtet könnte es zu Umschichtungen vor allem dort kommen, wo sich bisher weniger wettbewerbsintensive Räume gehalten haben. Diese »Nischen« dürften sich aber in überschaubaren Volumensgrenzen halten und »an den Banken vorbei« auch nur schwer zu erschließen sein. Die von Nichtbanken und ausländischen Konkurrenten aufgelegten Geldmarktfonds müßten zunächst das Problem effizienter Vertriebswege lösen.

Geldmarktfonds aus der Sicht der Notenbank

Eng verknüpft mit diesen eher wettbewerbspolitischen Betrachtungen sind die geldpolitischen Konsequenzen, die mit der Zulassung von reinen Geldmarktfonds verbunden wären. Bei der Bewertung der Geldmarktfonds aus dem Blickwinkel der Notenbank empfiehlt es sich, stets die Vielfalt der zentralbankpolitischen Handlungsebenen im Auge zu behalten. Berührungspunkte zwischen den Geldmarktfonds und der Zentralbankpolitik ergeben sich zumindest auf drei Ebenen, nämlich zunächst auf der Ebene der Festlegung und Definition des geldpolitischen Zwischenziels, dann auf dem operativen Gebiet der Geldmarktsteuerung und schließlich im Bereich der Finanzmarktpolitik einer Notenbank. Auf der Zwischenziel- und Geldmarktebene geht es im Kern um die beiden folgenden transmissionstheoretischen Fragestellungen: Stellt die Zulassung von Geldmarktfonds einen »Störfall« für die Definition der Geldmenge und die Stabilität der Geldnachfrage dar? Stehen die Geldmarktfonds einer effizienten Geldmarktsteuerung im Wege? Im Vergleich zu diesen Aspekten bildet die Finanzmarktpolitik einer Notenbank einen Bereich, der von der monetären Steuerung zwar nicht zu trennen ist, aber doch einen eigenständigen Charakter aufweist. Finanzmarktpolitisch ist mit Blick auf die Geldmarktfonds insbesondere hervorzuheben, daß die Deutsche Bundesbank die Verbriefung des Geldmarkts in der Bundesrepublik mit der Emission von kurzfristigen Liquiditätspapieren selbst gefördert hat. In die gleiche Richtung wirkte unter anderem auch schon ihre »Erklärung zu DM-Emissionen«, mit der sie ausländischen Nichtbanken den direkten Zugang zum Markt für DM-Commercial-Papers öffnete. Die sympathisierende Einstellung der Bundesbank gegenüber der Verbriefung am Geldmarkt kam nicht zuletzt in einer zusammenfassenden Stellungnahme zum Ausdruck, die in ihrem Monatsbericht vom Mai 1993 zu finden ist: »Mit einem allmählichen Vordringen neuer Typen von privaten Geldmarktpapieren könnte sich der deutsche Finanzmarkt organisch weiterentwickeln und damit auch seine internationale Wettbewerbsposition stärken.«

Nun wohnen aber offensichtlich zwei Seelen in der Brust der Bundesbank: Einerseits begrüßt und fördert sie die Verbriefung des Geldmarkts. Andererseits befürchtet sie jedoch eine Verkürzung der Mindestreservebasis und darüber hinaus Definitionsprobleme bei der Geldmenge, wenn sich Geldmarktpapiere einer immer größeren Beliebtheit erfreuen sollten. Auf die Geldmarktfonds übertragen hieße das, daß sie auf der Ebene der Finanzmarktpolitik zwar willkommen sind, daß sie aber im operativen Bereich und auf der Zwischenzielebene Probleme bereiten könnten. Dieser Konflikt hat sich allerdings mit der Mindestreservesatzsenkung, die die Bundesbank aus grundsätzlichen Überlegungen vorgenommen hat, bereits entspannt. Darüber hinaus kann man unterstellen, daß die Geldmarktfonds wegen der in der Bundesrepublik noch unterentwickelten institutionellen Voraussetzungen in absehbarer Zeit keine ins Gewicht fallende Rolle im Zahlungsverkehr spielen werden. Fondsanteile dürften in erster Linie zum Zwecke der Wertaufbewahrung gehalten werden, so daß sich die Geldmarktfonds von der Definition des monetären Zwischenziels her betrachtet über die Erweiterung der »erweiterten Geldmenge M3« einfangen ließen.[9] Deshalb konzentrieren sich die folgenden Überlegungen weitgehend auf den operativen bzw. instrumentellen Bereich der Geldpolitik.

Investieren Nichtbanken in mindestreservefreie Geldmarktfonds statt z. B. in mindestreservepflichtige Termineinlagen, sinkt die Mindestreservebasis. Da das Umschichtungspotential – wie bereits festgestellt – begrenzt sein dürfte, ist eher zu bezweifeln, ob dies tatsächlich in einem geldpolitisch relevanten Umfang geschehen würde. Gleichwohl muß es erlaubt sein, für die Geldpolitik einmal einen »Worst Case« zu simulieren. Der schlimmste Fall läge vor, wenn die Nichtbanken ihre Bankeinlagen massiv abbauten, um die frei werdenden Mittel in Geldmarktfonds zu investieren. Zur Verdeutlichung dieses Falles sei hier einmal unterstellt, die Bundesbank hätte die Mindestreserven im März 1993 nicht gesenkt. Statt dessen wäre grünes Licht für Geldmarktfonds gegeben worden. Daraufhin hätten die Anleger sofort sämtliche mindestreservebelastete Termingelder von den Banken abgezogen, um sie voll und ganz in mindestreservefreie Geldmarktfonds zu investieren. Damit wären die reservepflichtigen Termingelder von Gebietsansässigen im März 1993 von fast 581 Milliarden DM auf Null geschrumpft. Unter Zugrundelegung des ehemaligen Mindestreservesatzes in Höhe von 4,95 Prozent auf die befristeten Verbindlichkeiten der Banken hätte die Bundesbank durch den Einlagenniedergang auf einen Mindestreservebetrag von 28,8 Milliarden DM »verzichten« müssen. Diesem fiktiven Verzicht ist nunmehr jedoch der tatsächliche Verzicht durch die Mindestreservereduktion im März 1993 in Höhe von insgesamt rund 33 Milliarden DM gegenüberzustellen. D. h., die Bundesbank hat durch ihre damalige diskretionäre

Entscheidung deutlich mehr Mindestreserven »verloren«, als sich im Worst-Case-Szenario eines vollkommenen Austauschs von Termineinlagen durch Geldmarktfonds eingestellt hätte. Legt man einmal die heutigen Reservesätze zugrunde, würde sich die Mindestreserve bei einer rein fiktiven Abwanderung von Termineinlagen zu Geldmarktfonds in Höhe von 100 Milliarden DM nur noch um 2 Milliarden DM vermindern. Bei den höher belasteten Sichteinlagen wären es *ceteris paribus* jedoch immerhin rund 11 Milliarden DM.

Diese Szenarien ließen sich durch die Einbeziehung von Spareinlagen leicht verfeinern. Da sich damit tendenziell jedoch nichts an den bisherigen Grundaussagen ändert, wird auf das Raffinement verzichtet. Statt dessen sei eingeräumt, daß der Betrag, der durch die Mindestreservesenkung im März 1993 freigesetzt worden ist, jetzt als Potential für den sich aus der eventuellen Substitution von Bankeinlagen durch Geldmarktfonds ergebenden Mindestreserveabbau natürlich nicht mehr zur Verfügung steht. Der Vergleich zwischen dem Szenario und der Realität sollte aber insofern hilfreich sein, als er das erhebliche Ausmaß der Mindestreservesenkung noch einmal vor Augen führt. Die Größenordnung deutet auf einen fundamentalen Stellungswechsel des Mindestreserveinstruments in der deutschen Geldmarktsteuerung hin. Dieser Bedeutungswandel läßt auch die Geldmarktfonds für die monetäre Steuerung weniger problematisch erscheinen. Die Bundesbank steuert den Geldmarkt – und indirekt auch die Geldmenge – zu einem erheblichen Teil über die Zinsen. Wer diese Form der pretialen Steuerung des Geldmarkts unterschätzt und ausschließlich in der Kategorie eines rein quantitativen Kontrollmechanismus denkt, mag hinter jeder Schmälerung der Mindestreservebasis eine Schwächung des geldpolitischen Instrumentariums vermuten. Notenbanken sind aber um so weniger auf die Verknüpfung zwischen Mindestreserve und Geldmenge angewiesen, je stärker sie – wie in Deutschland – in der Geldmarkttechnik auf einen zinsorientierten Ansatz vertrauen können.

Heute kommt der Reservepflicht überwiegend die Aufgabe zu, für eine hinreichend stabile Nachfrage nach Zentralbankgeld zu sorgen. Zu berücksichtigen ist dabei vor allem, daß die Pflichteinlagen bei der Bundesbank von den Banken nicht nur zur Erfüllung der Reservepflicht, sondern zugleich auch im Zahlungsverkehr eingesetzt werden. Die Mindestreserven sorgen für eine Grundausstattung mit »Working Balances«. Ohne dieses Polster bestünde die Gefahr extremer Zinsausschläge am

Geldmarkt, die ihrerseits die pretiale Steuerung des Geldmarkts gefährden würden.

Der aus rein quantitativen, aber auch aus konzeptionellen Gründen ohnehin begrenzte Konflikt zwischen einer Geldpolitik, die einerseits mit guten Gründen auf Mindestreserven nicht ganz verzichten möchte, die andererseits aber zugleich Innovationen wie Geldmarktfonds grundsätzlich begrüßt, ließe sich vielleicht noch weiter reduzieren, wenn für die Mindestreserven eine einlagenunabhängige Bezugsbasis gefunden werden könnte. Theoretisch könnte man beispielsweise auf die Idee kommen, Mindestreserven einer Bank an deren Abrechnungsvolumen mit der Notenbank zu binden, statt sich am Einlagevolumen zu orientieren. Dann würde die Mindestreservebasis durch Umschichtungen der Anleger von Bankeinlagen zu Geldmarktfonds nicht mehr gefährdet. Die praktische Umsetzung einer alternativen Berechnungsgrundlage für die Mindestreserven dürfte sich jedoch als sehr mühsam erweisen, zumal dann innerhalb des Bankgewerbes auch noch mit Umverteilungskonflikten über die Reservelast zu rechnen wäre. Hinzu kommt, daß überall dort, wo die Mindestreserven in der EG noch eine geldpolitische Rolle spielen, die Einlagenorientierung dominiert. Angesichts der notwendigen Harmonisierung geldpolitischer Instrumente in der EG würde eine Änderung der Bezugsbasis für die Mindestreserven mithin einen sehr breiten Anpassungsbedarf auslösen. Aufgrund des inzwischen ohnehin sehr limitierten Konfliktpotentials zwischen den Mindestreserven und der Zulassung von Geldmarktfonds scheint sich eine derartige Reform zumindest aus dem Blickwinkel der Fonds nicht zu lohnen. Wenn jedoch selbst diese geringe Mindestreservebelastung auf Spar- und Termingelder zu Wettbewerbsverzerrungen zwischen den Banken und den Geldmarktfonds führen sollte, ergäbe sich weiterer Handlungsbedarf. Nachzudenken wäre dann darüber, ob die Mindestreserven nicht noch weiter auf das Niveau der »Working Balances« gesenkt oder eine Verzinsung in Betracht gezogen werden sollte.

Auf der operativen Ebene der Geldmarktsteuerung würde die Einführung von Geldmarktfonds keineswegs nur die Mindestreserven berühren. Vielmehr ergäbe sich auch eine Verbindung zur Zentralbankgeldbereitstellung. Dies gilt vor allem für die Versteigerung von Zentralbankgeld. Wird Zentralbankgeld gegen die Hereinnahme von Wertpapieren versteigert, dann sollte – wie die Bundesbank in ihrem Geschäftsbericht für 1992 hervorhebt – die Palette der dafür zulässigen Wertpapiere möglichst breit gehalten werden. Jedenfalls kämen dafür auch Geldmarktpapiere in Frage, die durch Geldmarktfonds an Bedeutung gewinnen könnten. So würde die Basis für die offenmarktpolitische Geldmarktsteuerung durch die Zulassung von Geldmarktfonds zumindest indirekt erweitert.[10]

Während die bisherigen Überlegungen zeigen, daß Geldmarktfonds einer effizienten Zentralbankpolitik nicht im Wege stehen, darf ein kleiner Wermutstropfen schließlich doch nicht unerwähnt bleiben. Geldmarktfonds fördern das »kurze Ende« der Finanzmärkte. Ginge dies generell zu Lasten längerer Laufzeiten, könnte das gesamte Finanzsystem und möglicherweise auch die Investitionstätigkeit im »realen« Sektor der Wirtschaft störanfälliger werden. Eine solche Gefahr, die auch eine Bürde für die Geldpolitik darstellen würde, ist sehr ernst zu nehmen. Trifft jedoch die Vermutung zu, daß die Geldmarktfonds eher eine potentielle Konkurrenz für andere kurzfristige Anlagen als für langfristige Finanzengagements darstellen, dann dürfte die Stabilität des Finanzsystems durch Geldmarktfonds kaum gestört werden. Ein positiver Nebeneffekt der Zulassung von reinen Geldmarktfonds könnte zudem sein, daß die damit einhergehende Verschärfung des Wettbewerbs im finanziellen Sektor zu einer Effizienzsteigerung der Geldpolitik führt. Zinssignale der Bundesbank würden möglicherweise schneller an die Kunden weitergegeben.[11] Aus diesen Argumentationslinien könnte sich eines Tages sogar eine Konstellation ergeben, in der die Experten der Bundesbank weniger gegen die Zulassung von Geldmarktfonds einzuwenden haben als jene Kreditinstitute, die ihre Einlagenseite im verschärften Wettbewerb gefährdet sehen.

Anmerkungen

1 Vgl. Bundesverband Deutscher Investment-Gesellschaften e. V.: Investment 90, Daten, Fakten, Entwicklungen, Frankfurt, S. 47 ff.

2 Vgl. Menkhoff, Lukas; Schlumberger, Manfred: Echte, Quasi- und synthetische Geldmarktfonds, in: Zeitschrift für das gesamte Kreditwesen 21/90, S. 1078–1081.

3 Vgl. Landeszentralbank in Hessen: Frankfurter Finanzmarkt-Bericht, Geldmarktnahe DM-Fonds, Aufschwung außerhalb des Heimatsmarktes, Ausgabe 8/92, S. 4 f.

4 Das gilt insbesondere dann, wenn sie in Form von Garantiefonds aufgelegt sind.

5 Vgl. o. V., Passow: Hohes Potential für Investmentfonds, Börsen-Zeitung vom 29.3.93.

6 Vgl. Heitmüller, Hans-Michael: Auswirkungen von Geldmarktfonds auf die Geschäftspolitik der Sparkassen, Sparkasse 4/90, S. 150; vgl. Ragnitz, Joachim: Einwände gegen Geldmarktfonds, Börsen-Zeitung vom 13.3.92.

7 Vgl. Kath, Dietmar: Die Bedeutung neuer Finanzierungsinstrumente für den Wandel der finanziellen Strukturen in der Bundesrepublik Deutschland, S. 65–90 in: Gutowski (Hrsg.), Neue Instrumente an den Finanzmärkten: Geldpolitische und bankenaufsichtliche Aspekte, Schriften des Vereins für Socialpolitik, Bd. 170, Berlin 1988.

8 Angenendt, Uwe; Stäcker, Karl: Geldmarktfonds, in: Wirtschaftswissenschaftliches Studium, Heft 3, 1989, S. 140.

9 Zu den entsprechenden Erfahrungen in den USA vgl. Dotsey, Michael; Englander, Steven; Partlan, John C.: Money Market Funds and Monetary Control, in: Federal Reserve Bank of New York, Quarterly Review/Winter 1981–82, S. 9–17, hier S. 13.

10 Vgl. Deutsche Bundesbank, Monatsbericht Mai 1993, Der Markt für DM-Commercial Paper, S. 68.

11 Vgl. Gerke, Wolfgang; Schöner, Manfred A., Interessengegensätze bei der Zulassung von Geldmarktfonds, in: Zeitschrift für das gesamte Kreditwesen 22/89, S. 1045–1050, hier S. 1048.

Das deutsche Investmentrecht im europäischen Umfeld

Manfred Laux

Die Investmentidee, verstanden als Chancengleichheit aller Anleger an allen Anlagemärkten, wurde in der Bundesrepublik Deutschland erstmals 1950 für einen Teilmarkt, den Aktienmarkt, mit der Auflegung zweier Aktienfonds umgesetzt. Eine spezielle gesetzliche Regelung für Investmentgesellschaften gab es zu diesem Zeitpunkt noch nicht. Sie erfolgte 1957 mit dem Gesetz über Kapitalanlagegesellschaften (KAGG). Zwei Jahre später wurde der erste Offene Immobilienfonds aufgelegt. 1962 folgten Spezialfonds, die ausschließlich für einen oder wenige institutionelle Anleger aufgelegt wurden. 1966 wurde das Investmentprinzip auch auf den Bereich der Rentenanlage ausgedehnt und die ersten Rentenfonds aufgelegt. 1969 kam es zu einer wesentlichen Erweiterung des KAGG. Es wurden erstmals ausdrückliche Regelungen für Offene Immobilienfonds aufgenommen. In den siebziger Jahren herrschte im rechtspolitischen Bereich fast schon eine »Friedhofsruhe«. Lediglich 1977 wurde im Rahmen der Körperschaftsteuerreform die Doppelbesteuerung bei Aktien und Aktienfonds durch die Einführung des Anrechnungsverfahrens beseitigt. Die Situation sollte sich jedoch bald aufgrund einer Initiative der EG-Kommission zur Vereinheitlichung des EG-Investmentrechts ändern.

Die EG-Kommission strebte in den siebziger Jahren noch die volle Harmonisierung des Investmentrechts im gesamten EG-Bereich an. Es zeigte sich jedoch, daß sich dieses Prinzip nicht realisieren ließ – zumindest nicht in einem absehbaren Zeitraum. Daher begnügte sich die EG-Kommission Anfang der achtziger Jahre mit der Koordinierung der Rechtsvorschriften auf der Basis eines Mindestniveaus an Anlegerschutz. Es blieb den einzelnen Mitgliedstaaten vorbehalten, schärfere Regelungen in nationales Recht umzusetzen. Diese Möglichkeit, die Richtlinie unterschiedlich weit umzusetzen, führte automatisch zu einem »Wettbewerb der Rechtssysteme«. Soweit einzelne Mitgliedstaaten von der Option Gebrauch machten, strengere Anlagevorschriften einzuführen, führte dies für die betroffenen nationalen Investmentgesellschaften zu Wettbewerbsverzerrungen.

Die Umsetzung der EG-Richtlinie zur Koordinierung des Investmentrechts

Am 20. Dezember 1985 wurde die »Richtlinie des Rates vom 20. Dezember 1985 zur Koordinierung der Rechts- und Verwaltungsvorschriften betreffend bestimmte Organismen für gemeinsame Anlagen in Wertpapieren (OGAW)« verabschiedet. Sie sollte spätestens zum 1. Oktober 1989 von den einzelnen EG-Mitgliedstaaten in nationales Recht umgesetzt werden. Einen ersten Transformationsschritt stellte die kleine KAGG-Novelle dar, die am 1. Januar 1987 in Kraft trat. Dadurch wurden insbesondere Anhebungen bei den Anlagegrenzen für Investmentfonds vorgenommen. So wurde die Grenze für bestimmte öffentliche Anleihen des In- und Auslandes aufgrund der hohen Sicherheit der Emittenten verdoppelt. Die Fünf-Prozent-Grenze, bezogen auf das Nennkapital einer Aktiengesellschaft, wurde auf 10 Prozent angehoben. Die Konzernklausel wurde erweitert mit hälftiger Anrechnung von Pfandbriefen und Kommunalobligationen von konzerngebundenen Unternehmen. Auch der Genehmigungsvorbehalt bei Überschreiten der Fünf-Prozent-Aussteller-Grenze wurde beseitigt. Die große KAGG-Novelle, der zweite Transformationsschritt, trat im Rahmen des Finanzmarktförderungsgesetzes zum 1. März 1990 in Kraft. Die Richtlinie von 1985 sowie deren Umsetzung hat den Investmentmarkt in Deutschland tiefgreifend verändert:

- Die Anlagemöglichkeiten für deutsche Investmentfonds wurden wesentlich erweitert.
- Das Prinzip des freien grenzüberschreitenden Vertriebs von EG-Fonds führte zu einer wesentlichen Verschärfung des Wettbewerbs.

Nach der Gesetzesnovelle vom 1. März 1990 galten einige »eiserne« Regeln aus der Vergangenheit nicht mehr. Bis zu diesem Zeitpunkt hatten Investmentfonds stets eine unendliche Laufzeit aufzuweisen, mußten aus Anlegerschutzgründen immer in börsennotierten Wertpapieren anlegen und durften sich beispielsweise nicht am Terminmarkt betätigen. Durch das Finanzmarktförderungsgesetz wurden die Anlagespielräume wesentlich erweitert und dadurch einer Fülle von Produktinnovationen der Weg geebnet. Zu den Neuerungen zählen insbesondere Laufzeitfonds, geldmarktnahe Fonds, die Möglichkeit des Erwerbs von derivativen Instrumenten sowie nicht-börsennotierter Titel und die Erweiterung des Anlegerkreises für Spezialfonds.

Den Kapitalanlagegesellschaften ist es gestattet, Rentenfonds aufzulegen, die zu einem vorgegebenen Laufzeitende wieder aufgelöst werden. Die Laufzeiten liegen derzeit zwischen zwei und acht Jahren. Da diese Fonds als thesaurierende Fonds konstruiert sind, Erträge also sofort wieder angelegt werden und Ausschüttungen nicht erfolgen, sind sie besonders geeignet für Anleger, die einen bestimmten Anlagebetrag zu einem von vornherein bekannten Termin wieder benötigen und mit einem relativ sicheren Ertrag rechnen wollen. Von den Anlegern wurde dieser Fondstyp sehr gut aufgenommen. Obwohl erst seit Frühjahr 1990 zugelassen, betrug der Anteil von Laufzeitfonds am Gesamtvolumen der überwiegend in Deutschland investierten Rentenfonds Ende 1992 mit rund 15 Milliarden DM mehr als ein Drittel. Allerdings wurde dieser Fondstyp durch das Zinsabschlagsteuergesetz faktisch zu einem nur noch teil-thesaurierenden Fonds. Hier wirkt sich die Möglichkeit des freien grenzüberschreitenden Vertriebs von EG-Fonds sowie die liberale Gesetzgebung in Luxemburg eindeutig zum Nachteil der deutschen Investmentgesellschaften aus, da in Luxemburg Laufzeitfonds weiterhin alle Erträge thesaurieren können, das Produkt also nur noch via Luxemburg angeboten werden kann.

Seit der Novelle können Investmentgesellschaften im Rahmen der Liquiditätsanlagen bis zu 49 Prozent des Sondervermögens auch in Einlagenzertifikate von Kreditinstituten, unverzinslichen Schatzanweisungen und Schatzwechsel des Bundes, der Bundesländer sowie von OECD-Staaten investieren, sofern die Geldmarktpapiere zum Zeitpunkt ihres Erwerbs eine Restlaufzeit von höchstens zwölf Monaten haben. Damit wurde es möglich, geldmarktnahe Fonds aufzulegen. Diese Fonds sind eine Alternative für solche Anleger, die für ihr Geld eine »Parkmöglichkeit« mit hoher Kursstabilität bei guter Verzinsung sowie kurzfristiger Verfügbarkeit suchen. Allerdings wirkt sich auch hier die Zinsabschlagsteuer negativ aus, so daß dieser Fondstyp de facto in Deutschland nicht mehr aufgelegt wird.

Für Fonds können sowohl die vier Grundarten des Optionsgeschäfts (also Kauf und Verkauf von Kaufoptionen bzw. Verkaufsoptionen) als auch alle hieraus an Terminbörsen möglichen Kombinationen getätigt werden. Weiterhin können Terminkontrakte auf einen Aktienindex oder Zinsterminkontrakte zur Absicherung von Vermögensgegenständen des

Fonds verkauft werden. Finanzterminkontrakte, die nicht der Absicherung von Teilen des Sondervermögens dienen, dürfen im begrenzten Umfang abgeschlossen werden. Damit ist es Fondsmanagern möglich, schneller und einfacher ihre Markteinschätzungen in konkrete Anlageentscheidungen umzusetzen. Zudem ist ein hoher Investitionsgrad möglich, ohne bei Anteilrückgaben gleich Wertpapiere verkaufen zu müssen.

Erstmals ist es den Investmentfonds gestattet, auch bestimmte Forderungen, die ihren Merkmalen nach Wertpapieren gleich gestellt werden können (Schuldscheindarlehen), zu erwerben. Weiterhin dürfen nichtnotierte Aktien- oder Rentenpapiere oder bestimmte Investmentanteilscheine erworben werden. Der Anteil dieser nicht-börsennotierten Titel darf 10 Prozent des Sondervermögens, der von Investmentanteilen 5 Prozent nicht überschreiten.

Bis zum 1. März 1990 galt für Spezialfonds der Grundsatz, daß sie lediglich sozialgebundene und existenzsichernde Gemeinschaftsvermögen beispielsweise von Versicherungen und Pensionskassen ansammeln und verwalten dürfen. Ausländischen Anlegern war es grundsätzlich nicht gestattet, in Spezialfonds anzulegen. Im Rahmen der Novelle wurden Spezialfonds erstmals definiert als Fonds mit maximal zehn nicht-natürlichen Anlegern. Zugleich wurden sie in- und ausländischen Unternehmen, die lediglich Betriebskapital anlegen wollen, zugänglich gemacht.

Bei Offenen Immobilienfonds wurde die Begrenzung der Anlage auf das Gebiet der Bundesrepublik aufgehoben. Grundstücke und sonstige grundstücksgleiche Rechte in Mitgliedstaaten der EG wurden den inländischen Grundstücken und grundstücksgleichen Rechten gleichgestellt. Dadurch können diese Liegenschaften, soweit es die Vertragsbedingungen des Fonds vorsehen, unbegrenzt erworben werden. Ebenfalls im Rahmen der Novelle wurden die Erwerbsgrenzen für Grundstücke im Zustand der Bebauung und für unbebaute Grundstücke von jeweils 10 auf 20 Prozent angehoben.

Das Auslandsinvestmentgesetz

Die Koordinierung des EG-Investmentrechts hatte naturgemäß auch Auswirkungen auf den öffentlichen Vertrieb ausländischer Investmentanteile in Deutschland. Für ausländische Investmentgesellschaften, die in der Bundesrepublik tätig werden wollen, gilt das Gesetz über den Vertrieb ausländischer Investmentanteile und über die Besteuerung der Erträge aus ausländischen Investmentanteilen (AuslInvestmentG). Dieses Gesetz aus dem Jahr 1969 hat zum Ziel, Lücken des deutschen Anlegerschutzsystems im Interesse der inländischen Sparer zu schließen. Um gleiche Wettbewerbsbedingungen zwischen in- und ausländischen Investmentgesellschaften herzustellen, regelt das Gesetz auch die Besteuerung der Erträge aus ausländischen, zum öffentlichen Vertrieb in Deutschland zugelassenen Investmentfonds.

Das Gesetz kann allerdings nicht die Bonität von Gesellschaften im Ausland überwachen. Es beschränkt sich daher auf detaillierte Regelungen des inländischen Vertriebs dieser ausländischen Anteile. Dabei unterscheidet das Gesetz zwei Fälle, nämlich Fonds, die die Voraussetzungen der Richtlinie zur Koordinierung des Investmentrechts in der EG von 1985 erfüllen, und andere Fonds. Fonds, die diese Bedingungen nicht erfüllen, müssen für eine Vertriebszulassung mindestens einen Repräsentanten im Inland bestellen. Zu den weiteren Anforderungen dieses Gesetzes zählen insbesondere die Beachtung des Depotbankprinzips, die Einrichtung einer inländischen Zahlstelle sowie bestimmte Mindestanforderungen bei der Anlagepolitik und an die Vertragsbedingungen. Die ausländische Investmentgesellschaft kann den Vertrieb in Deutschland aufnehmen, wenn das Bundesaufsichtsamt für das Kreditwesen nicht innerhalb von zwei Monaten nach Eingang der Vertriebsanzeige den Vertrieb untersagt. Der Vertrieb von Anteilen von Investmentfonds aus Mitgliedstaaten der EG ist in Deutschland grundsätzlich schon dann zulässig, wenn der EG-Fonds eine Bescheinigung der Aufsichtsbehörde seines Sitzlandes vorlegt, die bestätigt, daß der Auslandfonds die Bestimmungen der Richtlinie von 1985 beachtet. Zudem muß mindestens ein deutsches Kreditinstitut benannt werden, das Zahlungen an die Anteilinhaber durchführt und Anteilscheine zurücknimmt. Rechenschaftsberichte und Verkaufsprospekte müssen in deutscher Sprache abgefaßt werden. Auch hier dürfen die Fonds zwei Monate nach dem Eingang ihres Vertriebsantrages beim Bundesaufsichtsamt für das Kreditwesen mit dem Vertrieb beginnen, falls die Behörde ihnen bis zu diesem Zeitpunkt den Vertrieb nicht untersagt hat. Insbesondere bei den Luxemburger Fonds, die von Tochtergesellschaften deutscher Kreditinstitute oder Investmentgesellschaften aufgelegt wurden, handelt es sich um Fonds, die die Vorschriften der EG-Richtlinie von 1985 erfüllen.

Investmentfonds und die Förderung der Vermögensbildung

In der ersten Hälfte der achtziger Jahre fanden die – teilweise heftigen – Auseinandersetzungen über die Fortentwicklung der staatlichen Förderung der Vermögensbildung aus der ersten Hälfte der siebziger Jahre ihre Fortsetzung. Die Ergebnisse, denen für EG-Europa Modellcharakter zukommen kann, schlugen sich in dem am 1. Januar 1987 in Kraft getretenen zweiten Vermögensbeteiligungsgesetz nieder. Kernstück dieser zweiten Stufe der Vermögenspolitik war die Einführung eines für Europa neuen Investmentfondstyps, nämlich der Beteiligungs-Sondervermögen. Es handelt sich dabei um Investmentfonds im Sinne des KAGG, die neben Wertpapieren auch »stille Beteiligungen« an nichtbörsennotierten Unternehmen mit Sitz in der Bundesrepublik Deutschland erwerben können. Mit dieser Fondskonstruktion wird der ordnungspolitische Konflikt zwischen der Forderung nach einer Beteiligung möglichst breiter Bevölkerungskreise am Produktivkapital und der Gefahr verfassungsrechtlich unzulässiger Mitbestimmungsrechte für Arbeitnehmerorganisationen über den Einsatz von Privatvermögen gelöst. Für ihre Einführung war ebenfalls bedeutsam, daß ohne Beteiligungs-Sondervermögen staatlich geförderte vermögenswirksame Leistungen primär in klassische Aktienfonds und damit ausschließlich in an der Börse notierte Aktiengesellschaften geflossen wären, obwohl diese lediglich rund 0,2 Prozent aller deutschen Unternehmen ausmachen.

Stille Beteiligungen können grundsätzlich an allen Unternehmen, unabhängig von der Rechtsform, eingegangen werden. Für die Ausgestaltung des Beteiligungs-Sondervermögens gelten folgende gesetzliche Mindestanforderungen: Das Sondervermögen darf höchstens 30 Prozent stille Beteiligungen enthalten; die gleiche Maximalgrenze gilt für Schuldverschreibungen. Der Erwerb von stillen Beteiligungen an demselben Unternehmen ist auf 5 Prozent des Sondervermögens beschränkt. Als Mindestgrenze gilt, daß spätestens acht Jahre nach Errichtung des Beteiligungs-Sondervermögens stille Beteiligungen an mindestens zehn Unternehmen eingegangen sein müssen. Deren Gesamtwert muß mindestens 10 Prozent des Sondervermögens betragen. Auch bei Beteiligungs-Sondervermögen ist täglich der aktuelle Anteilpreis festzustellen. Das Problem der Bewertung der stillen Beteiligungen wurde durch eine – im Sinne des KAGG auszulegende (siehe Bundestagsdrucksache 11/6262 vom 18.01.1990) – Verordnung vom 14. Dezember 1988 gelöst.

Das am 1. Januar 1990 in Kraft getretene 5. Vermögensbildungsgesetz fördert Anlagen in Produktivkapital bis zu einem jährlichen Höchstbetrag von 936 DM mit der höchsten Arbeitnehmersparzulage, sofern ein Arbeitnehmer ein jährliches zu versteuerndes Einkommen von maximal 27000 DM bzw. bei zusammenveranlagten Ehegatten von 54000 DM bezieht. Gefördert werden Anlagen in Beteiligungswerten sowie Aktienfondsanteile, sofern der Fonds nach dem Rechenschaftsbericht des vorletzten Geschäftsjahres vor Erwerb des jeweiligen Anteilscheins 70 Prozent des Wertpapierbestandes in Aktien angelegt hat. Rund 1,8 Millionen Arbeitnehmer nutzen inzwischen diese Anlageform, eine Zahl, die Anfang der achtziger Jahre noch als Utopie galt. Allein 1992 erhöhte sich die Anzahl der von den Investmentgesellschaften verwalteten Verträge um 350000.

Liberalere Gesetze in anderen EG-Staaten

Die deutschen Kapitalanlagegesellschaften können zwar mit dem Geschäftsverlauf der letzten Jahre und einem gesamten Fondsvermögen von mehr als 300 Milliarden DM eine Erfolgsstory vorweisen. Dennoch ist die derzeitige Ausgestaltung der rechtlichen Rahmenbedingungen nicht befriedigend. Die Umsetzung der EG-Richtlinie erfolgte in Deutschland durch den Gesetzgeber eher restriktiv. Dies führt zu Wettbewerbsnachteilen gegenüber Investmentanbietern aus anderen EG-Staaten, insbesondere aus Luxemburg. In diesen Staaten wurde die Anlage in Investmentfonds durch eine liberale Auslegung der Richtlinie sowie teilweise durch weitere gesetzliche Anreize gefördert. Hierzu sei beispielhaft die Entwicklung in den Ländern Frankreich, Großbritannien, Italien und Luxemburg skizziert.

Frankreich

In Frankreich werden drei Formen von Investmentfonds angeboten. Zum einen Sociétés d'Investissement à Capital Variable (SICAV), offene Investmentfonds des Gesellschaftstyps, also Aktiengesellschaften mit eigener Rechtspersönlichkeit und veränderlichem Kapital, sowie Fonds Communs de Placement (FCP), die von der Konstruktion her den deutschen Investmentfonds ähneln. Zulässig sind ebenfalls Investmentgesellschaften des geschlossenen Typs mit festem Kapital (Sociétés d'Investissement fermées). Im Gegensatz zu den ersten beiden genannten Fondskonstruktionen werden diese Fonds nicht von der EG-Richtlinie erfaßt. Für die Fonds, die der EG-Richtlinie unterliegen, hat die Börsenaufsichtsbehörde die bisherigen Kategorien, in die die Wertpapierfonds eingeordnet wurden, leicht modifiziert. Schwerpunkt der Änderung lag insbesondere bei der Definition für die Zuordnung. Zusätzlich zu dem Wertpapierbestand wird auch das Engagement der Fonds in Derivativen mit einbezogen, um die Mindestinvestition auf dem entsprechenden Markt zu bestimmen. Der Grad des Engagements bestimmt die Klassifikation: mindestens 60 Prozent für die Einordnung unter die Kategorie Aktien, mindestens 90 Prozent für die Einordnung als Fonds mit festverzinslichen Papieren.

Der wesentliche Impuls für den Aufschwung des Investmentwesens in Frankreich ging 1978 von dem »Loi Monory« sowie von den Anfang der achtziger Jahre erstmals aufgelegten »Fonds Monetaire« aus. Dieses Gesetz gewährte Anlegern in Aktien und Aktienfondsanteilen Steuervorteile. Allein im ersten Jahr seiner Einführung nahm die Zahl der Wertpapiersparer um 400 000 zu. Im September 1992 wurden mit dem Plan d'épargne populaire en actions (PEA) neue steuerliche Anreize für die Anlage in Aktien und Aktienfonds geschaffen. Danach sind nach Ablauf einer Sperrfrist von acht Jahren bis zu einem Förderungshöchstbetrag von 600 000 französische Franc Kursgewinne und Dividenden steuerfrei. Da es auch zulässig ist, Aktienfonds mit einer Garantie auszustatten, wurden in der Folge Fonds aufgelegt, die die Bedingungen des Aktiensparplans PEA erfüllen und zugleich eine Wertentwicklungsgarantie abgeben. Von dem Gesamtmittelaufkommen bei Aktiensparplänen in Höhe von rund 60 Milliarden Franc (Ende 1992) entfielen 53,8 Prozent auf Investmentfonds der Typen SICAV und FCP. Die 1981 eingeführte Zinsregulierung hatte die Einführung von Geldmarktfonds als logische Konsequenz. Durch eine liberale Umsetzung der EG-Richtlinie ist es in Frankreich weiterhin möglich, Geldmarktfonds als EG-Fonds aufzulegen. Der Anteil dieser Fonds an dem Gesamtvolumen von 2,5 Billionen französische Franc beträgt per Ende 1992 63,9 Prozent.

Großbritannien

In Großbritannien werden Investmentfonds in zwei verschiedenen Rechtsformen aufgelegt, nämlich Unit Trusts und Investment Trusts. Unit Trusts sind den deutschen Fonds vergleichbar. Aufgrund der jederzeitigen Rücknahmeverpflichtung handelt es sich um einen offenen Fondstyp. Die Investment Trusts hingegen sind geschlossene Fonds nach dem Gesellschaftstyp – also keine Investmentfonds im Sinne der EG-Richtlinie. Eine investmentspezifische Gesetzgebung bzw. spezielle Anlagevorschriften existieren für diese an der Börse notierten Investment Trusts nicht.

Gegenwärtig ist der gesetzliche Rahmen für offene Fonds des Gesellschaftstyps, ähnlich den SICAV in Frankreich, in der Diskussion. Anleger würden von diesem börsennotierten Fondstyp keine Anteilscheine, sondern Aktien erwerben. Mit dem Financial Services Act 1986, der am 29. April 1988 in Kraft trat, wurde für die Anbieter von Finanzdienstleistungen ein Gesetzesrahmen geschaffen, der einen bestmöglichen Anlegerschutz gewährleisten und mit dem ein von Praktikern gesteuertes Regelungssystem geschaffen werden soll. Das aufsichtsrechtliche Netzwerk wird ergänzt vom Securities Investment Board (SIB) und von sogenannten Self Regulating Organisations (SROs). Der britische Gesetzgeber hat den weitgefaßten Anlagekatalog der EG-Richtlinie übernommen mit der Begründung, Wettbewerbsnachteile der britischen Investmentindustrie gegenüber dem Finanzplatz Luxemburg zu vermeiden.

Bemerkenswert ist die Bedeutung der 40 größten Fondsverwaltungen Großbritanniens für den dortigen Aktienmarkt. Nach einer Untersuchung der Londoner Börse verbuchten die Fonds Ende 1992 45 Prozent des gesamten börsennotierten britischen Aktienkapitals. Durch die 1987 etablierten Personal Equity Plan (PEPs) sind die Einkünfte und Kursgewinne aus Fonds, die zu mindestens 50 Prozent in Aktien investiert sind, steuerfrei. Dies hat zu einer bemerkenswerten Akzeptanz von PEP-Fonds geführt. Ihr Anteil liegt bei 7,3 Prozent des gesamten Fondsvermögens. Verschwindend gering ist hingegen der Anteil der seit September 1991 zulässigen Optionsscheinfonds und Futures- und Optionsfonds. Die Anteile von Fund of Funds sowie von Cash Fonds liegen jeweils unter einem Prozent des gesamten Fondsvermögens. Nach wie vor dominieren Aktienfonds mit 93,5 Prozent des Gesamtvolumens von 60,2 Milliarden britische Pfund (1373 Investmentfonds, Stand 31.12.1992) den britischen Investmentmarkt. Der Anteil von Geldmarktfonds liegt zwar unter einem Prozent. Da aber das Fondsvermögen 1992 um 63 Prozent auf 440 Millionen Pfund angewachsen ist, dürfte die Bedeutung dieses Fondstyps in Zukunft weiter zunehmen.

Italien

Erst 1983 verabschiedete das italienische Parlament – nach zwanzigjähriger Vorbereitungsphase – ein Gesetz über die Gründung und den Vertrieb von Investmentfonds. Im Juni 1984 legten italienische Gesellschaften die ersten Fonds nach neuem Recht auf, die große Akzeptanz bei den Anlegern fanden. Dazu trugen insbesondere steuerliche Vorteile bei: Weder auf Veräußerungsgewinne noch auf ausgeschüttete Dividenden oder Zinsen ist Einkommensteuer zu entrichten. Die Steuerschuld wird dadurch abgegolten, daß vor Ausschüttung der Erträge eine relativ niedrige »Quellensteuer« abgezogen wird, die beispielsweise bei Einkünften aus festverzinslichen Wertpapieren 12,5 Prozent beträgt. Die in Italien zulässigen Geldmarktfonds sind in der Regel so an ein Bankgirokonto gebunden, daß – sobald ein bestimmtes Guthaben auf dem Konto erreicht ist – der Überschuß in einem Geldmarktfonds angelegt wird, der in Anleihen und Schatzwechsel mit geringem Risiko (90 Prozent Regierungspapiere) anlegt. Der Anteil der Geldmarktfonds am Gesamtmarkt von 60,7 Milliarden Lire liegt bei 23,4 Prozent. Normale Rentenfonds liegen bei 38,8 Prozent, Aktienfonds immerhin bei 21,2 Prozent des Gesamtvolumens. Die aktuellen Mittelzuflüsse kommen überwiegend den innovativeren Produkten zugute, beispielsweise Geldmarktfonds und Fonds, die sich schwerpunktmäßig in ausländischen Wertpapieren engagieren.

Bei verschiedenen Gesetzesänderungen wurde jeweils den Bedürfnissen der Fonds Rechnung getragen. So ist beispielsweise die Auflegung von Geldmarktfonds in Italien gestattet. In der Diskussion befindet sich die Zulassung geschlossener Investmentfonds sowie die Einführung von Investmentfonds des Gesellschaftstyps. Im Bereich der Pensionsfonds wird ein Gesetz erwartet, das Investmentgesellschaften erlaubt, als externe Manager bei Pensionsplänen zu agieren.

Luxemburg

Luxemburg hat sich insbesondere aufgrund der liberaleren Gesetzgebung und Aufsichtspraxis seit dem Jahre 1983 zum europäischen Investmentzentrum entwickelt. Die flexible Reaktion des Gesetzgebers auf die Anforderungen der internationalen Kapitalmärkte – ohne Vernachlässigung des Anlegerschutzes – führte zu einer Vielzahl von Fondsarten. Bei der Umsetzung der EG-Richtlinie hat Luxemburg die Freiheitsspielräume für die Anlagepolitik fast wortgetreu übernommen. Damit trägt jeder europäische Gesetzgeber, der bei der Umsetzung restriktiver vorgegangen ist, zur wachsenden Bedeutung des Finanzplatzes Luxemburg bei und schwächt zugleich den eigenen Finanzplatz.

In Luxemburg können beispielsweise – im Gegensatz zu Deutschland – Fonds mit Garantie gegen Kapitalverlust bzw. mit festem Wertzuwachs aufgelegt werden. Derartige Fonds müssen, um die gegebenen Garantien erfüllen zu können, in vollem Umfang auf erweiterte Optionsmöglichkeiten oder auf lang laufende OTC-Optionen zurückgreifen können. Dies ist nach dem KAGG in Deutschland gegenwärtig nicht zugelassen. Auch fehlt im KAGG die Möglichkeit, Tauschgeschäfte mit Zinssätzen (Zinsswaps) oder Pensionsgeschäfte durchzuführen. Fonds dürfen nicht – auch nicht zeitweise – bis zu 100 Prozent in Liquidität anlegen, wie es in Luxemburg möglich ist, sofern diese Liquiditätsanlagen akzessorischen Charakter besitzen. Luxemburger Fonds ist es auch gestattet, bis zu 100 Prozent des Fondsvermögens in Wertpapieren eines öffentlichen Emittenten anzulegen. Das Luxemburger Investmentrecht vom 1. April 1988 geht zudem weit über eine reine Umsetzung der EG-Richtlinie hinaus. Es läßt auch eine Vielzahl von Fondstypen zu, die nicht unter den Anwendungsbereich der EG-Richtlinie fallen. Beispiele dafür sind Venture Capital Funds, Investmentfonds des gemischten Typs, Leverage Funds und Funds of Funds.

Rentenfonds repräsentieren 39,4 Prozent des gesamten Fondsvermögens von rund 5 Billionen Luxemburger Franc. Die in Deutschland nicht zulässigen Geldmarktfonds haben in Luxemburg einen Marktanteil von einem Drittel. Von der Art des Fonds her steigen die sogenannten Umbrella Fonds weiterhin in der Gunst der Anleger. Bei diesen Fonds können die Anleger frei unter verschiedenen Unterfonds mit unterschiedlichen Anlageschwerpunkten wählen. Der Anteil dieser Umbrella Fonds liegt derzeit bei rund 35 Prozent. Nach den jüngsten Statistiken des

Institut Monétaire Luxembourgeois entfällt auf Luxemburger Investmentgesellschaften deutscher Provenienz 32 Prozent des gesamten Fondsvermögens, gefolgt von schweizerischen Gesellschaften mit 26 Prozent, belgischen (17 Prozent), französischen (8 Prozent), die USA folgen mit 4 Prozent und Japan und Großbritannien mit jeweils 3 Prozent.

Die deutsche Investmentbranche im EG-Umfeld

Für die Investmentanleger war der europäische Binnenmarkt schon lange vor dem 1. Januar 1993 Realität. Das Prinzip des freien grenzüberschreitenden Vertriebs von EG-Fonds, das die EG-Richtlinie von 1985 postuliert hat, führte für die deutschen Investmentgesellschaften zu einer wesentlichen Verschärfung des Wettbewerbs. Es genügt nämlich für ausländische Investmentgesellschaften, daß deren Fonds das gleiche Anlegerschutzniveau wie ein inländischer Fonds bieten. Dann kann ihnen gemäß dem Auslandinvestmentgesetz der öffentliche Vertrieb in Deutschland nicht untersagt werden. Fonds, die in einem EG-Staat, der die EG-Richtlinie umgesetzt hat, genehmigt wurden, können problemlos in der Bundesrepublik angeboten werden, eine Anzeige beim Bundesaufsichtsamt für das Kreditwesen und eine Wartefrist von zwei Monaten, innerhalb derer ein Einspruch erfolgen kann, genügt.

Zudem ist Deutschland für ausländische Investmentgesellschaften ein interessanter Markt, da zum einen das Investmentvermögen pro Kopf bisher noch relativ niedrig ist, zum anderen das Produkt Investmentfonds verstärkt in das Bewußtsein der Anleger rückt und schließlich das Geldvermögen in Deutschland weiterhin stark anwächst. Da der deutsche Gesetzgeber bei der Umsetzung der EG-Richtlinie nicht alle Freiräume ausgeschöpft hat, sind in Luxemburg aufgelegte Fonds bei der Anlagepolitik wesentlich flexibler. Zudem können Fonds in Luxemburg beispielsweise mit einer Wertentwicklungsgarantie ausgestattet werden, die das Bundesaufsichtsamt für das Kreditwesen für deutsche Fonds in gleicher Form nicht akzeptieren würde. Zu weiteren Standortnachteilen hat die Zinsabschlagsteuer geführt, die bei den thesaurierenden Laufzeitfonds faktisch eine Quellensteuer darstellt. Echte thesaurierende Fonds können somit in Deutschland nicht mehr aufgelegt werden, wohl aber im Nachbarstaat Luxemburg.

Ein Indiz dafür, daß die Standortneutralität der Bundesrepublik Deutschland nicht gegeben ist, ist die hohe Zahl der in Luxemburg aufgelegten Fonds deutscher Provenienz (Ende April 1993: 148, Vorjahr: 52 gegenüber 444 (Vorjahr 375) nach deutschen Recht aufgelegten Fonds). Die in der volkswirtschaftlichen Theorie beschriebene Elastizität der Nachfrage ist also in der Praxis des Investmentwesens Realität. Gerade in einem koordinierten EG-Binnenmarkt müssen derartige Umgehungseffekte vermieden werden, da diese volkswirtschaftlich unerwünschte beschäftigungspolitische Effekte im Ausland sowie Steuerausfälle im Inland implizieren. Speziell bei Dienstleistungsanbietern ist von einer ausgeprägten geschäftlichen Mobilität auszugehen, die eine Niederlassungskonzentration an den attraktivsten Standorten der EG zur Folge hat.

Eine Verbesserung der gesetzlichen Rahmenbedingungen für deutsche Investmentfonds ist in drei zeitlichen Stufen zu erwarten:

- Erste Verbesserungen sollten insbesondere im anlagepolitischen Bereich in der ersten Jahreshälfte 1994 im Rahmen der Börsengesetznovelle erfolgen.
- Die nach Vorgabe der EG-Kommission bereits zum 1. Juli 1994 in nationales Recht umzusetzende Ergänzungsrichtlinie zur Investmentrichtlinie von 1985 sowie die Umsetzung der Wertpapier-Dienstleistungs-Richtlinie, die den freien grenzüberschreitenden Vertrieb von Wertpapier-Dienstleistungen regelt, sind weitere Gelegenheiten, das deutsche Investmentrecht wettbewerbsfähiger zu gestalten.
- In der dritten Stufe ist eine Koordinierung des Rechts für Grundstücksinvestmentfonds zu erwarten.

Im Rahmen der Börsengesetznovelle ist nach derzeitigem Stand der Beratungen an folgende Neuerungen gedacht:

Finanzinnovationen:
Derzeit ist es bereits möglich, die in Fremdwährung gehaltenen Vermögensgegenstände des Sondervermögens durch Devisentermingeschäfte abzusichern. Zukünftig soll auch der Erwerb von Verkaufsoptionen auf Devisen und auf Finanzterminkontrakte gestattet werden. Dadurch läßt sich mit geringerem Kapitaleinsatz eine sachgerechte Absicherung von Vermögensgegenständen des Sondervermögens erreichen.

Neue Fondstypen:
Wünschenswert sind zukünftig auch Fonds mit ausschließlicher Anlage in Wertpapieren *eines* öffentlichen Emittenten. Dieser Fondstyp ist in nahezu allen EG-Mitgliedstaaten (außer Griechenland, Portugal und Deutschland) zugelassen. Sinnvoll wäre es auch, im Rahmen der Novelle Aktienfonds mit begrenzter Laufzeit zuzulassen. Dann könnte beispielsweise mit Put-Optionsscheinen auf den DAX oder OTC-Optionen das Kursrisiko des Aktienfonds abgesichert werden. Durch diese Kombination spekulativer Anlagechancen auf Wertsteigerungen mit einer gewissen Risikoabsicherung könnten zusätzliche Anlegerkreise an das Produktivkapital herangeführt werden.

Erwerb von Optionsscheinen:
Für eine künftige Regelung für den Erwerb von Optionsscheinen zeichnen sich folgende Grundsätze ab:

- Optionsscheine sind weiterhin als Wertpapiere zu behandeln, also nicht den KAGG-Regeln für derivative Instrumente zu unterwerfen.
- Maßgebend für die Anlagegrenzenberechnung bleibt der Optionsscheinpreis, nicht das zugrunde liegende Papier.
- Optionsscheine dürfen weiterhin nur insoweit erworben werden, als sie zum Bezug von Vermögensgegenständen berechtigen, die vom Fonds auch direkt erworben werden dürfen. Optionsscheine, die zum Erwerb von Waren oder Edelmetallen berechtigen, können also auch zukünftig nicht erworben werden.
- Optionsscheine auf einen Index dürfen erworben werden, soweit sich dieser aus Vermögensgegenständen zusammensetzt, die für das jeweilige Sondervermögen unmittelbar erworben werden können.
- Der Umfang, in dem Optionsscheine erworben werden dürfen, ist in den Vertragsbedingungen anzugeben. Damit bleiben reine Optionsscheinfonds zugelassen. Ein Erwerb von Optionsscheinen über 10 Prozent des Sondervermögens wird von den Aufsichtsbehörden jedoch nur dann zugelassen, wenn im Verkaufsprospekt besondere Hinweise auf Risiko und Chancen des Optionsscheinerwerbs erfolgen.

Wertpapierleihe:
Das Bundesministerium der Finanzen hat sich bereits festgelegt, Investmentfonds als Verleiher von Wertpapieren zuzulassen. Den Investment-

gesellschaften sollte zusätzlich die Teilnahme an einem in- oder ausländischen Wertpapierleihsystem ermöglicht werden. Auch bilaterale Leihsysteme zwischen beispielsweise einer Investmentgesellschaft und ihrer Depotbank sollten bei entsprechender Sicherheitenstellung gestattet sein.

Erweiterung der zulässigen Geldmarktpapiere:
Der Kreis der zulässigen Geldmarktpapiere, die von Investmentfonds erworben werden können, sollte erweitert werden u. a., um unverzinsliche Schatzanweisungen und Schatzwechsel der Sondervermögen des Bundes und der europäischen Gemeinschaften, Geldmarkttiteln einer Regionalregierung oder örtlichen Gebietskörperschaft eines OECD-Staates. Auch Geldmarkttitel von Unternehmen sollten unter bestimmten Voraussetzungen (beispielsweise Börsennotierung des Unternehmens) erworben werden dürfen.

Grundstücksinvestmentfonds:
Auch Grundstücksinvestmentfonds sollten sich am Wertpapierleihsystem, zunächst in Form der unbefristeten Wertpapierleihe, beteiligen dürfen.

Die Anlagevorschriften für die Mindestliquidität sollten insofern gelockert werden, als bisher die 5prozentige Mindestliquidität nur in bestimmten Bankguthaben sowie in Wertpapieren unterhalten werden kann, die von der deutschen Bundesbank zum Lombardverkehr bereits zugelassen sind. Damit können derartige Wertpapiere derzeit per Emission nicht erworben werden.

Die EG-Kommission legte am 18. Februar 1993 dem Ministerrat einen Richtlinienvorschlag zur Ergänzung der Koordinierungsrichtlinie von 1985 vor. Ihr Inhalt soll bereits zum 1. Juli 1994 in nationales Recht transformiert sein. Im wesentlichen geht es dabei um folgende Punkte: In Zukunft soll ein Investmentfonds, wenn es seine Vertragsbedingungen gestatten, dauerhaft in Bankeinlagen anlegen können. Damit wären reine Geldmarktfonds zulässig. Diskutiert wird die Frage, wie bei Einlagen bei (nur) einem Kreditinstitut das Prinzip der Risikostreuung beachtet werden kann. Die Kommission denkt derzeit an eine Grenze von höchstens 20 Prozent des Fondsvermögens, die als Bankeinlagen bei einem Kreditinstitut angelegte werden können. Der BVI hat sich bei den Beratungen auf EG-Ebene dafür eingesetzt, daß die Mitgliedstaaten von der Einhaltung dieser Grenze entbunden sind, soweit die Bankeinlagen durch eine Einlagensicherungseinrichtung abgedeckt sind. Der Begriff »Wertpapier« wird unter Bezugnahme auf eine entsprechende Definition in der »Wertpapier-Dienstleistungs-Richtlinie« einheitlich definiert. Auch der Begriff »Geldmarktinstrumente« wird abschließend bestimmt. Die von dieser Definition erfaßten Geldmarktpapiere werden Wertpapieren im Sinne der Richtlinie gleichgestellt.

In Zukunft soll es Kreditinstituten in jedem EG-Staat gestattet sein, als Verwahrstelle für jeden Investmentfonds des EG-Bereichs tätig zu werden. Die Funktion der Depotbank für Fonds Luxemburger Töchter deutscher Investmentgesellschaften könnte dann also von deutschen Kreditinstituten wahrgenommen werden. Erstmals sollen – unter dem Namen »OGAW-Fonds« – Dachfonds zugelassen werden. Ein solcher OGAW-Fonds darf lediglich in Anteilen anderer OGAWs investieren. Damit ist beispielsweise der Erwerb von Anteilen Offener Immobilienfonds ausgeschlossen, da deren Recht noch nicht koordiniert ist. Zudem darf ein solcher Fonds höchstens 20 Prozent seines Vermögens auf einen einzigen OGAW konzentrieren. Durch diese Grenze wäre es allerdings nicht möglich, sogenannte Feeder-Fonds aufzulegen, da diese ausschließlich in Investmentanteilen eines anderen Fonds investieren. Der Vorteil solcher Feeder-Fonds läßt sich am grenzüberschreitenden Vertrieb von Investmentanteilen demonstrieren. So müßte beispielsweise ein deutscher Fonds beim Vertrieb etwa in Italien einen nach deutschem Recht erstellten Verkaufsprospekt den italienischen Kunden vorlegen, der diesen wiederum fremd ist. Der Einsatz eines Feeder-Fonds nach italienischem Recht, der ausschließlich in Anteilen eines deutschen Fonds anlegt, würde es ermöglichen, dem italienischen Anleger einen deutschen Fonds mit der ihm bekannten »italienischen Verpackung« anzubieten. Die Europäische Investment-Vereinigung hat sich dafür ausgesprochen, das Thema Feeder-Fonds mit der EG-Kommission näher zu diskutieren.

Bei einer Reihe weiterer gesetzlicher Regelungen, die derzeit zu Wettbewerbsverzerrungen zum Nachteil der deutschen Investmentbranche führen, wäre es wünschenswert, wenn im Rahmen der Umsetzung der Ergänzungsrichtlinie die erforderlichen Modifikationen erfolgen würden. Zu nennen sind dabei unter anderem eine verbesserte Regelung für Optionsgeschäfte, die Erlaubnis, auch Anteile an geschlossenen

Fonds erwerben zu dürfen, sowie die Zulassung von geschlossenen Investmentfonds als neuer Fondstyp. Letzteres könnte Bedeutung für Investitionen in den neuen Bundesländern entfalten, da die dortigen Unternehmen Kapital für längere Zeiträume benötigen. Hier bieten sich geschlossene Beteiligungsfonds an, weil diese im Gegensatz zu offenen Fonds für eventuelle Anteilrückgaben keine Liquidität vorhalten müssen.

Für Grundstücksinvestmentfonds sollte insbesondere die Zulassung des Erwerbs von Beteiligungen an Grundstücksgemeinschaften und Grundstücksgesellschaften erfolgen. Mittlerweile haben wirtschaftlich sinnvolle Immobilieninvestitionen oftmals Größenordnungen erreicht, die aufgrund der Erwerbsgrenzen des KAGG von deutschen Fonds nicht mehr allein erbracht werden können.

In der EG-Kommission gibt es derzeit Überlegungen, eine neue Richtlinie zur Koordinierung des Rechts für Grundstücksinvestmentfonds auszuarbeiten. Nach Auffassung der Europäischen Investment-Vereinigung sollte diese Richtlinie soweit wie möglich auf die Vorschriften der Richtlinie für Wertpapierfonds Bezug nehmen. Man kann davon ausgehen, daß eine solche Richtlinie zu einer wesentlichen Erweiterung des Anlagespielraums für Offene Immobilienfonds führen dürfte. Konkrete Einzelheiten sind derzeit noch nicht bekannt.

Bereits die Auswirkungen der Ankündigung einer Zinsabschlagsteuer auf das Anlageverhalten im Jahre 1992 haben gezeigt, wie sensibel die Anleger sowohl auf Verunsicherungen hinsichtlich der Besteuerung von Kapitaleinkünften als auch auf Standortnachteile des Finanzplatzes Deutschland im gesellschaftsrechtlichen Bereich reagieren. So wurden beispielsweise im Jahre 1992 in Luxemburger Fonds deutscher Provenienz rund 66 Milliarden DM angelegt, während es bei deutschen Rentenfonds zu Mittelrückflüssen von rund 12 Milliarden DM kam. Deutlicher läßt sich wohl kaum erkennen, wie flexibel die deutschen Anleger sind.

Entsprechend läßt sich folgern, daß zwar die deutsche Investmentbranche für den europäischen Binnenmarkt gerüstet ist, das deutsche Investmentrecht jedoch noch nicht. Die deutschen Investmentgesellschaften sind gegenüber den europäischen Konkurrenten deshalb wettbewerbsfähig, weil sie im europäischen Ausland Tochtergesellschaften gründen und sich so den restriktiven Bestimmungen des deutschen Investmentrechts entziehen können. Die Produkte können angesichts des freien grenzüberschreitenden Vertriebs in ganz Europa, also auch in Deutschland, angeboten werden. Entsprechend sollte dem deutschen Gesetzgeber klar sein, daß ein restriktives Verhalten in wettbewerbsrelevanten Fragen steuerlicher oder sonstiger Art dazu führt, daß die von ihm gesetzten Rahmenbedingungen durch den einheitlichen EG-Binnenmarkt und die Möglichkeit, in andere EG-Staaten auszuweichen, entsprechend irrelevant für das Marktgeschehen werden. Dies ist eine zwingende Konsequenz aus dem Koordinierungsprinzip »Wettbewerb der Rechtssysteme«.

Unabhängig von dem künftigen Verhalten des deutschen Gesetzgebers wird das Investmentsparen sicherlich weiter dynamisch wachsen. Ein von der deutschen Investmentbranche einschließlich ihrer ausländischen Töchter verwaltetes Fondsvermögen in Höhe von einer Billion DM erscheint für das Jahr 2000 realistisch.

Frankreich: Europas Investmentnation Nummer eins

Joachim Beyer

Frankreich gilt in Europa als das Land der Investmentfonds. Bezogen auf das gesamte Fondsvermögen liegt Frankreich international an zweiter Stelle, deutlich hinter den USA, aber vor Japan. In der EG hat Frankreich einen Anteil von 45,6 Prozent des Gesamtmarkts. Es folgen Luxemburg mit 20,7 Prozent, Großbritannien mit 9,2 Prozent und Deutschland mit 9,0 Prozent (Stand Ende 1992).

Teilt man das Fondsvolumen durch die Zahl der Einwohner, so liegt Frankreich international vorn mit 12863 DM Anlagen je Einwohner. Die USA folgen mit 10327 DM. Für Deutschland liegt die Vergleichszahl bei 1797 DM. Diese Zahlen berücksichtigen keine Anlagen über deutsche oder französische Banken in Luxemburg oder in der Schweiz. Eine Analyse der Fonds in den wichtigsten Ländern zeigt äußerst unterschiedliche Strukturen. Frankreich weist eine starke Übergewichtung der Geldmarktfonds auf (70 Prozent), wobei Aktienfonds mit 11 Prozent einen relativ kleinen Anteil haben. Deutschland hat im Bereich der Renten mit 76 Prozent ein auffallendes Übergewicht. Britische Anleger sind dagegen fast ausschließlich in Aktienfonds (97 Prozent) engagiert. In den wichtigsten anderen Ländern bewegt sich die Aufteilung zwischen diesen drei Extremen.

Geldmarktfonds sind zwar keine französische Erfindung, doch hat sich diese Anlageform in Frankreich durchsetzen können, wie in keinem anderen Land. Hierfür dürften die folgenden Gründe maßgeblich sein:

- höhere Verzinsung als auf laufenden Konten oder Sparkonten – auch für kleinere Beträge,
- große Flexibilität, da die Anteile jederzeit verkauft werden können,
- in der Praxis kein Kursrisiko und
- die Industrie benutzt dieses Instrument zur kurzfristigen Liquiditätsanlage.

Ähnlich wie in Deutschland zahlen französische Banken meist keine oder nur geringe Zinsen für Guthaben auf laufenden Konten. Bei anderen, kurzfristigen Anlageformen, z. B. Sparkonten oder Festgeldkonten, sind die Zinsen für Privatanleger ebenfalls nur mäßig interessant. Hier bieten die Geldmarktfonds eine interessante Alternative. Die Zinsen, die ein Geldmarktfonds für die Anlage der Liquidität erzielt, entsprechen den Zinsen im Interbankenhandel. Unter Berücksichtigung einer Verwaltungsgebühr für die Fondsverwaltung erzielt der Anleger einen Wertzuwachs, der einer Verzinsung knapp unter dem Zinsniveau im Bankenhandel entspricht. Die meisten Geldmarktfonds haben keinen Ausgabeaufschlag, d. h. Ausgabe- und Rücknahmepreis sind identisch. Eine Verwaltungsgebühr, die je nach Fonds zwischen 0,4 Prozent und 1 Prozent p. a. (vor französischer Mehrwertsteuer) beträgt, wird in die meist börsentägliche Preisberechnung eingerechnet. Die Anlage bietet somit eine interessante Verzinsung. Da keine Gebühren und kein Ausgabeaufschlag berechnet wird, kommt der Anleger sofort in die Gewinnzone.

Das Anlage- und Kursrisiko für den Anleger kann vernachlässigt werden. Aufgrund der breiten Streuung der Anlagen eines Investmentfonds über viele Marktteilnehmer ist eine entsprechende Risikostreuung gegeben. Die hinter dem Fonds stehende Bank ist eine weitere Bonitätssicherung für den Anleger. Da die Anlagen des Fonds sehr kurzfristig sind, d. h. vom Tagesgeld bis zu maximal drei Monaten, kommt das angelegte Kapital spätestens nach drei Monaten zu 100 Prozent zuzüglich Zinsen zurück. Daher dürften in der Praxis Kursverluste bei Geldmarktfonds nahezu auszuschließen sein. Die französische Industrie nutzt die Geldmarktfonds ebenfalls gerne wegen der Flexibilität und aus Gründen der Kostenersparnis. Die Banken haben für Großanleger besondere Fonds gegründet, die einerseits einen hohen Preis pro Anteil haben, z. B. 300 000 Franc, andererseits aber nur mit einer geringen Verwaltungsgebühr, z. B. 0,4 Prozent p. a. vor Steuern, belastet sind. Es ist verständlich, daß diese Fonds ein hohes Volumen haben müssen, damit sie auch für die Bank als Initiator interessant bleiben. Weniger vermögenden Anlegern stehen Fonds offen, die einen Ausgabepreis in der Gegend von 10 000 bis 15 000 Franc haben. Unter Berücksichtigung des höheren Verwaltungsaufwandes, der sich in einer höheren Verwaltungsgebühr bis zu 1 Prozent p. a. vor Steuern ausdrückt, bieten auch diese Fonds interessante Anlagemöglichkeiten.

Das Volumen der einzelnen Geldmarktfonds erreicht nicht selten eine Größenordnung von 50 bis 100 Milliarden FF, unterliegt aber großen Schwankungen. Die sich hieraus ergebenden Anforderungen an das

Fondsmanagement liegen in der erhöhten Liquiditätshaltung, die aber durch Engagements in Derivaten ausgeglichen wird. Die Schwankungen im Volumen sind auch ein Spiegel der Geldmarktentwicklung. Änderungen in der Zinskurve schlagen sich schnell nieder.

Renten, Aktienfonds und gemischte Fonds sind in ihrem Aufbau den in Deutschland bekannten Fonds vergleichbar. Sie repräsentieren jedoch nur 19 Prozent und 11 Prozent des französischen Marktes. Auf die juristischen Besonderheiten und die seit Anfang 1993 geltende Klassifizierung wird noch speziell eingegangen. Während der Schwerpunkt der Anlagen der Renten- und Aktienfonds naturgemäß in Frankreich liegt, werden inzwischen immer häufiger auch Fonds angeboten, die ihre Mittel international anlegen. So bietet beispielsweise die Banque Nationale de Paris S.A. (BNP), Paris, Fonds an, die bestimmte geographische Regionen abdecken oder die in Gesellschaften bestimmter Industriesektoren investieren (z. B. Energie, Umwelt, Gesundheit etc.). Die BNP hat auch den Fonds Paris-Dresden aufgelegt, der in deutsche Aktien mit Schwerpunkt Ostdeutschland investiert. Der immer noch geringe internationale Vermögensanteil in den französischen Fonds wächst allerdings nur langsam.

Neben dem französischen Markt gewinnen die Aktivitäten französischer Banken in Luxemburg ebenfalls immer stärkere Bedeutung. Fonds, die nach Luxemburger Recht aufgelegt werden, ergänzen die Palette der französischen Fonds. Das liberale Recht in Luxemburg bietet dem französischen Anleger ebenso wie dem internationalen Kunden flexiblere Anlagemöglichkeiten. Dies gilt insbesondere für in Luxemburg aufgelegte Geldmarktfonds in verschiedenen Währungen und für die »Umbrella«-Fonds (Fondskonstruktion mit Unterfonds), die es dem Anleger ermöglichen, ohne neuen Ausgabeaufschlag von einem in den anderen Unterfonds der gleichen Kategorie zu wechseln.

Neue Klassifizierung der Fonds

Seit dem »Crash« 1987 hat sich in Frankreich die Struktur der Anleger geändert. Während die Zahl der Aktionäre von über 6,2 Millionen auf weniger als 6 Millionen fiel, stieg die Zahl der Anleger in Fonds von 6,3 Millionen in 1987 auf mehr als 11 Millionen. Einen wesentlichen Anteil an diesem Erfolg haben die bereits dargestellten Geldmarktfonds.

Die starke Verbreitung der Fonds hat die Börsenaufsicht (Commission des Opérations de Bourse) veranlaßt, die Klassifizierung der Fonds neu zu regeln, um dem Anleger eine Entscheidungshilfe und eine bessere Beurteilung seines zu erwartenden Risikos zu geben. Seit Anfang 1993 werden die Fonds in fünf Gruppen mit bis zu vier Untergruppen eingeteilt (siehe Tabelle).

Aktienfonds Französische Aktien, »Gestion pure« Französische Aktien, »Gestion flexible« Internationale Aktien, »Gestion pure« Internationale Aktien, »Gestion flexible«
Rentenfonds Französische Anleihen Internationale Anleihen
Gemischte Fonds Gemischte französische Fonds Gemischte internationale Fonds
Geldmarktfonds Geldmarktfonds auf Francs Internationale Geldmarktfonds
Fonds mit einer Garantie

Klassifizierung der französischen Fonds

Die wichtigsten Neuerungen in dieser Klassifizierung sind:

- Unterteilung in eine »Gestion pure« (etwa mit »traditionelle Anlagepolitik« zu übersetzen) und »Gestion flexible« (etwa mit »bewegliche Anlagepolitik« zu übersetzen und
- »Fonds mit einer Garantie« für das ursprünglich eingesetzte Kapital.

Die »Gestion pure« erlaubt die Anlage in Aktien, Rentenwerten und Derivaten. Mit den Derivaten müssen separate Positionen gefahren werden, d. h., sie dürfen nicht der Kurssicherung von bestehenden Positionen dienen. Somit ist es bei diesen Fonds nicht zulässig, das Anlagerisiko durch Options- und/oder Termingeschäfte oder durch indizierte Anleihen oder ähnliche Instrumente abzusichern. Es wird unterstellt, daß der

Anleger den von dem Fonds abgedeckten Markt kaufen will und bereit ist, das entsprechende Risiko zu tragen. Es bleibt dem Anleger überlassen, gegebenenfalls selbst entsprechende Kurssicherungsgeschäfte abzuschließen, um sein Risiko in bestimmten Situationen zu begrenzen. Dem Fonds mit einer »Gestion pure« sind jedoch Grenzen auferlegt: Es dürfen beispielsweise in einem Fonds für französische Aktien maximal 20 Prozent der Aktiva in Derivaten angelegt werden; für maximal 10 Prozent der Aktiva dürfen Wertpapiere ausländischer Emittenten gekauft werden oder offene Währungspositionen gehalten werden. Die Börsenaufsicht will dem Anleger mit dieser Fondsart ein Produkt anbieten lassen, daß zu mindestens 80 Prozent das Risiko des Pariser Marktes beinhaltet.

Auf der anderen Seite sind Fonds mit einer »Gestion flexible« zwar ebenfalls für Aktien, Rentenwerte, Derivate und Geldmarktprodukte offen, der Fondsmanager darf aber auf Derivate zur Kursabsicherung bestehender Positionen zurückgreifen und damit ein sich abzeichnendes Kursrisiko vermindern oder abdecken. Fonds für französische Aktien dürfen mit maximal 10 Prozent in ausländischen Titeln oder Währungspositionen engagiert sein. Fonds der Gruppe »Gestion pure« bieten dem Anleger in einem festen Markt die besseren Kurschancen, haben aber bei fallenden Kursen auch größere Verluste zu verzeichnen. Die Ausschläge nach oben und unten können je nach Engagement durchaus stärker als ein herangezogener Vergleichsindex ausfallen. Die Fonds der Gruppe »Gestion flexible« bieten dem Anleger dagegen mehr Sicherheit. Wegen der Kosten für gelegentliche Kurssicherungen dürften diese Fonds andererseits selten besser als ein Vergleichsindex abschneiden.

Für »Fonds mit einer Garantie« und fester Laufzeit übernimmt die hinter dem Fonds stehende Bank die entsprechende Garantie. Es wird garantiert, daß mindesten der bei der Erstzeichnung eingezahlte Betrag (ohne Ausgabeaufschlag) zum Ende der Laufzeit des Fonds zurückgezahlt wird, falls der Wert des Fonds zu diesem Zeitpunkt niedriger sein sollte als der Wert bei Emission. Anderenfalls erhält der Anleger bei Fälligkeit des Fonds den höheren Zeitwert. Da diese Fonds für die Bank ein größeres Risiko darstellen, wird der Ausgabeaufschlag nach Ende der offiziellen Zeichnungsfrist meist deutlich heraufgesetzt, um potentielle Kunden nicht mehr zur Zeichnung zu ermuntern. Auch bei einem Verkauf dieser Fonds vor Ablauf der Garantie muß der Anleger ein größeres Disagio hinnehmen. Diese Konstruktion kommt damit einem geschlossenen Fonds sehr nahe.

In Frankreich gibt es zwei Arten von Fonds: SICAV und FCP. Eine SICAV ist eine »Kapitalanlagegesellschaft mit variablem Kapital« (Société d'Investissement à Capital Variable). Sie wird in der Form einer Aktiengesellschaft geführt und hat damit eine eigene Rechtspersönlichkeit. Der Anleger erwirbt keine Anteile an einem Fonds, sondern Aktien der Gesellschaft. Die Aktien dieser Gesellschaft werden nicht an der Börse gehandelt, sondern der Wert der Aktie wird an jedem Börsentag errechnet. Bei Zeichnung von neuen Aktien oder Rückgabe von Aktien ändert sich jeweils das Aktienkapital. Eine SICAV hat die gleichen Organe wie jede andere Aktiengesellschaft, neben Vorstand und Aufsichtsrat gibt es regelmäßige Hauptversammlungen, die unter anderem auch über die Gewinnverwendung entscheiden.

Ein FCP (Fonds Communs de Placement) ist ein Fonds, der in seinem Aufbau unseren in Deutschland bekannten Fonds vergleichbar ist. Er hat keine eigene Rechtsperson. Der Anleger kauft keine Aktien, sondern Anteile und hat nur ein Miteigentum am Vermögen des Fonds. Ein FCP ist die ältere Version der französischen Fonds. Im Gegensatz zu einer SICAV hat der FCP auch heute noch das Image eines risikoreichen Papiers. Eine SICAV für Aktien mußte in der Vergangenheit mindestens zu 30 Prozent in Anleihen investiert sein. Diese Bestimmung ist inzwischen aufgehoben worden. Banken, wie auch die BNP, verfolgen in ihrer Anlagepolitik aber weiterhin den Grundsatz, daß eine SICAV für Aktien mit etwa 20 Prozent in Anleihen investiert sein sollte.

Obwohl die Bestimmungen für den FCP im Laufe der Jahre verschärft worden sind, bietet er dem Fondsmanagement eine größere Flexibilität in der Anlagepolitik und technische Erleichterungen in der Verwaltung. Die Preisfeststellung muß nur mindestens alle zwei Wochen erfolgen (die BNP berechnet die Preise beispielsweise wöchentlich), während die SICAV verpflichtet ist, den Wert börsentäglich zu errechnen. Auch hinsichtlich der Publikationsvorschriften gibt es deutliche Unterschiede zwischen einer SICAV und einem FCP: Die SICAV muß Rechenschaftsberichte erstellen und veröffentlichen. Hierzu ist ein FCP nicht verpflichtet. Die Preise der SICAV müssen regelmäßig in den wichtigsten Tageszeitungen veröffentlicht werden. Für einen FCP genügt es, wenn der letzte Preis in der Schalterhalle der Bank aushängt. Die Banken benutzen beide Fondsarten. Ist das Ziel, eine betont konservative Anlagepolitik zu realisieren, so wird der SICAV der Vorzug gegeben. Will man dem Anleger einen dynamischer geführten Fonds anbieten, so greift man auf den FCP zurück und hat gleichzeitig den Vorteil des geringeren Arbeitsaufwandes.

Auflagen der Börsenkommission

Bei jeder Zeichnung eines Fonds muß dem Anleger eine Information (Notice d'infomation) ausgehändigt werden, deren Wortlaut von der Börsenkommission genehmigt worden ist und die bestimmte Informationen enthalten muß:

- eine zusammenfassende Beschreibung des Fonds,
- der dem Anleger zu empfehlende Mindestzeitraum für eine erfolgreiche Anlage,
- die Art und das Ziel der Anlagepolitik und
- die wichtigsten steuerlichen Aspekte nach französischem Recht (z. B. ausschüttender oder thesaurierender Fonds).

Neu aufgelegte Fonds werden entsprechend der genannten Klassifizierung eingeordnet. Ältere Fonds passen nach und nach ihre Satzung der geänderten Klassifizierung an. Das von der Börsenkommission zu genehmigende Informationsblatt für den Anleger wird entsprechend modifiziert. Die Fonds müssen den EG-Richtlinien entsprechen, die unter anderem ein vereinfachtes Zulassungsverfahren in anderen EG-Ländern erlauben. Dies gilt jedoch nicht für Geldmarktfonds, da diese naturgemäß häufig nicht zu mindestens 50 Prozent in Wertpapieren investiert sein können, sondern überwiegend in Geldmarktinstrumente investieren.

Staatliche Anlageprogramme und Fonds

Seit September 1992 können französische Steuerzahler einen Teil ihres Vermögens steuerfrei im Rahmen von Sparprogrammen in Aktien anlegen. In bestimmten Grenzen sind Kursgewinne und Dividenden aus diesen Anlagen steuerfrei. Einerseits fördert dies die Verbreitung des Aktiensparens, andererseits bringt es den Banken viele relativ kleine und kostenintensive Depots. Der Gesetzgeber hat deshalb zugelassen, daß diese Sparprogramme auch mit Fonds zulässig sind, wenn diese Fonds gewisse Kriterien erfüllen; beispielsweise müssen sie mit einem bestimmten Anteil in französischen Aktien investiert sein. Die Banken haben im letzten Jahr SICAVs gegründet, deren Anlagepolitik speziell für diesen Anlegerkreis zugeschnitten wurde.

Das Investmentsparen dürfte sich auch in Frankreich weiter verbreiten. Für den kleinen bis mittleren Einkommensbezieher und für das kleine bis mittlere Vermögen werden die Gebühren für Käufe von einzelnen Aktien- und Anleihepositionen in einem diversifizierten Depot zu hoch. Bank- und Maklergebühren machen diese Geldanlage für kleinere Beträge unattraktiv. Die Alternative ist der Investmentfonds, und er dürfte es wohl auf absehbare Zeit bleiben. Der französische Anleger spricht schon heute nicht mehr von Fonds. Der Ausdruck »SICAV« ist das Synonym für eine ertragreiche und sichere Geld-(Fonds-)anlage geworden.

Anlagefonds in der Schweiz

Markus R. Tödtli

Bedeutung, Volumen und Struktur des Schweizer Fondsangebots

Seit einigen Jahren ist in der über lange Zeit eher vernachlässigten schweizerischen Fondsbranche eine deutliche Belebung festzustellen. Fonds werden heute als attraktive Alternative zu Direktanlagen angeboten, anlegerfreundlicher ausgestaltet, und die Banken investieren beträchtliche Summen und Kapazitäten in ihre Fondsmanagements. Das Resultat: Der Großteil der Fonds wird heute mit modernster Technik und Instrumenten des modernen Portfoliomanagements performanceorientiert verwaltet, die Kosten für den Anleger sind deutlich geringer geworden und bei der Auflegung neuer Fondsprodukte hat man die Trägheit vergangener Tage endgültig abgestreift.

Die Idee des Fondssparens vermochte sich in der Schweiz unter anderem aus folgenden Gründen endgültig durchzusetzen: Zum einen wuchs der Bedarf nach finanzieller Zukunftsvorsorge in Ergänzung zu den Renten- und Pensionsansprüchen, d. h. der Bedarf nach Wertpapieranlagen. Zum anderen verunsicherte die zunehmende Volatilität der Märkte viele Anleger und erhöhte somit das Bedürfnis nach professionellem Management durch Fondsspezialisten. Die Einsicht, daß nur diversifizierte Anlagen sichere Anlagen sind, und die deutlich tieferen Kosten eines Fondsinvestments gegenüber kleineren Individualtransaktionen erhöhten die Attraktivität der »gepoolten« Anlageinstrumente weiter. Schließlich ist in den letzten Jahren auch in Kreisen besonders kapitalkräftiger Investoren, etwa institutioneller Anleger, die Akzeptanz von Fondsanlagen deutlich gestiegen.

Mit dem wachsenden Angebot und der tendenziell verstärkten internationalen Ausrichtung hat auch der Konkurrenzdruck unter den Fondsanbietern zugenommen, und die in der Schweiz vertriebenen in- und ausländischen Fonds werden von unabhängigen Instituten regelmäßig bewertet und in ihrer Entwicklung verfolgt. An vorderster Stelle ist dabei die Analysefirma Bopp ISB AG in Zürich zu nennen, die im Mai 1993 erstmals ein umfassendes Standardwerk zur Schweizer Fondsszene aufgelegt hat. Der Führer enthält Kennzahlen zu den meisten in der Schweiz erhältlichen Anlagefonds sowie zahlreiche Analysen und Übersichten zum Gesamtmarkt und zu einzelnen spezifischen Segmenten. Der wachsenden Beachtung der Schweizer Fonds entspricht auch die zum Jahresbeginn 1993 erfolgte Gründung des Schweizerischen Anlagefondsverbandes, vergleichbar dem Bundesverband Deutscher Investmentgesellschaften e. V. (BVD) in Frankfurt. Dem schweizerischen Verband sind bereits einige Dutzend Schweizer Fondsgesellschaften sowie Banken, die ausländische Fonds in der Schweiz vertreiben, beigetreten.

Gegenwärtig sind in der Schweiz mehrere hundert verschiedene Fonds aufgelegt oder zum öffentlichen Vertrieb zugelassen. Während der letzten zehn Jahre hat sich das schweizerische Fondsvermögen mehr als versechsfacht. Ende Februar 1993 wurde in der Schweiz ein Fondsvermögen von rund 116,6 Milliarden Franken registriert, was einem Wachstum von 42 Prozent gegenüber dem Vorjahr entspricht. Von diesem Fondsvolumen sind nach jüngsten Schätzungen rund zwei Drittel im Ausland domiziliert, über drei Viertel davon in Luxemburg. Insbesondere haben praktisch sämtliche schweizerischen Geldmarktfonds (Zunahme plus 59 Prozent 1992), die nach der geltenden Gesetzgebung und wegen der steuerlichen Belastungen in der Schweiz nicht gegründet, wohl aber vertrieben werden dürfen, ihren Sitz in Luxemburg. Ende 1992 beaufsichtigte die Eidgenössische Bankenkommission – ihre Funktion ist mit der des Bundesaufsichtsamtes für das Kreditwesen in Berlin vergleichbar – 229 schweizerische Anlagefonds. Nach schweizerischem Recht neu aufgelegt wurden 1992 insgesamt elf Fonds, unter ihnen – einhergehend mit der steigenden Popularität und verbesserten Performance zahlreicher niedrig kapitalisierter Aktien – auch Nebenwertfonds (Small Caps). Erneut stärker gewachsen ist 1992 die Zahl der schweizerischen Fonds, die im Ausland aufgelegt werden. Sie ist von 352 im Jahr 1991 auf 442 im Jahr 1992 gestiegen. Von den 90 neuen Fonds haben 75 ihr Domizil in Luxemburg gewählt.

Die Geldmarktfonds haben in der Schweiz den Renten- und Aktienfonds längst den Rang abgelaufen. Vom Volumen her beanspruchen sie einen Anteil von deutlich mehr als der Hälfte der gegenwärtig in der Schweiz vertriebenen Fonds, und die Angebotspalette in diesem Fondssegment wächst stetig. Daß die klassischen Aktienfonds mit einem Anteil von weniger als 10 Prozent am gesamten Fondsvolumen ein vergleichsweise geringes Gewicht aufweisen, ist primär auf das ausgeprägte Sicherheitsbedürfnis des Schweizer Anlegers sowie auf das Fehlen steuerlicher Begünstigungen des Aktiensparens in der Schweiz zurückzuführen. Eine Feinunterteilung der Fondsstrukturen in der Schweiz ergibt folgendes Bild (Reihenfolge nach Marktbedeutung):

Derzeit sind in der Schweiz rund 70 Geldmarktfonds (Anteil 55,8 Prozent) in allen gängigen Währungen erhältlich; die CS Money Market Funds etwa werden in zwölf verschiedenen Währungen angeboten. Im Bopp-Fondsführer sind insgesamt fünf auf Deutsche Mark konzentrierte Geldmarktfonds zu finden.

Bei den derzeit in der Schweiz erhältlichen Rentenfonds (25,3 Prozent) entfällt der größte Anteil auf Fondsanlagen im Ausland. Darunter finden sich insbesondere die auf Schweizerfranken lautenden Auslandsobligationenfonds, aber auch hier sind alle gängigen Währungen vertreten. Generell lassen sich die Schweizer Obligationenfonds in »Single-Currency«-, d. h. in eine Währung investierend, und »Multi-Currency«-Fonds, d. h. Mischwährungsfonds, unterteilen, wobei letztere heute seltener gegründet werden, aber trotzdem ein ausgezeichnetes Diversifikationsinstrument gerade für den kleineren Anleger bilden. Ein Beispiel hierfür mag der Bank Hofmann-Saferent sein, ein Anlagefonds nach dem Recht von Guernsey, der sich auf Obligationenfonds in Hartwährungen spezialisiert. Im allgemeinen ebenfalls zu den Obligationenfonds gezählt werden die diversen auf Wandelpapiere (Anlagen in Wandelanleihen) ausgerichteten Fonds.

Am stärksten segmentiert und von der Anzahl her überwiegend sind in der Schweiz die Aktienfonds (9,3 Prozent).

In der Schweiz herrscht bezüglich der Asset Allocation nach wie vor das Denken in einzelnen Ländern beziehungsweise Regionen vor, weshalb auch die Länderfonds überwiegen. Anlageschwerpunkte sind in der Schweiz, den USA und Japan auszumachen; in der regionalen Optik stoßen Fondsinvestments im pazifischen Raum beziehungsweise »Emerging Markets« oder die sogenannten Tigerländer des Fernen Ostens auf zunehmendes Interesse. Gerade solche Märkte eignen sich ausgezeichnet für Fondsprodukte, da Direktanlagen in diesen Ländern teuer sind und lokales Know-how unbedingt erforderlich ist.

Unter den bedeutenden Neuerungen des letzten Jahres sind die schon erwähnten, auf Nebenwerte ausgerichteten Fonds zu nennen: Der Swissca Small Caps der Kantonalbanken enthält rund 35 Schweizer Nebenwerte, die aufgrund ihrer Börsenkapitalisierung nicht zu den 40 größten Gesellschaften gehören. Der Vontobel Swiss Small Caps besteht aus

45 Schweizer Nebenwerten, die alle über eine Börsenkapitalisierung von höchstens 0,2 Prozent der gesamten Börsenkapitalisierung von Schweizer Aktien verfügen. 15 bis 20 Titel davon sind sogenannte »Core Holdings«, bestehend aus den »Blue Chips« unter den Schweizer Nebenwerten. Größere Volumina berücksichtigt der JB Special Swiss Stock Fund der Bank Bär, der per Ende März 1993 ein Fondsvermögen von 32 Millionen Franken aufwies. In diesem Fonds sind Schweizer Titel zu finden, die bis zu einem Prozent der gesamten Börsenkapitalisierung ausmachen können.

Branchenfonds scheinen etwas aus der Mode geraten zu sein. Im Vordergrund bei den wenigen Branchenfonds in der Schweiz stehen Investments in elektronische Entwicklungen, den Pharma- und Biotechnologiebereich oder Energie, wie etwa der Energie-Valor der Schweizerischen Kreditanstalt, der in die Branchenschwerpunkte Erdöl, Elektrizitätsversorgung und Elektronik dies- und jenseits des Atlantiks investiert ist. Zu erwähnen sind unter diesem Titel ebenfalls die Goldminen- beziehungsweise Goldindustrieaktien im schweizerischen Angebot. Länderübergreifende Branchenfonds, wie beispielsweise europäische Pharma- oder Bankenfonds, sind zwar gegründet worden, haben aber die Akzeptanz der Anlageberater und Kunden nicht gefunden. In einem zusammenwachsenden Europa mit einheitlicher Währung werden sie aber sicher wieder auf der Angebotspalette auftauchen.

In der Schweiz liegen zur Zeit 26 offene Immobilienfonds auf. Nachdem die Zinsen in der Schweiz in den Sinkflug übergingen, sind diese Immobilienfonds wieder verstärkt in den Blickpunkt des Interesses gerückt. Als erster Immobilienfonds seit langem wagte Branchenleader Sima Ende November 1992 eine Neuemission von Anteilscheinen im Wert von 120 Millionen Franken, die vom Markt problemlos absorbiert wurden. Erwähnenswert ist der 1992 aufgelegte CS Euroreal, der als einziger Schweizer Immobilienfonds europaweit in Grundstücke und Liegenschaften investiert.

Gemischte Fonds, die sowohl in Aktien- wie auch in festverzinsliche Wertpapiere investieren, sind ebenfalls aus der Mode gekommen und werden in dieser Form heute kaum mehr gegründet. Hingegen sind in jüngster Zeit einige Banken mit sogenannten Anlageziel- oder Strategiefonds auf den Markt gekommen. Diese Fonds decken die verschiedensten Anlageziele von einkommens- bis kapitalgewinnorientiert und von konservativ bis dynamisch ab und werden in verschiedenen Referenzwährungen (auch Basiswährung genannt) angeboten. Der Anleger kauft sich mit diesen Fonds in ein breit diversifiziertes Portfolio ein, das analog zu den Depots größerer Investoren auf der Basis der jeweiligen, von der Bank empfohlenen Asset Allocation professionell verwaltet wird. Der Kunde muß sich also nicht mehr darum kümmern, ob er nun seinen Aktienanteil erhöhen, die Laufzeiten seiner Bonds verlängern oder den Frankenanteil reduzieren soll. Diese Entscheidungen nehmen ihm die Fondsmanager innerhalb seines Strategiefonds ab, ohne dabei aber die Grundstrategie bzw. das Anlageziel aus den Augen zu verlieren. Dieser Fondstypus ist ein ausgezeichnetes und kostengünstiges Anlagevehikel für Kunden mit einem Gesamtanlagevermögen von bis zu 300000 DM.

Fondsgeschäft fest in der Hand der Banken

In der Schweiz befindet sich das Fondsgeschäft praktisch vollständig in der Hand der Banken. So werden 85 Prozent der erhältlichen Anlagefonds allein von den drei Schweizer Großbanken (Schweizerische Bankgesellschaft, Schweizerische Kreditanstalt und Schweizerischer Bankverein) und deren Tochterinstituten vertrieben. Sogenannte bankenunabhängige Fondsgesellschaften, wie sie zum Beispiel in angelsächsischen Ländern häufig anzutreffen sind, bestehen in der Schweiz nicht.

Gemäß der Legaldefinition im schweizerischen Anlagefondsgesetz (AFG) versteht man unter dem Begriff Anlagefonds ein Vermögen, das aufgrund öffentlicher Werbung von den Anlegern zum Zweck gemeinschaftlicher Kapitalanlage aufgebracht und von der Fondsleitung nach dem Grundsatz der Risikoverteilung für Rechnung der Anleger verwaltet wird.

Typischerweise ist der Schweizer Anlagefonds wie folgt aufgebaut: Die Fondsleitungsgesellschaft beantragt die Bewilligung bei der Schweizerischen Bankenkommission für die Gründung eines Fonds in der Schweiz oder für den öffentlichen Vertrieb eines im Ausland domizilierten Fonds. Die Fondsleitung als oberstes Organ trägt sodann die Verantwortung für den Fonds und trifft alle Entscheidungen und besorgt die Administration, wie die Führung der Buchhaltung nach gesetzlich vorgeschriebenen Grundsätzen, Erstellung der Jahresabschlüsse, Herausgabe und Rücknahme von Anteilen, tägliche Berechnungen des Rücknahmepreises usw. Bei ihrer Tätigkeit ist die Fondsleitung an das Anlagefondsgesetz und an das jeweilige Fondsreglement, das auch die Anlagerichtlinien enthält, gebunden.

Gemäß AFG ist die Depotbank gemeinsam mit der Fondsleitung Vertragspartnerin des Anlegers. Sie hat nicht nur das gesamte Fondsvermögen aufzubewahren und den Zahlungsverkehr des Fonds zu besorgen, sondern auch vertrags- und gesetzwidrige Anlagen zu verhindern. Die eigentlichen ertragsrelevanten Anlageentscheidungen, d. h. die Vermögensverwaltung innerhalb der bestehenden Richtlinien, wird von der Fondsleitung meist an einen Anlageberater (Investment Adviser) delegiert. Als Anlageberater fungiert dabei meist ein Spezialist oder eine spezialisierte Abteilung der entsprechenden Bank im In- oder Ausland. Banken, die nicht über genügend Spezialisten für alle Anlagesegmente verfügen, können auch außenstehende Dritte mit dieser Advisory-function betreuen, wobei der Anlageberater immer nur Empfehlungen abgeben darf; den endgültigen Kaufs- oder Verkaufsentscheid fällt immer die Fondsleitung. Jeder Anlagefonds muß regelmäßig von einer unabhängigen Revisionsstelle überprüft werden und wird in vielen Fällen auch von den bankinternen Revisionsorganen laufend einer Kontrolle unterzogen. Ein strenges Fondsgesetz, die Überwachung durch die Eidgenössische Bankenkommission und die jährlichen Revisionen sorgen dafür, daß der Anlegerschutz der Schweizerischen Anlagefonds sehr hoch ist.

Daß Ende 1992 insgesamt 349 der in der Schweiz zum Vertrieb zugelassenen Fonds ihren Sitz in Luxemburg hatten, ist auf handfeste Gründe zurückzuführen: Luxemburg hat ein modernes, liberales Anlagefondsgesetz und weist als Domizilland spezifische Vorteile steuerlicher Natur auf (keine Verrechnungssteuer, keine Umsatzsteuer, keine Zinsabschlagsteuer). Seit Anfang 1988 hat sich deshalb das in Luxemburger Produkten angelegte Fondsvermögen auf über 300 Milliarden Franken versechsfacht. Ebenfalls ideal, aber weniger bekannt als Sitzland sind die Kanalinseln Jersey und Guernsey: Auch dort herrschen ideale Rahmenbedingungen für Fondsgründungen, die denen Luxemburgs, mit Ausnahme der EG-weiten Vertriebsmöglichkeiten, ebenbürtig sind. Schließlich werden Fonds auch auf überseeischen Off-Shore-Plätzen aufgelegt, doch empfindet der Anleger aus unseren Breitengraden solche Konstruktionen meist als zu »exotisch«.

Keine steuerlichen Nachteile beim Kauf von Fonds über Schweizer Banken

Das Inkrafttreten des revidierten »Stempelsteuergesetzes« (es handelt sich dabei um Emissionsabgaben und transaktionsgebundene Steuern, »Stempel« genannt) zum 1. April 1993 ist ein Schritt in die richtige Richtung und hat auch für die schweizerischen Anlagefonds einige Erleichterungen gebracht. So wird vielleicht die Anzahl von Fondsgründungen in der Schweiz wieder etwas steigen, doch wird kaum ein Fonds, der früher im Ausland gegründet worden ist, »nach Hause zurückkehren«. Dafür sind die steuerlichen Entlastungen zu gering ausgefallen. Anzustreben bleiben ein gänzlicher Wegfall aller Umsatzangaben sowie ein Wegfall oder eine Reduktion der Quellensteuer. Trotz dieser nach wie vor bestehenden steuerlichen Nachteile für Fonds in der Schweiz, kann auch der ausländische Anleger getrost Anlagefonds über seine Schweizer Bank kaufen. Sofern nämlich die Erträge eines Anlagefonds zu mehr als 20 Prozent aus dem Ausland stammen – und das ist mit Ausnahme der Fonds mit Schweizer Aktien und der schweizerischen Immobilienfonds fast immer der Fall – wird in der Schweiz die Verrechnungssteuer (Quellensteuer) von 35 Prozent nicht abgezogen. Durch die Domizilierung vieler Fonds im Ausland profitiert der Anleger auch von den dortigen steuerlichen Vorteilen, d. h. Wertpapiertransaktionen, die diese Fonds tätigen, werden auch mit den erwähnten Stempelsteuern nicht belastet.

Für ausländische Anleger ist die Schweiz trotz der erwähnten, immer noch verbesserungswürdigen Rahmenbedingungen als »Fondsland« sehr attraktiv, denn sie bietet folgende Vorteile:

- breites Spektrum an quellensteuerbefreiten Fondsanlagen für alle Anlegerbedürfnisse,
- sehr gut ausgebauter Anlegerschutz,
- hohes Know-how im Fondsmanagement und im Private Banking (der beste Fonds nützt nichts, wenn keine Beratung angeboten wird ...),
- substantielle Plazierungskapazitäten und hohe Volumina an den Börsen, was wiederum die Kosten niedrig hält,
- internationale Ausrichtung der Schweizer Banken mit Präsenz an den wichtigsten Finanzplätzen.

Die Sitzwahl im Ausland hat deshalb häufig rein administrativen und steuertechnischen Charakter. Der »Brain Trust« für neue Fondsprodukte und die Marketingzentralen sind in der Schweiz. Auch die Plazierung der Fondsvermögen erfolgt zu einem hohen Prozentsatz bei schweizerischen Bankinstituten, obwohl gerade in den letzten Jahren erfolgreiche Vertriebswege auch im Ausland aufgebaut worden sind. Die Träger der Anlageentscheidung sitzen, je nach Anlagestruktur, in den traditionellen Finanzzentren wie Zürich, London oder Frankfurt. Ein in Luxemburg etablierter japanischer Aktienfonds einer schweizerischen Großbank kann z. B. durchaus in Tokio oder in Zürich »gemanaged« werden, der Investment Adviser für einen Fonds mit deutschen Aktien sitzt hingegen bei der deutschen Tochtergesellschaft einer schweizerischen Bank in Frankfurt.

Als weiterer Vorteil sind die im internationalen Vergleich eher niedrigen Kommissionen zu erwähnen, die von den Schweizer Fonds für die Verwaltung sowie bei der Ausgabe und Rücknahme von Anteilscheinen berechnet werden. Nicht selten erheben Fondsgesellschaften in den Vereinigten Staaten und in Großbritannien Ausgabekommissionen (Initial Service Charge) von 5 Prozent, während diese in der Schweiz in der Regel etwa 1 bis 3 Prozent betragen. Interessant sind die in der Schweiz bereits mehrfach durchgeführten Vergleiche zwischen den Transaktionskosten bei Direktinvestitionen und bei korrespondierenden Fondsanlagen. In den meisten Fällen fährt der Fondsanleger um mehr als 50 Prozent günstiger!

Die Diskrepanz zwischen der zunehmenden Bedeutung des Fondsgeschäfts und den noch nicht in jeder Beziehung optimalen Rahmenbedingungen des Standortes Schweiz hat die gegenwärtig laufenden Revisionsarbeiten am über zwanzigjährigen Bundesgesetz über die Anlagefonds (AFG) ausgelöst. Nach dem geltenden AFG können in der Schweiz nur Aktien und Obligationen sowie Immobilienfonds aufgelegt werden. Zudem ist der Einsatz von derivativen Instrumenten und Techniken stark eingeschränkt. Der vorliegende Revisionsentwurf, der demnächst vom eidgenössischen Parlament behandelt werden soll, sieht zwei Gruppen von Fonds vor: EG-kompatible Effektenfonds und übrige Fonds. In die letztere Gruppe fallen z. B. Immobilienfonds und Fonds mit besonderem Risiko, auf die noch eingegangen werden soll.

Neue Anlage- und Absicherungsinstrumente

Gemäß der Ausgestaltung des Entwurfs als reines Rahmengesetz finden sich darin keine Vorschriften bezüglich der Risikoverteilung; diese sollen vielmehr in einer entsprechenden ergänzenden Verordnung festgelegt werden. Eines der Hauptpostulate der Revision des AFG besteht darin, die entsprechenden EG-Vorschriften so weit wie sinnvoll zu übernehmen. Weiter sollen auch moderne Anlagetechniken und spezielle Anlageinstrumente im Rahmen der ordentlichen Tätigkeit der Fondsverwaltung eingesetzt werden können. Es geht dabei primär um derivative Techniken und Swaps mit dem Zweck der Absicherung gegen Risiken und zur Erhöhung der Rendite. Aufgrund der aktuellen, in einem Rundschreiben der Eidgenössischen Bankenkommission festgehaltenen Praxis ist der Einsatz solcher Absicherungsinstrumente den Fondsmanagern in einem nur stark eingeschränktem Umfang möglich.

Als bedeutende Neuerung soll nach dem neuen Gesetz auch für die inländischen Fondsverwalter fast alles möglich sein, was im Ausland teilweise schon länger praktiziert wird. In der Kategorie »Fonds mit besonderem Risiko« darf künftig auch in besondere Anlagen wie Waren (Commodities), Futures- und Optionenfonds und anderes investiert werden. Von rechtlicher Seite her wird der Auflage von solchen Fonds also nichts mehr im Wege stehen, wie aber sieht es auf der steuerlichen Seite aus? Gemäß der vorgesehenen Gesetzesdefinition sollen Geldmarkt-, Notes- und Hypothekarfonds ebenfalls zu den »Fonds mit besonderem Risiko« gerechnet werden. Auch in der Schweiz müssen sich Gesetzgeber, Aufsichtsbehörde und Fondspromotoren zuerst finden, um das Feld für die geplanten Innovationen und Modernisierungen im Fondsbereich vorzubereiten. Sehr viel wird davon abhängen, wie die Vorschriften der Verordnung und der Ausführungserlasse der Bankenkommission aussehen werden und ob sie ein praxisgerechtes Klima für spezielle Fonds schaffen können.

Viele der in der Schweiz eingesetzten Anlagefonds werden heute einer regelmäßigen Performancemessung und -kontrolle unterzogen. Zum einen findet diese Performancemessung intern statt, d. h. die Fondsgesellschaft prüft die Resultate ihrer Anlageberater, zum anderen messen unabhängige Gesellschaften die Anlageresultate der einzelnen Fonds. Worauf soll nun der Anleger, der sich ein Fondsportefeuille zusammenstellen will, achten? Wichtig ist die Vergleichbarkeit der Zahlen. Wird wirklich bei allen Fonds die Performance nach Abzug aller Kommissionen und Spesen angegeben? Oder handelt es sich im konkreten Fall vielleicht um die reine Portefeuillerendite ohne Berücksichtigung von Management-Fee und Ausgabekommission? Ferner muß die Frage gestellt werden, ob die beiden Fonds von ihrer strategischen Ausrichtung her, bzw. von der Ausgestaltung ihrer Anlagerichtlinien her überhaupt vergleichbar sind. Ein Fonds, der in amerikanischen Aktien investiert und bei dem der S&P 500-Index als Benchmark (Meßlatte für die Performance) eingesetzt ist, darf nicht mit einem amerikanischen Small-Cap-Fonds verglichen werden. Letzterer darf in nichts anderes investieren als in Aktien kleinerer Gesellschaften. Wenn dieses Anlagesegment in der Gunst der Anleger steht, dann wird ein solcher Nebenwertfonds aller Voraussicht nach eine bessere Performance aufweisen als sein ungleicher Bruder mit Aktien großer Gesellschaften. Die Entscheidung, ob Sie nun in den Small-Cap oder in den Blue-Chips-Fonds investieren, treffen Sie selbst oder allenfalls Ihr Anlageberater bei der Bank. Haben Sie den falschen Fonds zum falschen Zeitpunkt ausgewählt, dann ist das nicht die Schuld oder das Unvermögen des jeweiligen Fondsmanagers.

Wenig Verständnis habe ich deshalb für Tabellen, wie sie leider immer noch in Zeitungen und Zeitschriften anzutreffen sind, die mit »Die besten Fonds« betitelt sind und kreuz und quer alles mit allem vergleichen. Da findet man beispielsweise Fonds für japanische Aktien in der gleichen Aufstellung zusammen mit Geldmarktfonds in US-Dollars, Fonds mit festverzinslichen Werten in Deutscher Mark neben solchen mit italienischen Aktien. Führt nur ein Japanfonds die Tabelle an und befindet sich der Dollar-Geldmarktfonds am Schluß, so heißt es primär, daß im Beobachtungszeitraum japanische Aktien eine höhere Anlagerendite erzielt haben als kurzfristige Dollaranlagen. Nichts wird hier aber über die Qualität des Fondsmanagers ausgesagt. Der Anlageverantwortliche des Japanfonds kann trotz guter (absoluter) Performance relativ zum Benchmark (meist ein anerkannter Index) oder relativ zu gleichgelagerten Fonds schlecht abschneiden, während dem Manager des US-Dollar Money Market Funds mit der vermeintlich schlechteren, absoluten Performance relativ zum Vergleichsindex und zur Konkurrenz eine beachtliche Leistung geglückt sein könnte. Fazit: Performancevergleiche von Fonds sind nur dann sinnvoll, wenn Fonds mit genau gleichen Anlagerichtlinien miteinander verglichen werden. Wichtig sind auch Mehrjahresvergleiche, denn wie bei Ihrer Bank sollten Sie nicht auf Quartalszahlen, sondern nur auf die Mehrjahresperformance abstellen. Fortgeschrittene Investoren erkundigen sich auch nach der risikoadjustierten Rendite des Fonds. Ist der Manager zur Erzielung seines Resultates hohe Risiken eingegangen, oder ist sein Fonds auf risikobereinigter Basis besser als der Vergleichsindex?

In die Schweizer Fonds wird auch in den kommenden Jahren viel Geld fließen, sowohl von privaten wie auch von institutionellen Investoren. Das sich in Revision befindliche Anlagefondsgesetz sowie der Wegfall der Emissionsabgabe erhöhen die Attraktivität des Fondssparens in der Schweiz. Mit Sicherheit kann man sagen: Die Fondsszene in der Schweiz wird umkämpfter, das Angebot noch breiter, die Performance besser und die Kosten tiefer werden. Heute wird die Mehrheit der Anlagefondsvermögen üblicherweise im Rahmen des von der jeweiligen Bank offerierten Fondsprogramms plaziert; abzusehen ist jedoch, daß Fonds in Zukunft vermehrt auch bankenübergreifend von Drittbanken und Drittkäufern plaziert werden. Branchenbeobachter rechnen bis zum Ende des Jahrtausends mit einem Investitionsvolumen von etwa 250 Milliarden Franken.

Der amerikanische Investmentfondsmarkt

Brian M. Storms

Investmentfonds erfreuen sich aufgrund der verbesserten und intensiveren Verbraucheraufklärung einerseits und den niedrigeren Zinsen und der Dynamik des Wertpapiermarktes andererseits einer wachsenden Beliebtheit und werden zunehmend als Geldanlage von privaten Haushalten in den USA genutzt. So stieg der Besitz von Investmentfondsanteilen in amerikanischen Haushalten von 6 Prozent im Jahr 1980 auf 27 Prozent 1992. Die Anbieter von Investmentfonds versuchen von diesem wachsenden Markt vor allem dadurch zu profitieren, daß sie neue Serviceleistungen anbieten, die bestehenden Vertriebswege ausbauen sowie neue Vertriebsmöglichkeiten erschließen und zudem ihre Fondspalette ausweiten. So stand dem Anleger Ende 1992 ein Angebot von etwa 3800 Fonds zur Verfügung, während es zehn Jahre zuvor nur knapp 860 waren.

Dieser Erfolg der Investmentfonds in den USA spiegelt den amerikanischen Traum von finanzieller Unabhängigkeit wider. Gleichzeitig ist er auf den von Groß- und Kleinanlegern gehegten Wunsch zurückzuführen, mit Hilfe von Aktienfonds an den Unternehmensgewinnen der Wirtschaft teilzuhaben, mit Renten- und Geldmarktfonds ihr Kapital zu erhalten und gleichzeitig die bei geringem bis mäßigem Risiko höchstmögliche Rendite zu erwirtschaften.

Investmentfonds sind in den USA bereits seit 1924 – damals wurde der erste Fonds in Boston aufgelegt – sehr erfolgreich. Dabei handelte es sich eigentlich um die Weiterentwicklung einer Idee, die ursprünglich aus England kam. Im 19. Jahrhundert waren die britischen Anleger sehr daran interessiert, die Gewinnchancen, die sich in dem aufstrebenden amerikanischen Markt boten, zu nutzen. Das in die englischen Investmentfonds investierte Geld trug zur Finanzierung der amerikanischen Wirtschaft nach dem Bürgerkrieg bei. Die Anleger, die in diese Fonds investiert haben, finanzierten damit Landwirtschaftskredite, Eisenbahnen und andere Branchen in den Vereinigten Staaten. Zu Beginn der zwanziger Jahre, als sich das moderne Amerika des 20. Jahrhunderts herausbildete, wurden eine Vielzahl von Finanzinstitutionen gegründet, so daß den Amerikanern breitere Anlagemöglichkeiten zur Verfügung standen. Verschiedene Unternehmen, die meisten von ihnen mit Sitz in

New York, Boston und Philadelphia, versuchten den neuen Anlagebedürfnissen entgegenzukommen.

Kurz nachdem die ersten Investmentfonds aufgelegt waren, erlebte Amerika den Börsenkrach von 1929. Trotz gewisser Rückschläge konnten viele der erfolgreich verwalteten Investmentfonds ihre positive Entwicklung fortsetzen. Außerdem wurde auch das Dienstleistungsangebot zügig erweitert. Damit war der Grundstein für eine Entwicklung gelegt, die der Investmentbranche im Laufe der folgenden Jahre dramatische Zuwachsraten bescherte. So entstand aus dem 1940 noch relativ bescheidenen Anlagevermögen in Höhe von 448 Millionen Dollar der insgesamt 296000 Anleger schon fünf Jahre später ein Anlagevermögen von einer Milliarde und bis 1951 war die Zahl der Anleger bereits auf eine Million angewachsen. Bis zum Anfang der siebziger Jahre wuchs der Markt auf 400 Fonds mit einem Anlagevermögen von mehr als 50 Milliarden Dollar. Mit rund 3800 Fonds und einem Anlagevermögen von mehr als 1,6 Billionen Dollar scheint sich auch 1992 noch kein Ende abzuzeichnen. Damit stellen die Investmentfondsgesellschaften nach den Versicherungen und Banken die drittgrößte Finanzgruppe in den USA dar.

Ursprünglich bestand das Angebot der Investmentfonds in den Vereinigten Staaten darin, sich am Aktienmarkt beteiligen zu können. Aber ein neues, von Fidelity Investments Anfang der siebziger Jahre eingeführtes Anlagekonzept brachte eine dramatische Veränderung – die Geldmarktfonds. Diese neue Produktidee beteiligte den privaten Anleger an den hohen kurzfristigen Zinssätzen des amerikanischen Geldmarkts. Diese Form der Geldanlage war vorher nur bedeutenden Institutionen sowie sehr vermögenden Privatkunden möglich gewesen. Die Geldmarktfonds stellten in vielerlei Hinsicht einen Durchbruch dar. Zum einen zeigten sich die Anleger, für die Investmentfonds neu waren, eher bereit, auch Geldmarktfonds auszuprobieren. Einige Anleger hatten ihr Geld noch nie anders als auf Sparbüchern zu 5,25 oder 5,5 Prozent angelegt. Viele lernten damit die Vorzüge der Investmentfonds kennen, und rund 30 Prozent der Anleger nutzten die günstigen Bedingungen der Geldmarktfonds als ersten Einstieg in den Investmentmarkt.

Diese sogenannten »Money Market Funds« lösten außerdem eine Welle der Kreativität in der Branche aus. Mit der Einführung der steuerbefreiten Geldmarktfonds, Staatsanleihefonds und Spezialitäten- oder sektororientierte Fonds im Jahr 1979 wurde ein weiteres wichtiges Kapitel in der Geschichte der Investmentfonds aufgeschlagen. Mit den sogenannten »Ginnie Mae Fonds«, die in Pfandbriefe der Government National Mortgage Association investieren, wurde die Verfügbarkeit von Hypotheken gefördert, so daß die Finanzierung eines Hauses für Millionen Amerikaner wieder erschwinglich wurde. In letzter Zeit spielen auch internationale Fonds eine bedeutende Rolle in der Branche. Trotz gewisser Schwächeperioden des Marktes blieb der Wachstumstrend der Branche ungebrochen. Nachdem es gelungen ist, weite Kreise der Bevölkerung davon zu überzeugen, daß ein Investmentprodukt Diversifikation und professionelles Management zu annehmbaren Kosten bieten kann, hat die Fondsbranche einen bedeutenden Beitrag dazu geleistet, rund 38 Millionen amerikanischen Investoren die Wertpapiermärkte zu öffnen.

Große Angebotsvielfalt

Ganz allgemein werden zwei Sektoren unterschieden: die langfristig orientierten Aktien-, Renten- und Income-Fonds und die für eine kurzfristige Anlage geeigneten Geldmarktfonds.

Zu den langfristigen Fonds gehören:

- *Wachstumsfonds:* Hier geht es um maximalen Kapitalzuwachs als Investitionsziel. Einige Fonds investieren z. B. in Aktien von Unternehmen, die nicht so sehr im Mittelpunkt des Geschehens stehen wie neue oder Unternehmen in neuen Branchen. Teilweise werden auch spezielle Anlagetechniken wie Optionsverkauf oder kurzfristiger Handel angewendet.
- *Gemischte Fonds:* Sie setzen sich aus einem gemischten Portefeuille von Anleihen und Aktien zusammen mit normalerweise drei Anlagezielen: 1. Erhalt des ursprünglich eingesetzten Kapitals, 2. Erzielung eines kontinuierlichen Einkommens und 3. Förderung des langfristigen Wachstums von Kapital und Einkommen.
- *Fonds mit flexiblen Anlageschwerpunkten:* Diese können je nach den Marktbedingungen zu 100 Prozent in Aktien oder Anleihen oder im Geldmarktbereich investiert sein. Sie geben dem Fondsverwalter die größte Flexibilität, um wirtschaftliche Veränderungen zu antizipieren bzw. auf sie zu reagieren.
- *Weltweite Rentenfonds:* Diese Fonds investieren weltweit in Anleihen von Unternehmen und Staaten, einschließlich der Vereinigten Staaten.

- *Weltweite Aktienfonds:* Diese Sondervermögen investieren weltweit in Aktien, einschließlich der Vereinigten Staaten.
- *Ginnie Mae Fonds:* Diese Fonds legen ihre Mittel in Pfandbriefe der Government National Mortgage Association (GNMA) an.
- *Internationale Fonds:* Die amerikanische Investmentbranche betreut auch spezielle Fonds, die ihre Mittel in Aktien außerhalb der USA investieren.
- *Edelmetall-/Goldfonds:* Diese Fonds halten zwei Drittel ihres Portefeuilles in Wertpapieren mit Bindung an Gold, Silber und anderen Edelmetallen.

Darüber hinaus gibt es noch kurzfristige Fonds. Zu dieser Gruppe gehören:

- *Steuerpflichtige Geldmarktfonds:* Diese Sondervermögen bemühen sich um einen stabilen Nettoinventarwert durch Investitionen in kurzfristige, hochwertige Geldmarktpapiere, wie US-Schatzwechsel, Bankzertifikate und Commercial Paper (von großen US-Industrieunternehmen emittierte kurzfristige Schuldtitel). Geldmarktfonds begrenzen im allgemeinen die Durchschnittslaufzeit ihre Portefeuilles auf 90 Tage oder weniger.
- *Steuerbefreite Geldmarktfonds:* Diese Fonds investieren in Schuldverschreibungen öffentlicher Institutionen. Investoren, die ihre Mittel solchen Fonds zur Verfügung stellen, schätzen eine Anlage mit minimalem Risiko.

Das Anlagevermögen der steuerpflichtigen und steuerbefreiten US-Geldmarktfonds stieg bis Ende 1992 auf 543,6 Milliarden Dollar gegenüber 539,6 Milliarden am Vorjahresende. Die steuerpflichtigen Geldmarktfonds werden von vielen Anlegern als Cash-Management-Instrument genutzt. Dies wurde deutlich, als die Umsätze steuerpflichtiger Geldmarktfonds zum ersten Mal in der Geschichte die 2-Billionen-Grenze überschritten haben. Die Umsätze der steuerbefreiten Geldmarktfonds erreichten 1992 mit 286,5 Milliarden Dollar ebenfalls eine neue Rekordhöhe und lagen damit um 24 Prozent über dem bisherigen Rekordniveau von 230,9 Milliarden Dollar im Jahr 1991.

Die durchschnittliche Jahresrendite der steuerpflichtigen Geldmarktfonds betrug 1992 3,5 Prozent. Im Vergleich dazu betrug die durchschnittliche Jahresrendite 1991 noch 5,9 Prozent. Selbst nachdem die Renditen im zweiten aufeinanderfolgenden Jahr gesunken waren, blieben die steuerpflichtigen Geldmarktfonds bei den Anlegern populär, denen es um relative Sicherheit bei wettbewerbsfähigen Renditen geht. Tatsächlich blieben die Renditen der steuerpflichtigen Geldmarktfonds im Vergleich zu den von Banken angebotenen Geldmarktnoten durchaus wettbewerbsfähig.

Die amerikanischen Anleger haben die Wichtigkeit von Geldmarktfonds für jede Art der Finanzplanung erkannt. Aus diesem Grund ist es wahrscheinlich, daß diese Fonds auch in Zukunft für das Cash-Management genutzt werden. Das Kapital, das in diesen Fonds aufbewahrt wird, kann sich je nach Marktlage verändern, doch werden die Geldmarktfonds, schon aufgrund des Bedürfnisses der Anleger nach einer relativ sicheren, rentablen und liquiden Anlageform, auch weiterhin eine wichtige Rolle spielen. In Geldmarktfonds investieren hauptsächlich private Anleger gefolgt von Institutionen.

Verschiedene Vertriebswege

In der amerikanischen Finanzdienstleistungsbranche werden von einer Vielzahl von Gesellschaften die unterschiedlichsten Produkte und Dienstleistungen angeboten, wie z. B. Anlageberatung, Finanzplanung, Versicherungen und warenbörslich gehandelte Produkte sowie traditionelle Dienstleistungen wie Ausführung von Kauf- und Verkaufsorders für Wertpapiere und der Emission neuer Aktien oder Anleihen. Einige Firmen bieten mehrere dieser Dienstleistungen an, während andere nur Aufträge für Anleger, die bereits ihre eigenen Anlageentscheidungen getroffen haben, ausführen.

Angesichts der Komplexität der amerikanischen Wertpapierbranche überrascht es nicht, daß die Vertriebswege für Investmentfonds ähnlich vielfältig sind. Einige Fonds bieten den Anlegern, per Post, Telefon oder in ihren eigenen Verkaufsbüros, ihre Anteile direkt an, während andere über Wertpapierhandelshäuser, Finanzplaner, Versicherungsaußendienste, Banken oder andere Organisationen vertreiben. Außerdem können Fondsanteile als betriebliche Vermögensbildungsleistungen an Mitarbeiter ausgegeben werden. Im Prinzip teilt sich der Vertrieb von Investmentfonds in zwei Konzepte: Anteilskauf direkt von der Fondsgesellschaft, das sogenannte Direktmarketing, oder über eine Vertriebsorganisation. Die meisten Investmentfonds arbeiten mit einem Emissionshaus zusammen, das für den gesamten nationalen Vertrieb verantwortlich ist. Das Emissionshaus besitzt die exklusiven Vertriebsrechte und kann sich verschiedener Vertriebskanäle bedienen. Die Hauptvertriebswege sind:

Makler und Händler: Am häufigsten werden die Anteile über Wertpapierhäuser und deren Makler vertrieben. Sie verkaufen direkt an die privaten Anleger, den potentiellen Käufern von Investmentfondsanteilen. Außer den traditionellen Maklern und Händlern werden Investmentfondsanteile zunehmend von Finanzplanern empfohlen. Sie schlagen Fonds vorzugsweise als Bausteine eines Gesamtfinanzplans vor, zu dem z. B. auch Lebensversicherungen und Wertpapiere gehören können.

Im Vertriebssystem über Makler und Händler übernehmen die Emissionshäuser die Funktion eines Großhändlers. Sie verkaufen nicht selbst an Privatkunden, sondern schließen Vertriebsvereinbarungen mit Wertpapierhäusern, die ihrerseits über ihre Stützpunkte die Fondsanteile an die einzelnen Anleger verkaufen. Einige Emissionshäuser unterhalten einen eigenen Außendienst. Die Mitarbeiter vertreiben dann hauptsächlich Anteile der Fonds, die das Emissionshaus repräsentieren, sowie Anteile von den ihm nahestehenden Unternehmen. Häufig gehört der Außendienst auch zu einer Lebensversicherungsgesellschaft, die darüber hinaus auch Eigentümerin einer eigenen Fondsmanagementgesellschaft sein kann.

Direktvertrieb: Bei dieser Vertriebsmethode erwerben die Anleger die Fondsanteile direkt von der Fondsgesellschaft. Normalerweise per Post, über das Telefon oder in einigen Fällen auch bei Verkaufsstellen des Fondsanbieters. Auch die direktvertriebenen Fonds bedienen sich normalerweise eines Emissionshauses, das alle Anteilstransaktionen abwickelt. Über die Fonds werden Anleger mittels Werbung, Direct-Mailing und andere Maßnahmen informiert. Die potentiellen Anleger können Prospekte oder andere Informationen direkt bei der Fondsorganisation anfordern. Anteile dieser Fonds werden gewöhnlich mit geringem Ausgabeaufschlag oder ohne Ausgabeaufschlag verkauft, sogenannte »No Load Funds«.

Die Investmentfondsbranche in den Vereinigten Staaten hat in den letzten Jahren verschiedene Tarifstrukturen entwickelt, um so den unterschiedlichen Anlegergewohnheiten Rechnung tragen zu können. Anteile, die über Makler oder freie Finanzberater vertrieben werden, sind häufig mit einem Ausgabeaufschlag belastet, der auf den Anteilspreis berechnet wird. Je nach Fondsart kann der Ausgabeaufschlag bis zu 8,5 Prozent betragen. Die Höhe dieses Aufschlags kann auch nach der Höhe des Investmentvolumens gestaffelt sein. Außerdem stellen manche Fondsgesellschaften eine Gebühr für die Wiederanlage von Ausschüttungen in Rechnung. Die meisten setzen hierfür jedoch weniger als den maximalen Ausgabeaufschlag an.

Zusätzlich zum Ausgabeaufschlag oder auch alternativ erheben einige Fonds einen geringen Prozentsatz des Anlagevermögens zur Deckung der Vertriebskosten. In den USA wird diese Gebühr als »12b-1 Fee« bezeichnet, entsprechend den Bestimmungen der Securities and Exchange Commission (SEC). Einige von Maklern oder anderen Verkäufern vertriebenen Fonds wenden statt eines Ausgabeaufschlags das Gebührenmodell nach 12b-1 als Vergütungssystem für die Verkäufer an. Häufig wird eine jährliche 12b-1-Gebühr verbunden mit einer degressiven Rücknahmegebühr erhoben. Eine spezielle Art dieser Rücknahmegebühren (Back-End Load) wird als »Contingent Deferred Sales Charge« (CDSC) bezeichnet. Sie wird erhoben, wenn Anteile schon innerhalb der ersten Jahre nach Erwerb wieder eingelöst werden. Die CDSC kann als Prozentsatz des ursprünglichen Kaufpreises oder des Rückzahlungswertes angegeben werden. Sie ist meistens degressiv und enfällt bei manchen Fonds, wenn die Rückgabe in einem Zeitraum von einem bis sechs Jahren erfolgt.

Eine Studie aus dem Jahr 1992 kommt zu dem Ergebnis, daß der durchschnittliche amerikanische Fondsanteilseigner mittleren Alters, verheiratet und berufstätig ist. Das Durchschnittsalter der Anteilsinhaber beträgt 46 Jahre und liegt damit mehr als zehn Jahre über dem Durchschnittsalter der Gesamtbevölkerung. 72 Prozent der Anteilsinhaber sind verheiratet, 68 Prozent davon haben einen vollzeit- oder teilzeitbeschäftigten Ehepartner. Die Hälfte der Anteilsinhaber hat ein mindestens vierjähriges Univeristätsstudium abgeschlossen, während dieser Anteil in der Gesamtbevölkerung über 25 Jahre nur 21 Prozent beträgt. Das durchschnittliche Haushaltseinkommen der Anteilsinhaber beträgt 50000 Dollar. Der typische Investor verfügt über ein Vermögen von 114000 Dollar, und zwar ohne Immobilien und Firmenrentenansprüche. Auf Fondsanteile entfallen 38 Prozent oder 43500 Dollar des Gesamtvermögens. Langfristig orientierte Fonds, Aktien-, Renten- und

Income-Fonds haben am gesamten Fondsbesitz einen Anteil von 75 Prozent.

Der durchschnittliche Anteilsinhaberhaushalt hält ein gemischtes Fondsportefeuille und besitzt im Durchschnitt Anteile an zwei Fonds von zwei unterschiedlichen Fondsgesellschaften. 48 Prozent sämtlicher Anteilsinhaberhaushalte besitzen mindestens Anteile an zwei der drei Arten von Fonds (Aktien-, Renten-, Geldmarktfonds). Am häufigsten (72 Prozent) werden Aktienfonds gehalten. Die Hälfte der Anteilsinhaber besitzt Geldmarktfonds und 41 Prozent besitzen Anteile von Rentenfonds. 84 Prozent der Anteilsinhaber haben ihre Anteile von einem Außendienst, Makler, Finanzplaner, Versicherungsvertreter oder Bankberater erworben. 37 Prozent besitzen direkt von der Fondsgesellschaft erworbene Anteile. Offensichtlich nutzen die Anleger mehr als einen Vertriebskanal zum Erwerb von Anteilen.

Die Fähigkeit von Fondsmanagementgesellschaften, mit innovativen Lösungen auf komplexe Veränderungen des Marktes eingehen zu können, ist eine der wichtigsten Eigenschaften der Investmentfondsbranche in den USA. Indem sie sich stets an den Bedürfnissen der Anleger orientiert haben, waren die Investmentgesellschaften auch in der Lage, ihr Angebot so zu erweitern und anzupassen, daß sie heute nahezu jedem Anlagewunsch entsprechen können. Dementsprechend hat dies zu einer bemerkenswerten Verbreiterung der Fondsauswahl und Vielfalt der Anlageziele geführt. 1975 ließen sich die Fonds noch überschaubar in sieben Hauptkategorien einteilen. Ende 1985 waren daraus bereits 16 geworden, wobei viele Fonds ihre Anlageziele noch mehr nach Industriesektoren, geographischen Beschränkungen oder Unternehmensphilosophien differenzierten. Die Zahl der angebotenen Fonds vervierfachte sich fast innerhalb dieses Zeitraums. Weitere Fonds-Innovationen innerhalb der angebotenen Portefeuilles führten inzwischen zu einer Erweiterung auf 21 Kategorien. Die große Angebotsvielfalt hat letztlich viele Anleger angeregt, Investmentfonds zunächst einmal zu testen.

Jeder Fonds legt einen Mindestbetrag für die Erstanlage und eine Staffel für Aufstockungen fest. Dabei gibt es einige Fondsgesellschaften mit entweder sehr geringen oder gar keinen Mindestanlagebeträgen, andere fordern Mindestbeträge von 2500 Dollar oder mehr, z. B. für institutionelle Anleger kann das Minimum bei einer Million Dollar und darüber liegen. Die Fondsgesellschaften streben an, die Geldanlage so einfach wie möglich zu gestalten. Die meisten bieten die Möglichkeit der direkten Einzahlung durch den Arbeitgeber, andere arbeiten mit regelmäßigem Bankeinzug, um den Aufwand für die regelmäßigen Beitragszahlungen so gering wie möglich zu halten. Außerdem bieten die Investmentfondsgesellschaften Wiederanlageprogramme an, damit die Anleger ihre Ausschüttungen direkt wieder zum Erwerb neuer Anteile einsetzen können. Analog dazu ist auch eine automatische Entnahme möglich. Mit Hilfe eines Entnahmeplans kann festgelegt werden, daß aus den Gewinnen oder dem Kapital regelmäßige Zahlungen an den Anleger oder eine andere von ihm bezeichnete Person zu leisten sind. Selbst wenn der Kunde sich nicht an einem regelmäßigen Entnahmeplan beteiligt, kann Geld jederzeit problemlos entnommen werden. Die Fondsgesellschaften sind gesetzlich verpflichtet, an jedem Börsentag, einzelne oder sämtliche Anteile zurückzunehmen. Der Anteilsinhaber braucht lediglich die entsprechende Benachrichtigung an den Fonds zu senden und erhält dann umgehend einen Scheck. Noch einfacher ist es bei einigen Renten- oder bei Geldmarktfonds, die über ein Konto abgewickelt werden, so daß damit z. B. auch Schecks ausgestellt werden können. Zwar sind für die meisten Konten Mindestscheckbeträge von 500 Dollar festgesetzt, dennoch handelt es sich um eine komfortable Möglichkeit, Anteile sofort einzulösen.

Wenn Anteilsinhaber kein Geld entnehmen, sondern ihr Kapital in einen anderen Fonds anlegen wollen, steht ihnen häufig die Möglichkeit zur Verfügung, in einen anderen Fonds der gleichen Gesellschaft zu wechseln. Viele Investmentgesellschaften bieten mehr als einen Fonds (eine »Fondsfamilie«) an. Dadurch können Anleger unter verschiedenen Anlagezielen wählen, die sich für unterschiedliche Anlegerbedürfnisse und Vermögensverhältnisse eignen. Diese Möglichkeit erlaubt es dem Anleger, Teile seiner Anlage innerhalb einzelner Fonds der Fondsfamilie zu tauschen. Normalerweise sehen die Fonds mehrere Umschichtungen pro Jahr vor, wobei die Gebühren entweder gering sind oder ganz entfallen.

Bei einigen Gesellschaften sind diese Dispositionen auch telefonisch möglich. Wenn hierbei ein Mindestbetrag von 250 Dollar erreicht wird (dieser kann von Fonds zu Fonds unterschiedlich sein), kann eine solche Transaktion am Telefon innerhalb weniger Minuten abgewickelt werden. Wenn Dispositionen zwischen Fonds vorgenommen werden oder ein neues Investment getätigt wird, erhält der Kunde einen Kontoauszug als Bestätigung. Die Investmentfonds sind bekannt für ihren Service. Außer den Kontoauszügen über Transaktionen erhält der Anleger monatlich, vierteljährlich oder jährlich von der Fondsgesellschaft eine Aufstellung seiner Anteile. Darüber hinaus versenden Fondsgesellschaften z. B. auch Informationsbriefe an ihre Kunden. Diese Briefe enthalten üblicherweise Berichte, die erstens den Anlegern dabei helfen, Wirtschaftstrends und deren Auswirkungen auf Fonds frühzeitig zu erkennen und zu verstehen, zweitens Hinweise über die Besteuerung von Fondsanteilen sowie drittens die Performance erklären und zudem Ratschläge zur Finanzplanung geben. Die Fondsgesellschaften versenden auch Rechenschaftsberichte an die Börsenaufsicht und an die Anteilsinhaber. Diese erhalten die vollständigen Informationen mindestens zwei Mal jährlich, bei manchen Gesellschaften sogar vier Mal. In diesen Berichten werden die Namen und Beträge der vom Fonds gehaltenen Wertpapiere aufgeführt, größere Anlageveränderungen seit dem letzten Bericht dargestellt sowie neue Abschlüsse dokumentiert.

Mit der Nutzung neuer Technik hat die Fondsbranche in den Vereinigten Staaten die Voraussetzungen dafür geschaffen, die Qualität ihres Angebotes weiter zu verbessern. Viele Fondsgesellschaften bieten ihren Anlegern z. B. die Möglichkeit, wichtige Dokumente per Fax zu übermitteln, oder stellen Informationen per Personal Computer zur Verfügung. Computergestützte Telefonsysteme mit Spracherkennung ermöglichen den Anteilsinhabern, auf Informationen über ihre Anlage fernmündlich zuzugreifen und einfache Transaktionen vorzunehmen. Diese haben die Abwicklung der Geschäfte weiter beschleunigt. Häufig können die Anleger 24 Stunden am Tag Kontostände und Kurse oder Renditeinformationen telefonisch abfragen und eine Vielzahl anderer Informationen über ihre Vermögensanlage einholen.

Für die amerikanische Investmentfondsbranche hat das Ziel, die Bedürfnisse ihrer Kunden optimal erfüllen zu können, oberste Priorität. Ein lebhafter Wettbewerb stellt darüber hinaus sicher, daß die Branche auch weiterhin neue Produkte und Dienstleistungen entwickelt.

Das Investmentfondsgeschäft an der Schwelle zum nächsten Jahrhundert

Manfred Mathes

Fachkenner bezeichnen Investmentfonds als »Die Geldanlage der neunziger Jahre«. Eine Einschätzung, die bis zur Jahrtausendwende ausgezeichnete Perspektiven erwarten läßt. Und das nicht von ungefähr. Denn das Umfeld der neunziger Jahre, der wachsende und immer differenziertere Anlegerbedarf bei komplexer werdenden Märkten, eröffnete neue Möglichkeiten. Ein Zeichen dafür ist nicht zuletzt der Aufschwung der Fondsanlage in den vergangenen Jahren.

Wie nachhaltig sich die Investmentszene verändert hat, zeigt ein Blick auf die Anfänge. Die ersten Investmentfonds wurden in Deutschland bereits in den fünfziger Jahren etabliert. Über fast drei Jahrzehnte hinweg spielten sie als Anlagemedium jedoch eher eine Nebenrolle. Als Sparform des »kleinen Mannes« galten sie lange Zeit nicht als vollwertige Wertpapieranlage. Wenn man so will: Eine vorsichtige Annäherung wertpapierscheuer Sparer an das Wertpapier. Der Aufschwung der Wertpapierpublikumsfonds begann erst in den achtziger Jahren. Aber nicht das breite Anlegerpublikum, sondern vermögende, wertpapiererfahrene Anleger engagierten sich in zunehmendem Maße in Wertpapier- und Immobilienfonds, um ihre Vermögensanlage zu diversifizieren und international auszurichten.

Seit Anfang der neunziger Jahre legte die private Investmentanlage ein flottes Wachstumstempo vor. Betrachtet man jedoch das Investmentvermögen pro Kopf im internationalen Vergleich, wird man dennoch nicht von einem bereits »reifen« deutschen Markt im Bereich der Investmentfonds sprechen können. Für einen weiteren wichtigen Impuls sorgte ein Markt, an den die Gründerväter des Investmentsparens kaum gedacht hatten: die institutionellen Anleger, die die Fondsanlage entdeckten und ihr zu einem raschen Aufschwung verhalfen. Heute sind in Spezialfonds für diesen Anlegerkreis nahezu ebensoviel Anlagemittel investiert wie in Publikumsfonds.

Von Deutschland nach Europa

Die rechtlichen Grundlagen haben die Entwicklung des Investmentgeschäfts stark geprägt – ein Faktor, der auch den Weg ins nächste Jahrtausend vorzeichnet. In Deutschland regelt vor allem das Gesetz über Kapitalanlagegesellschaften (KAGG), ein organisations-, aufsichts-, vertriebs- und steuerrechtliches Spezialgesetz die Tätigkeit heimischer Fondsgesellschaften; hinzu kommt das Auslandsinvestmentgesetz für ausländische Fonds. Beide Gesetze sind stark am Anlegerschutz orientiert. Danach müssen Investmentfonds die gesetzlich vorgeschriebene Streuung der Anlagen beachten und das Fondsvermögen als Sondervermögen verwalten, das vom Vermögen der Investmentgesellschaften getrennt zu halten ist. Darüber hinaus enthält das KAGG zahlreiche Anlagevorschriften – durch die insbesondere das klassische Investmentprinzip der Risikostreuung gesetzlich verankert wird – und weitere Schutzvorschriften. Die Harmonisierung im Rahmen der Europäischen Gemeinschaft ist für die Fortentwicklung des Investmentrechts von wachsendem Gewicht. Die erste EG-Richtlinie – sie wurde bereits 1985 verabschiedet und inzwischen von fast allen Mitgliedsstaaten in nationales Recht umgesetzt – setzt Mindeststandards für nationale Anlagevorschriften. Dem Gesetzgeber jedes Landes bleibt jedoch die Möglichkeit, die Vorschriften für Fonds, die im eigenen Land beheimatet sind, schärfer zu fassen.

Die Vorgabe von Mindeststandards und der Möglichkeit zum Erlaß restriktiverer Vorschriften wird in den kommenden Jahren in wachsendem Maße einen Wettbewerb der Rechtssysteme provozieren. Wie intensiv dieser Wettbewerb bereits ist, zeigt die starke Präsenz von Fondsgesellschaften deutscher Provenienz in Luxemburg. Denn Luxemburg hat – anders als Deutschland – die EG-Richtlinie nahezu ohne Einschränkung in nationales Recht übernommen. Investmentgesellschaften bieten sich damit flexiblere Rahmenbedingungen für ihre Tätigkeit. Wünschenswert wäre daher ein in Bezug auf juristische, administrative und steuerliche Rahmenbedingungen homogenes Umfeld. Das vor allem mit dem Blick auf wichtige Entwicklungen, die bis zum Ende des Jahrtausends zu erwarten sind, so insbesondere eine Erweiterung der Anlagemöglichkeiten für Investmentfonds wie beispielsweise die stärkere Einbeziehung von Finanzinnovationen und die unbeschränkte Anlage in Geldmarktpapieren. Anzustreben wäre auch ein beschleunigtes Zulassungsverfahren für neue Fondsideen. Denn nur dann ist gewährleistet, daß den Anlegern neue, auf eine veränderte Marktsituation zugeschnittene Fondsprodukte auch zeitig angeboten werden können und das Angebot deutscher Investmentgesellschaften nicht der Entwicklung des Marktes hinterherläuft.

Marktentwicklung und Produktpolitik

Das Anlagepotential der deutschen Bevölkerung ist in den letzten fünf Jahrzehnten beträchtlich gestiegen. Seit 1950 haben sich die privaten Geldvermögen fast verdreifacht. Die Wertpapieranlagen sind überdurchschnittlich gestiegen, und zwar um insgesamt rund 240 Prozent. Neben der hohen jährlichen Neuersparnis privater Haushalte gewinnt zunehmend die Umschichtung großer Vermögensblöcke an Gewicht. Ein neuer und zugleich stark expansiver Markt. Aber auch das verdient Beachtung: Mit dem Anlagevolumen steigen die Ansprüche an die Geldanlage. Das erklärt denn auch, daß die Anlagen in anspruchsvollen und ökonomischen Publikumsfonds mit mehr als 450 Prozent seit 1950 weiter gestiegen sind als die Wertpapieranlagen insgesamt. Dieser Trend wird sich fortsetzen. Bis zum Jahr 2000 wird es in Deutschland so viele Investmentanleger geben, wie es heute Bausparer gibt. Dabei wird das Fondsvermögen eine Billion DM überschreiten.

Zu dem quantitativen Bedarf an professioneller Vermögensanlage tritt der qualitative Gesichtspunkt, der sich durch die zunehmende Komplexität und Volatilität der Märkte weiter verstärken wird. Das erhöht zwangsläufig den Rang der Investmentfonds als gemanagte Wertpapieranlage. Die Investmentgesellschaften werden sich dieser gewachsenen Aufgabe stellen. Neben den traditionellen Aktien-, Renten- und Mischfonds werden daher verstärkt spezielle und innovative Produkte das Angebot bestimmen. Dabei wird der Service als Wettbewerbsfaktor gegenüber der Performance an Bedeutung gewinnen. Produkttransparenz und Konvenienz sind die wesentlichen Merkmale der weiteren Entwicklung.

Beispiele für erfolgreiche Innovationen der letzten Jahre sind Rentenfonds mit fester Endfälligkeit und geldmarktnahe Fonds. Diese Produkte kommen dem ausgeprägten Sicherheitsbedürfnis der deutschen Anleger sehr entgegen und haben sich daher gerade in einer Phase hoher Kapitalmarktzinsen bewährt. Produktlinien, die in den kommenden Jahren verstärkt an Bedeutung gewinnen, können z. B. Fonds sein, die speziellen Zielgruppen ganz spezifische Chance-Risiko-Portfolios bieten, und zwar unter Anwendung derivativer Finanzinstrumente. Auch die Etablierung von Geldmarktfonds am deutschen Markt wird bis zur Jahrtausendwende vollzogen sein. Innovative Impulse gingen in der Vergangenheit nicht nur von den Anlageschwerpunkten, sondern auch von der Produkttechnik und dem damit verbundenen Service für den Anleger aus. Hierzu zählen insbesondere die Investmentanlagekonten mit ihren Anspar- und Auszahltechniken. In den kommenden Jahren könnte sich der Trend verstärken, dem Anleger fondsgebundene Vermögensverwaltung auf Fondsbasis anzubieten.

Nachfragedefizite bestehen indessen derzeit noch bei Aktienfonds. Und das nicht zuletzt auch aus volkswirtschaftlicher Sicht. Die Zurückhaltung der Anleger betrifft sowohl die Aktienfonds als auch die Direktanlage in Dividendenwerten. Zur Zeit sind kaum mehr als 5 Prozent des privaten Geldvermögens in Aktien und Aktienfonds angelegt. Eine Ausnahme bietet die Anlage vermögenswirksamer Leistungen, die in den vergangenen Jahren in Aktienfonds geflossen sind. Es ist zu hoffen, daß von dem sich abzeichnenden Bedarfswandel der privaten Anleger sowohl die Aktienanlage als auch Aktienfonds profitieren werden.

Wettbewerb der Vertriebswege

Die ersten großen Fondsgesellschaften wurden in Deutschland von Banken gegründet. Insofern scheint es selbstverständlich, daß bis heute rund 80 Prozent des Investmentabsatzes über Kreditinstitute erfolgt. Vorteilhaft am Bankvertrieb sind die Kundennähe, das Vertrauensverhältnis des Kunden zu seinem Berater und die Möglichkeit des Kundenbetreuers zu einer ganzheitlichen Beratung, da er durch die Bankbeziehung über die finanziellen Verhältnisse und die persönlichen Referenzen des Kunden gut informiert ist.

Ein Nachteil des Vertriebs über Banken ist aus der Sicht der Investmentgesellschaft allerdings darin zu sehen, daß Investmentfonds in Teilbereichen noch als Konkurrenz zu substitutionalen Anlageprodukten gesehen werden. Marktuntersuchungen haben ergeben, daß der Fondsabsatz maßgeblich von der Kundennähe und dem Ansehen der Investmentgesellschaften sowie von der Professionalität der Kundenberater abhängt. Gemeinsamer Nenner dieser Kriterien ist der Vertrauensaspekt. Der Anleger kauft nicht ein Produkt. Er sucht vielmehr nach Problemlösungen, den Wert seines Geldvermögens zu sichern und zu mehren. Erfolgsfaktoren im Investmentvertrieb liegen mehr auf qualitativer Ebene als bei den Konditionen oder dem Anlageerfolg, der immer wieder beschworenen Performance.

Diese Tatsachen sprechen auch zukünftig für die Banken als Vertriebspartner der Investmentgesellschaften, weil sie in hohem Maße den Vertrauensanspruch der Kunden erfüllen. Umgekehrt gilt freilich auch, daß Banken ihre Kundenbetreuung in zunehmendem Maße auf Investmentfonds stützen müssen. Angesichts der zunehmenden Komplexität der Kapitalmärkte sind Investmentfonds die einzige betriebswirtschaftlich effektive Möglichkeit, dem Kunden das gesamte Spektrum der Anlagemöglichkeiten zu offerieren; freilich müssen die Berater in die Lage versetzt werden, die einzelnen Fonds der Produktpalette so anzubieten, daß den Bedürfnissen des Kunden so gut wie möglich gedient wird.

Seit einigen Jahren öffnen sich Banken und Kapitalanlagegesellschaften zunehmend »alternativen« Vertriebswegen. Es gibt eine Fülle freier Vermittler, die nicht an Banken oder Versicherungen gebunden sind und die auch Investmentfonds verkaufen. Das Spektrum reicht von Versicherungsvermittlern über Strukturvertriebe bis hin zu freien Vermögensverwaltern und ausländischen Brokerhäusern und schließt auch neue Vertriebsideen wie »Fondsboutiquen« und ähnliches mit ein. Denkbar sind auch – und in den letzten Jahren immer häufiger zu beobachten – festere Kooperationen einzelner Banken und Fondsgesellschaften mit Versicherungen und »freien« Vertriebsorganisationen.

In Anbetracht der stürmischen Entwicklung der privaten Vermögensbildung und anderer bereits erwähnter Argumente für eine stärkere Gewichtung von Investmentfonds im Portefeuille dürfte der Anteil der Investmentanlage an den privaten Geldvermögensbeständen weiter ansteigen. Begünstigt wird diese Entwicklung auch dadurch, daß das Fondsangebot sich weiter differenziert und auch auf spezielle Anlagebedürfnisse zugeschnitten wird. Heute entfallen auf Investmentzertifikate noch weniger als 10 Prozent der privaten Geldanlagen. Bis zur Jahrtausendwende sollte sich diese Quote aus den genannten Gründen beträchtlich steigern lassen. Eine Verdoppelung des Vermögens der Publikumsfonds erscheint als durchaus realistische Perspektive. Darüber hinaus sollten auch die Spezialfonds weiter an Boden gewinnen – und zwar auch für internationale Anleger.

Die Banken werden auch nach der Jahrtausendwende die wichtigsten Vertriebspartner der Investmentgesellschaften sein. Besonders auf dieser Vertriebsschiene, die sich durch eine ganzheitliche Betreuung auszeichnet, wird die Beratung vor und nach der Anlageentscheidung intensiviert werden, um den Kunden langfristige, in sich schlüssige Problemlösungen zu bieten. Kurzfristige Enttäuschungen lassen sich durch eine solche kunden- und marktnahe Betreuung verringern; aus der Sicht der Investmentbranche ist dieser Aspekt sehr wichtig, weil einmal enttäuschte Kunden für das Investmentgeschäft oft für immer verloren sind.

Generell ist in Deutschland ein intensiver Wettbewerb der Vertriebswege für Investmentfonds zu erwarten. Die freien Vermittler dürften zudem dazu beitragen, auch den Wettbewerb um den Zugang zum Kunden zu verschärfen. Dieser Wettbewerb eröffnet auch ausländischen Fondsanbietern Chancen, ihre Produkte am deutschen Markt anzubieten. Langfristig spürbare Wettbewerbsvorteile herauszuarbeiten ist für ausländische Anbieter allerdings ein schwieriges Unterfangen, zumal dem gewachsene Kundenbeziehungen an die vorhandenen Anbieter entgegenstehen. Diese Barrieren gelten freilich gleichermaßen für die Bemühungen deutscher Fondsgesellschaften um ein *Placement* im Ausland. Ein europäischer bzw. internationaler Fondsmarkt wird sich daher bis zum Jahr 2000 nur langsam entwickeln.

Register

Die Autoren

Uwe Angenendt, stellvertretender Abteilungsdirektor der Berliner Handels- und Frankfurter Bank, Frankfurt am Main.

Dr. Jürgen Bader, Geschäftsführer der Bayer Pensionskasse, Leverkusen.

Joachim Beyer, Direktor der Banque Nationale de Paris S. A. & Co. (Deutschland) OHG, Frankfurt am Main.

Bryant C. Boyd, Geschäftsführer der H. C. M. Hypo Capital Management Vermögensbetreuungsgesellschaft mbH, München.

Rudolf Chomrak, Geschäftsführer des DIT Deutscher Investment-Trust Gesellschaft für Wertpapieranlagen mbH, Frankfurt am Main.

Heinrich J. Durstewitz, Abteilungsdirektor des DIT Deutscher Investment-Trust Gesellschaft für Wertpapieranlagen mbH, Frankfurt am Main.

Gerhard Eberstadt, Vorsitzender des Aufsichtsrates der Deutschen Terminbörse AG, Frankfurt am Main.

Dr. Oliver Everling, Geschäftsführer der Projektgesellschaft Rating mbH, Frankfurt am Main.

Dieter Fuchs, Partner der C & L Treuhand-Vereinigung Deutsche Revision AG, Frankfurt am Main.

Dr. Christian Humbert, Geschäftsführer der ADIG Allgemeine Investment Gesellschaft mbH, München/Frankfurt am Main.

Armin G. Jacobi, Geschäftsführender Gesellschafter der Aquila Consult GmbH, Frankfurt am Main.

Dr. Manfred Laux, Hauptgeschäftsführer des BVI Bundesverband Deutscher Investment-Gesellschaften e. V., Frankfurt am Main.

Manfred Mathes, Sprecher der Geschäftsführung der Union-Investment-Gesellschaft mbH, Frankfurt am Main.

Dr. Klaus Mössle, Abteilungsdirektor der Deutschen Gesellschaft für Fondsverwaltung mbH DEGEF, Frankfurt am Main.

Manfred Müller, Sprecher der Geschäftsführung der Deka Deutsche Kapitalanlagegesellschaft mbH, Frankfurt am Main.

Rolf Passow, Sprecher der Geschäftsführung des DIT Deutscher Investment-Trust Gesellschaft für Wertpapieranlagen mbH, Frankfurt am Main.

Heinz-Jörg Platzek, stellvertretendes Mitglied des Vorstandes der Dresdner Bank AG, Frankfurt am Main.

Dr. Reinfried Pohl, Vorstand der Deutsche Vermögensberatung AG, Frankfurt am Main.

Prof. Dr. Hermann Remsperger, Bereichsleiter der Berliner Handels- und Frankfurter Bank, Frankfurt am Main.

Prof. Dr. Bernd Rudolph, Seminar für Kapitalmarktforschung und Finanzierung, Ludwig-Maximilians-Universität, München.

Dr. Ekkehard Storck, Geschäftsführendes Verwaltungsratsmitglied der Deutsche Bank Luxembourg S. A., Luxemburg.

Brian M. Storms, Geschäftsführender Direktor der Fidelity Investments (Kontinentaleuropa), Luxemburg.

Christian Strenger, Sprecher der Geschäftsführung der DWS Deutsche Gesellschaft für Wertpapiersparen mbH, Frankfurt am Main.

Markus R. Tödtli, Geschäftsleitender Direktor der Bank Hofmann AG, Zürich.

Dr. J. Paul Wonhas, Geschäftsführer der Internationales Immobilien-Institut GmbH, München.